Hans Egon Holthusen

Gottfried Benn

Leben Werk Widerspruch

1886–1922

Klett-Cotta

Verlagsgemeinschaft Ernst Klett Verlag –
J. G. Cotta'sche Buchhandlung

Printed in Germany
Design: Heinz Edelmann
Satz: Setzerei Lihs, Ludwigsburg
Druck: Wilhelm Röck, Weinsberg

CIP-Kurztitelaufnahme der Deutschen Bibliothek

Holthusen, Hans Egon:
Gottfried Benn : Leben, Werk, Widerspruch ;
1886 – 1922 / Hans Egon Holthusen. – Stuttgart :
Klett-Cotta, 1986.
ISBN 3-608-95205-5

Inhalt

„1886“ 7

Ahnentafel 17

Pastorensohn 29

Das Dorf in der Neumark 48

Sellin und das Frankfurt des Ostens 70

Student in Marburg und Berlin 85

Opus eins 101

„Visionärer Advent“.
Die expressionistische Revolution 112

„Meine Generation“ 132

Dichter und Dichterin 149

Dramatische Entwicklungen 166

Antwerpen, Brüssel und der Rönne-Komplex 179

Näheres über Rönne, seinen Gegenspieler Pameelen
und ein Kind namens Nele 196

Die literarische „Kriegskolonie“ von Brüssel 209

Der Edith-Cavell-Bericht 226

Hautarzt und Autor in Berlin 235

Anbruch der Weimarer Zeit 258

Transitstimmung: Die *Gesammelten Schriften* 274

Das Hier der Liebe und das Dort des Todes 297

„1886"

„Geboren 1886 und aufgewachsen in Dörfern der Provinz Brandenburg. Belangloser Entwicklungsgang, belangloses Dasein als Arzt in Berlin." Diese zweieinhalb Zeilen, mit denen sich jemand gewissermaßen vorstellt, indem er sich zurücknimmt, um von sich weg auf etwas anderes zu verweisen, stammen von dem vierunddreißigjährigen Gottfried Benn. Sie finden sich als biographischer Kurzkommentar in der berühmten, 1920 erschienenen Anthologie *Menschheitsdämmerung,* wo er als einer von zweiundzwanzig lyrischen Autoren der expressionistischen Bewegung mit acht Gedichten vertreten ist. Geboren 1886: das bedeutet, daß man fünf Jahre jünger ist als Picasso und fünf Jahre älter als Max Ernst, daß man gleichaltrig ist mit Kokoschka und Mies van der Rohe, mit den Bildhauern Rudolf Belling und Antoine Pevsner, aber auch mit Kurt Pinthus, dem Herausgeber der genannten Anthologie; es heißt, daß man zwei Jahre jünger als Modigliani und Max Beckmann, hingegen ein Jahr älter ist als die Dichter Georg Heym, Georg Trakl und Jacob van Hoddis, die Maler Macke und Mataré, der Baumeister Le Corbusier, der Bildhauer Archipenko, der Maler-Dichter-Plastiker Hans Arp, der Dadaist Kurt Schwitters und sein französischer Kollege Marcel Duchamp. (Auch Paul Klee, 1879, Franz Marc, 1880, James Joyce und Igor Strawinskij, beide 1882, Ezra Pound, 1885, T. S. Eliot, 1888, George Grosz und Wladimir Majakowskij, beide 1893, sind nicht weit.) Mit anderen Worten: man ist auf die Welt gekommen als Angehöriger einer Generation von Neutönern in buchstäblich allen Disziplinen des künstlerischen Schaffens, einer Generation von Zerstörern, Bahnbrechern und Partisanen einer neuen Sensibilität, einer Generation, der es beschieden sein sollte, in den Jahren von etwa 1905 bis etwa 1930 mit einem beispiellosen Aufgebot von revolutionären Durchbruchsleistungen das zu erkämpfen, was wir – bis heute! – die „moderne Kunst“ nennen: die Ausdruckswelt, mit Gottfried Benn gesprochen, des zwanzigsten Jahrhunderts.

Geboren 1886: und in was für eine Welt hinein, in was für eine Zeit? Benn hat sich als beinah Sechzigjähriger diese Frage einmal gestellt – „mein Geburtsjahr – was schrieben damals die Zeitungen, wie sah es aus?“ – und er hat in einem nur mit dieser Jahreszahl *1886* überschriebenen lyrischen Text versucht, die unwiederbringliche Fremdartigkeit der damaligen Lage zu vergegenwärtigen. Das Gedicht, 1944 entstanden, ist in zwei verschieden langen Fassungen überliefert; die kürzere, in dem 1950 erschienenen Band *Doppelleben* zum ersten Male veröffentlicht, hat folgenden Wortlaut:

> Ostern am spätesten Termin,
> an der Elbe blühte schon der Flieder,
> dafür Anfang Dezember ein so unerhörter Schneefall,
> daß der gesamte Bahnverkehr
> in Nord- und Mitteldeutschland
> für Wochen zum Erliegen kam.
>
> Paul Heyse veröffentlicht eine einaktige Tragödie:
> Es ist Hochzeitsabend, die junge Frau entdeckt,
> daß ihr Mann einmal ihre Mutter geliebt hat,
> alle längst tot, immerhin
> von ihrer Tante, die Mutterstelle vertrat,
> hat sie ein Morphiumfläschchen:
> „störe das sanfte Mittel nicht“,
> sie sinkt zurück, hascht nach seiner Hand,
> Theodor (düster, aufschreiend):
> „Lydia! Mein Weib! Nimm mich mit dir!“ –
> Titel: „Zwischen Lipp’ und Kelchesrand.“
>
> England erobert Mandalay,
> eröffnet das weite Tal des Irawadi dem Welthandel;

Madagaskar kommt an Frankreich;
Rußland vertreibt den Fürsten Alexander
aus Bulgarien.

Der deutsche Radfahrbund
zählt fünfzehntausend Mitglieder.
Güssfeld besteigt zum ersten Mal
den Montblanc
über den Grand Mulet.
Die Barsois aus dem Perchinozwinger
im Gouvernement Tula,
die mit der besonders tiefbefahnten Brust,
die Wolfsjäger,
erscheinen auf der Berliner Hundeausstellung,
Asmodey erhält die Goldene Medaille.

Turgenjew in Baden-Baden
besucht täglich die Schwestern Viardot,
unvergeßliche Abende,
sein Lieblingslied, das selten gehörte:
„wenn meine Grillen schwirren"
(Schubert),
oft auch lesen sie Scheffels Ekkehard.

Es taucht auf:
Pithekanthropos,
Javarudimente,
die Vorstufen.
Es stirbt aus:
der kleine Vogel von Hawaii,
genannt der Honigsauger,
für die königlichen Federmäntel
einen gelben Flaumstreif an jedem Flügel.

Kampf gegen Fremdwörter,
Luna, Zephir, Chrysalide,
eintausendachtundachtzig Wörter aus dem Faust

sollen verdeutscht werden.
Agitation der Handlungsgehilfen
für Schließung der Geschäfte an den Sonntagnachmittagen,
sozialdemokratische Stimmen
bei der Wahl in Berlin: 68 535.
Der Tiergarten ist freisinnig.
Singer hält seine erste
Kandidatenrede.
Dreizehnte Auflage von Brockhaus'
Konversationslexikon.

Die Zeitungen beklagen die Aufführung
von Tolstois „Macht der Finsternis",
dagegen ist Blumenthals „Ein Tropfen Gift"
eines langen Nachklangs von Wohllaut sicher:
„Über dem Haupt des Grafen Albrecht Vahlberg,
der eine geachtete Stellung in der hauptstädtischen Gesellschaft
einnimmt,
schwebt eine dunkle Wolke" –
Zola, Ibsen, Hauptmann sind unerfreulich,
Salammbô verfehlt,
Liszt Kosmopolit,
und nun kommt die Rubrik
„Der Leser hat das Wort",
er will etwas wissen
über Wadenkrämpfe
und Fremdkörperentfernung.

1886 –
Geburtsjahr gewisser Expressionisten,
ferner von Dirigent Furtwängler,
Bundesbruder Kokoschka,
Generalfeldmarschall von W. (†),
Kapitalverdoppelung
Bei Schneider-Creuzot, Krupp-Stahl, Putiloff.

Was sagt uns dieser Text über seinen Gegenstand, was sagt er uns über den Autor? Zunächst: der Autor bedient sich des Mediums „Zeitung“, um etwas zu sagen, was über den Horizont von durchschnittlichen Zeitungsschreibern und -lesern kategorisch hinausgeht, ihn durchkreuzt und ironisiert. („Ich war“, so hat Benn sich einmal brieflich geäußert, „immer ein großer Zeitungsleser und bin es noch und sauge mir manchen Honig aus den abwegigsten Notizen“: 26 X. 49 an Erna Pinner.) Er nimmt das von der Zeitung erfaßte Gleichzeitigsein von Angelegenheiten aus ganz verschiedenen Sinnzusammenhängen gewissermaßen urteilslos, mit einer Art von hinterhältigem Gleichmut zur Kenntnis. Was er zur Sprache bringt, ist auf den ersten Blick ein weitläufiges Durcheinander, ein Sammelsurium von scheinbar x-beliebigen Bewandtnissen, es wird – um eine berühmte Unterscheidung aus dem autobiographischen Essay *Lebensweg eines Intellektualisten* (1934) anzuführen – nicht als ein Stück („erlebter“ und verstandener oder gedeuteter) „Wirklichkeit“ präsentiert, sondern als das „nackte Vakuum der Sachverhalte“. Mit anderen Worten: es ist diesem Autor nichts daran gelegen, durch eine Leistung der „historischen Phantasie“ eine integrierende, alle Einzelheiten in einen sinnstiftenden Zusammenhang versetzende Darstellung zu liefern, wie das ein erzählerisch begabter Geschichtsschreiber versuchen würde. Ganz im Gegenteil: sein rückblickender Lagebericht über das Jahr der eigenen Geburt hat etwas Sinn-*Aus*treibendes. Indem er sich der Zeitung bedient, entscheidet er sich für ein Prinzip der Desintegration.

Auf den zweiten Blick sieht dann alles doch wieder ganz anders aus. Das Gedicht gibt sich zu erkennen als ein sorgfältig komponiertes Gebilde, will sagen als ein vielsagendes und in sich stimmiges Ganzes. Was als „inhaltliche“ Gegebenheit so heillos auseinanderfällt, durch den formgebenden Zugriff wird es in eine einheitliche Ordnung gebracht. Diese Einheit aber, wie kommt sie zustande? Wie ließe die eigentümliche Methode des Autors sich definieren? In einer *Theorie der Literatur*, die in Amerika seit mehr als vierzig Jahren verbreitet ist, findet sich eine Stelle, wo die beiden Verfasser, René Wellek und Austin Warren, unter dem Stichwort „Reife des Kunstwerks“ die Frage zu beantworten versuchen, ob es für den Leser so etwas wie das Wiedererkennen der eigenen Lebenserfahrung – der durch die Einbildungskraft potenzierten Lebenserfahrung – gibt, und wie man den Sinn dieses „Wiedererkennens“ begrifflich fassen kann. Die „Reife“ eines Kunstwerks, glauben sie, „liegt in seinem Umfassendsein (inclusiveness), in seinem Bewußtsein der dichten Verwobenheit der Welt, in seinen Ironien und Spannungen …“ Als weitere mögliche Bestimmungen werden genannt: „Lebendigkeit, Intensität, Kontrastfiguren, Weite und Tiefe.“

Diese Kriterien einmal als brauchbar vorausgesetzt, so ist Benns *1886* eine Probe aufs Exempel, wie man sie sich musterhafter kaum wünschen könnte. Aus dem scheinbaren Tohuwabohu der Sachverhalte spricht jenes Bewußtsein der „dichten Verwobenheit“ der Welt. Der Blick, der von Berlin aus – denn die gelesenen Zeitungen sind offensichtlich alle in der Reichshauptstadt gedruckt worden –, über die Grenzen wandert, ist weltumfassend, nicht nur im geographischen Sinn, und zwischen den vielen kraß heterogenen Sachverhalten geistert es von „Ironien und Spannungen“. Mehr noch: die ironische Kontrastbildung ist das gliedernde, den Text organisierende Prinzip überhaupt. Auf die einleitende Wettermeldung folgt das Rührstück von Paul Heyse (dem Nobelpreisträger von 1910), ein tragisch gemeintes, heute komisch wirkendes Getue im Geschmack der damaligen Öffentlichkeit: Melodramatisches mit Lokalkolorit, deutsche Volksliedzeile in bengalischer Beleuchtung: „Zwischen Lipp’ und Kelchesrand“, und – eiskalter „Schnitt“. Dann der Gegenstoß, ironisch pointiert, aus einer fernen Weltgegend „östlich von Suez“: der neueste Prankenschlag des englischen Imperialismus, die am 1. Januar 1886 erfolgte Eingliederung des alten Königreiches Birma mit seiner damaligen Hauptstadt Mandalay in die Kronkolonie Britisch-Indien. Einschlägiges über Frankreich-Madagaskar, Rußland-Bulgarien.

Was weiter? Aktuelles aus dem Journal des Luxus und der Moden (inklusive Sport und Hundezucht), kontrastiert mit einem auch seinerseits höchst zeitgemäßen Stimmungsbild aus einer literarischen Biographie* gehobenen, wenn nicht ersten Ranges: Turgenjew in Baden-Baden mit den beiden Töchtern seiner langjährigen Freundin, der Sängerin Pauline Viardot, unter der Leselampe beziehungsweise am Klavier. Realien und Grillenhaftes, Entdekkungen der (darwinistisch gestimmten) Naturwissenschaft, welche die ältere Abteilung der Quartärformation betreffen („Pithekanthropos ..."), und allerjüngste Verrücktheiten wie der „Kampf gegen Fremdwörter" als Ausgeburt deutsch-patriotischer Borniertheit stoßen aufeinander; auf die Zeile „Liszt Kosmopolit" (das Kosmopolitische, also „Vaterlandslose" als eine letzte Variante in einer langen Reihe von Unerfreulichkeiten) folgt die Rubrik „Der Leser hat das Wort", und hier geht nun die kontrastierende „Ironie" aufs Ganze und räumt mit allem auf, was irgendwo, erfreulich oder unerfreulich, im redaktionellen Teil der Zeitung verhandelt worden ist.

Fragt man schließlich nach dem thematischen Schwerpunkt des Ganzen, so zeigt sich, daß der Autor zwei grundverschiedene Sinn- und Sachbereiche gegeneinander stellt: die Sphäre des Politischen und Gesellschaftlichen, auch die „geschichtliche Welt" genannt, auf der einen Seite und das Reich der Kunst auf der anderen. Das Reich der Kunst freilich schließt die Masse aller jener Hervorbringungen, die nur der jeweils gegebenen Gesellschaft auf sentimentale oder sensationelle oder moralisierende, zeitgemäß wohlmeinende Weise nach dem Munde reden, nicht ein. Der Paul Heyse der zitierten Morphium-Tragödie gehört also in Benns Augen nicht dazu, auch nicht der Zeitgenosse Oskar Blumenthal (1852–1917), ein vielseitig versierter Theaterhase von rein lokalberlinischer Bedeutung, der vor allem durch die Gründung des Lessing-Theaters und als Mitverfasser des Lustspiels *Im Weissen Rössl* (1897) bekannt geworden ist. Kunst, die zählt, ist „unerfreulich", weil sie radikal, herausfordernd und skandalös ist, weil sie Grenzen überschreitet und Tabus verletzt. Dies Reich der Kunst

* Gerhard Ziegengeist (Hrsg.), *I. S. Turgenjew und Deutschland. Materialien und Untersuchungen*, Berlin 1965.

also wird hier repräsentiert durch Größen wie Tolstoi als Autor von *Die Macht der Finsternis*, durch Zola, Ibsen und Flaubert, den Verfasser der *Salammbo* (1862); die Nennung Gerhart Hauptmanns muß uns als „verfrüht“ erscheinen, da der junge Hauptmann vor dem *Bahnwärter Thiel* (1888) und *Vor Sonnenaufgang* (1889) kaum bekannt gewesen sein kann.

Wir stoßen hier auf einen Grundgedanken Gottfried Benns, der uns wieder und wieder begegnen wird. Es ist die Idee von der prinzipiellen Unvereinbarkeit von Kunst und Gesellschaft und von der Außenseiterrolle des kunstmachenden Subjekts, das er „Kunstträger“ nennt und vom „Kulturträger“ scharf unterscheidet. Außenseiter im Sinne von gesellschaftsfremd, nicht oder doch nicht *wesentlich* „gesellschaftskritisch“: eine Idee, die er an zahlreichen Stellen seines Werkes in theoretisch-kritischer Sprache erörtert hat, und die er, besonders in der Zeit seines öffentlichen Verfemtseins, von Mitte der dreißiger bis gegen Ende der vierziger Jahre, durch die eigene Lebenserfahrung bestätigt sah. „Ich lebe völlig allein.“, so schreibt er beispielsweise in einem Brief vom November 1945. „Damals unerwünscht, heute von neuem unerwünscht – also wirklich absolut u. weitreichend unerwünscht, ich finde das richtig u. eine Bestätigung meines Grundgefühls, das ich oft aussprach, daß die Kunst außerhalb der Zusammenhänge von Staat u. Geschichte steht u. daß ihre Ablehnung durch die Welt zu ihr gehört.“ (An Else C. Kraus und Alice Schuster.)

Zum Schluß dann der Hinweis auf den eigenen „Jahrgang“ und die damals zukünftige, als noch völlig unvorstellbar in weiter Ferne liegende Geschichtlichkeit und Lebensleistung seiner selbst und einer ganzen Generation von expressionistischen „Kunstträgern“. Beim Namen genannt wird, stellvertretend für viele, der schon erwähnte „Bundesbruder“ Kokoschka, ferner der Altersgenosse Wilhelm Furtwängler, zu der Zeit, da das Gedicht entstand, eine Figur von beispiellosem Prestige, und, als Repräsentant der „anderen“ Welt, der etwas anachronistisch miteinbezogene Generalfeldmarschall von Witzleben (geboren schon 1881), Mitverschworener der Fronde vom Zwanzigsten Juli, der erst ganz kürzlich, am 8. 8.

1944, zum Tode verurteilt und noch am selben Tage hingerichtet worden war. Die letzten beiden Zeilen aber beziehen sich auf eben diese andere Welt, sie bezeichnen die kalte mörderische Mechanik der „geschichtlichen" Prozesse. Sie sind wie ein Menetekel an der Wand, sie stellen einen fatalen Kausalzusammenhang her zwischen dem Friedensjahr 1886 und der Kriegskatastrophe von 1914/18, wenn es nicht schon die ganze dreißigjährigen „Weltbürgerkriegsära" von 1914 bis 1945 sein soll, die hier ins Auge gefaßt wird, und in deren letztem Jahr das Gedicht geschrieben wurde: „Kapitalverdoppelung" bei den Waffenschmieden der drei großen europäischen Kontinentalmächte jener Zeit: Frankreich, Rußland und das Deutsche Reich. In der Sprache der Börsenberichte, sachlich, kühl, statistisch, wird hier gewissermaßen „prophezeit": ein ungeheuerliches, ein in jedem Sinne inkommensurables Armageddon von Krieg und Revolution, dem die expressionistische Generation historisch zugeordnet sein wird.

Diese Generation, wenn irgendeine, hat, was „Geschichte" ist, was Geschichte in ihrer Erscheinungsform als globale Katastrophe sein kann, so kraß wie möglich am eigenen Leibe erfahren. Leiden und Heimsuchungen ohne Maßen, immense Verluste, „Menschenopfer unerhört". Was sie schon Jahre vorher, noch mitten in der Spätzeit der Belle Époque, so divinatorisch vorausgewittert, mit visionären Malereien und ahnungsvoll wahrsagenden Gedichten vorweggenommen, dann mit gellenden Farben und epochemachenden Sprachgewittern beschrien und beschworen hatten: wie viele von ihnen, von allen diesen hinreißenden jungen Talenten aus den Jahrgängen um Benn herum, haben es nicht überlebt! Wir denken an Trakl und Stadler, an Gerrit Engelke und Alfred Lichtenstein, an August Stramm und den genialen Franz Marc, aber auch an die Schicksalsbrüder auf der Gegenseite, an Charles Péguy zum Beispiel, gefallen schon 1914 in der Marneschlacht, oder Picassos Freund Apollinaire. „Es war eine belastete Generation", so hat sich Benn selbst zu diesem Thema geäußert, „verlacht, verhöhnt, politisch als entartet ausgestoßen – eine Generation jäh, blitzend, stürzend, von Unfällen und Kriegen betroffen, auf kurzes

Leben angelegt..." (in seinem Vorwort zu einem Band *Lyrik des expressionistischen Jahrzehnts*, erschienen 1955). Wenn er also in jenem Brief an die Freundinnen Kraus und Schuster behauptet, die Kunst stehe „außerhalb der Zusammenhänge von Staat und Geschichte", so will er damit nicht sagen, daß die Basiswirklichkeiten von Staat und Geschichte ihn nichts angehen, daß er sie nicht zur Kenntnis nimmt. Er richtet, wie der Text über das Jahr 1886 erkennen läßt, einen scharfen, realistischen Blick auf sie, sogar die Zahl der bei einer Reichstagswahl abgegebenen sozialdemokratischen Stimmen – zur Zeit von Bismarcks Sozialistengesetzen – ist ihm eine Zeile wert. Jenes „Außerhalb" bezeichnet nur die eine Seite einer letztlich ambivalenten Sinnfigur. Die „Inhalte", die Sachverhalte, das „Geschichtliche", verstanden als opakes Gegenüber, als „nacktes Vakuum", als Herausforderung an den formschaffenden, allein durch die Form noch Sinn stiftenden „Geist": dies also steht für den Gegenpol. „Geist" und „Geschichte" – beziehungsweise, in einem anderen Kontext: „Geist" und Bios oder Natur – sind auf eine dialektisch verwickelte Weise aufeinander angewiesen und miteinander vertäut. Mit Benns eigenen Worten aus seinem *Roman des Phänotyp*, geschrieben im Frühjahr 1944: „Noch einmal trat er in die Ambivalenz der Dinge ein, die sich ihm so bestimmend erschlossen hatte. Auf der einen Seite die Entbindung des Geistes durch die Schlachten und andererseits die Einreihung aller derartigen Vorgänge durch den Geist unter die animalischen Bewegungen, unter die Geologie – diese Antinomie war ohne Ende." Und weiter, mit einem Anflug von Zweifel an der Haltbarkeit des Gedankens: „Diese Verzahnung der Geschichte und der geistigen Welt war eine der Fragen, die sein Zeitalter nicht beantworten konnte, auch in Nietzsches Bemerkung von der geheimnisvollen Hieroglyphe zwischen Staat und dem Genius war es unterblieben, diese Hieroglyphe näher zu umschreiben; es war eine Frage, die offenblieb, die offenbleiben würde, bis sie sich selber beantwortete und dann versank."

Ahnentafel

Die Zeitungen schrieben den 2. Mai, als Gottfried Benn im Pfarrhaus zu Mansfeld bei Putlitz, einem Dorf in der westlichen Prignitz, etwa einhundertzwanzig Kilometer Luftlinie nordwestlich von Berlin, das Licht der Welt erblickte. Die Prignitz, das ist ein Stück brandenburgisches Territorium zwischen der mecklenburgischen Seenplatte im Norden und der Elbe im Süden und Westen, eine flachgewellte, wenig bewaldete Landschaft, der Boden sandig, aber für Kartoffel- und Roggenanbau gut geeignet. Die Hauptorte sind Wittenberge im Westen, Wittstock an der Dosse im Osten, Kyritz im Südosten und so ziemlich in der Mitte die kleine alte Hansestadt Perleberg am Flüßchen Stepenitz, aus deren Geschichte Theodor Fontane in seinen *Wanderungen durch die Mark Brandenburg* allerlei Abenteuerliches, auch Blutig-Dramatisches zu erzählen hat. Schon um 1400 war sie Kongreßort, hier trafen sich die norddeutschen Fürsten und die Delegationen der Hansestädte, zum Beispiel um Maßnahmen „wider die Straßenräuber" zu beraten, hier wurde Gericht gehalten und manches hochnotpeinliche Urteil vollstreckt. Ein guterhaltenes mittelalterliches Rathaus mit Gerichtslaube, die Rolandssäule als Wahrzeichen der Marktfreiheit und der damit verbundenen Handelsprivilegien, etliche historische Bürgerhäuser und eine Jakobskirche aus dem vierzehnten Jahrhundert erinnern noch heute an die Zeit, da das Geschlecht der Gans Edlen zu Putlitz, das die Stadt gegen Endes des zwölften Jahrhunderts gegründet hatte, unter der Oberhoheit der Markgrafen von Brandenburg mit der Herrschaft über die westliche Prignitz belehnt war. Heute ist Perleberg eine von etwa vierzehntausend Menschen bewohnte Kreisstadt mit viel Industrie im Bezirk Schwerin.

Ein paar Kilometer östlich von Perleberg liegt die Ortschaft Rambow, ein Name, der für uns von Bedeutung ist, denn dort gab es einen Bauernhof, der sich generationenlang im Besitz der Familie Benn befunden hat. Diese Familie muß zu einem nicht mehr feststellbaren Zeitpunkt, vermutlich mit der zweiten oder dritten Einwanderungswelle, aus Schleswig-Holstein oder aus Niedersachsen, wo der Name Benn nicht unbekannt ist, ins Land gekommen sein. Ihre Anwesenheit in Rambow läßt sich, so scheint es, in den Kirchenbüchern bis zum Jahre 1704 zurückverfolgen. Gottfried Benn selbst nennt am Anfang von *Lebensweg eines Intellektualisten* diese Jahreszahl, und sein einziger noch lebender Bruder Ernst-Viktor (geb. 1898), der uns sorgfältig recherchierte private Aufzeichnungen zur Verfügung gestellt hat, will sie nicht bestreiten. Vom Urgroßvater der beiden Brüder, einem Heinrich Benn, der um die Wende vom achtzehnten zum neunzehnten Jahrhundert den Hof bewirtschaftete, wird berichtet, daß er in den Urkunden als „Vollbauer“ verzeichnet ist, das heißt, daß er eine „volle Hufe“ (etwa dreißig Hektar) Ackerland besaß. Dieser Heinrich Benn war Zeitgenosse der von den Stein-Hardenbergschen Reformen gegen den zähen Widerstand der feudalen Grundherrenklasse allmählich durchgesetzten Bauernbefreiung in Preußen. Nun hatte es in der Prignitz so etwas wie förmliche Leibeigenschaft und Erbuntertänigkeit auch vorher nicht gegeben, aber man war doch abhängig, war tributpflichtig gewesen: nicht nur den Zehnten, vor allem in Gestalt von Naturalabgaben, hatte man entrichten müssen, auch zu bestimmten, fest umschriebenen Diensten, Fuhrleistungen und „Handdiensten“, zum Beispiel Schafescheren, Rübengraben oder Fischefangen, war man verpflichtet gewesen. Dies alles wurde in den Jahren 1807 bis etwa 1850 etappenweise abgeschafft, nicht mit revolutionären, sondern mit gesetzgeberischen Methoden, will sagen, daß man es in Form von juristisch geregelten Ablösungsprozessen verwirklichte und Entschädigungsansprüche respektierte. Für den Urgroßvater Benn jedenfalls war es die bürgerliche Emanzipation; gegen Ende seines Lebens war er, was er von Haus aus nicht gewesen war: ein freier Mann.

Sein ältester Sohn Joachim, geboren 1811 auf dem Rambower Hof, ist es dann gewesen, der durch den früh gefaßten Entschluß, Theologie zu studieren, auf dem Wege der sozialen Emanzipation gewissermaßen noch einen Schritt weiter ging. „Daß in jener Zeit der Übergang vom bäuerlichen zum akademischen Beruf als gesellschaftlicher Aufstieg angesehen wurde“, so äußert sich Ernst-Viktor Benn zu diesem Punkt, „steht außer Frage, und daß dieser Gesichtspunkt jedenfalls für Joachims Eltern mitgesprochen haben wird, ist anzunehmen.“ Großvater Benn, dem es freilich, wie sein späterer Lebensgang beweist, mehr um die Sache als um den „Aufstieg“ zu tun war, hatte im linkselbischen Seehausen das Gymnasium besucht, ehe er sich im Jahre 1830, als Neunzehnjähriger, an der Universität Halle immatrikulieren ließ. Er muß ein aufgeweckter und couragierter junger Mann gewesen sein, der von den freiheitlichen Ideen der damaligen politischen Linken ergriffen war; dafür spricht sein alsbaldiger Eintritt in die hallensische Burschenschaft „Arminia“, ein Schritt, der für ihn schwerwiegende Folgen haben sollte.

Es war jene Zeit der restaurativen Erstarrung, sozialen (und ökonomischen) Stagnation und politischen Unterdrückung, die wir Biedermeier oder Vormärz nennen. Die deutschen Burschenschaften, die sich unmittelbar nach den Freiheitskriegen formiert hatten, ursprünglich mit dem Ziel, die überkommene Aufspaltung der studierenden Jugend in landsmannschaftliche Verbindungen zu überwinden, waren schon 1817, auf dem „Wartburgfest“ vom 18. Oktober, als eine neue politische Kraft mit einem oppositionellen, zugleich patriotischen und demokratischen Programm hervorgetreten. „Ehre, Freiheit, Vaterland“ war ihre Parole, Schwarz, Rot und Gold ihre Farben, ihre Forderungen waren die allgemeine Gleichheit vor dem Gesetz, Rede- und Presse-Freiheit, die staatliche, wirtschaftliche und rechtliche Einheit der Nation und die Einführung der konstitutionellen Monarchie. Zwei Jahre später dann die Ermordung des für reaktionär gehaltenen Theaterfürsten und „russischen Staatsrats“ August von Kotzebue durch einen radikalen Burschenschaftler, den Jenaer Theologen Karl Ludwig Sand, daraufhin die Brandmarkung der Burschenschaften als „demagogische Bewegung“ in den „Karlsbader Beschlüssen“ vom September 1819 und das gesetzliche Verbot durch den Frankfurter Bundestag, das doch den Widerstand der akademischen Jugend nicht brechen, das entweder getarnte oder öffentlich halbwegs geduldete Überleben ihrer Verbindungen nicht verhindern konnte.

Endlich die Julirevolution von 1830, ein neues Signal aus Paris. Neue Hoffnungen, Wagnisse, Demonstrationen auch diesseits des Rheins. Ende Mai 1832 das rhetorisch so fulminante, von Burschenschaftlern getragene „Hambacher Fest“ bei Neustadt an der Weinstraße, Anfang April der mißlungene Sturm auf die Frankfurter Stadtwache, Thema eines berühmten Briefes von Georg Büchner aus Straßburg an seine Eltern. Der biedermeierliche Polizeistaat reagierte gegen alle diese sogenannten „Umtriebe“ mit den rigorosesten Methoden, vor allem in Preußen, wo es zu ernsthaften Zwischenfällen kaum gekommen war, glaubte man Exempla statuieren zu müssen. So wurden in den Jahren 1834–1836 vom Berliner Kammergericht (Oberlandesgericht) mehr als zweihundert Studenten wegen „umstürzlerischer“ Aktivitäten zu mehr oder weniger schweren Strafen verurteilt, darunter neununddreißig als angebliche „Hochverräter“ zum Tode. Einer von diesen neununddreißig war der mecklenburgische Mundartdichter und Burschenschaftler Fritz Reuter. Zwar wurde keines dieser Todesurteile vollstreckt – Reuter wurde zu dreißig Jahren Festungshaft begnadigt und 1840 amnestiert –, aber die Folgen für die berufliche Laufbahn und die bürgerliche Reputation der Betroffenen waren bitter genug.

Was nun den Theologiestudenten Joachim Benn angeht, so ist auch er dem Zugriff der politischen Justiz jener Jahre nicht entgangen. Seine Personalakten beim zuständigen Konsistorium (die sein Enkel Ernst-Viktor hat einsehen können) begannen mit dem Vermerk, daß er nach Mitteilung des Berliner Kammergerichts wegen seiner Zugehörigkeit zur Burschenschaft zu einem Jahr Festung verurteilt worden sei. Es geht aus den Dokumenten nicht mit letzter Sicherheit hervor, daß er diese Strafe auch hat verbüßen müssen. Daß sie aber verhängt worden ist, kann nicht bezweifelt werden, da jedenfalls die sehr harten gesetzlichen Nebenfolgen, die mit ihr verbunden waren, dem Kandidaten Benn nicht erspart geblieben sind. Nach einem Bundesuniversitätsgesetz aus dem Jahre 1834 durften die wegen ihrer Burschenschaftlerei Verurteilten in keinem deutschen Land zu einem Kirchen- oder Schulamt, zu einer akademischen Würde, zur Advokatur oder zum Arztberuf zugelassen werden. Diese Bestimmung ist auch gegen den jungen Joachim Benn angewendet und erst nach vielen Jahren annulliert worden. Fast ein halbes Menschenalter lang hat er auf provisorische Art, als Gehilfe auf dem elterlichen Hof und als Privatlehrer, sein Brot verdienen müssen, ehe er endlich am 31. August 1848, als Siebenunddreißigjähriger, für die kleine Pfarrstelle in Mansfeld bei Putlitz – später der Geburtsort seines Enkels Gottfried – ordiniert werden konnte. Anfang 1851 verheiratete er sich mit einer blutjungen Posthalterstochter aus dem nahegelegenen Städtchen Meyenburg dicht an der Grenze zum Großherzogtum Mecklenburg.

Nächste Generation der väterlichen Linie: fünf Kinder, von denen zwei nicht alt geworden sind. Drei Söhne wachsen heran und bringen es zu hohen Jahren; der jüngste von ihnen, Gustav Benn, geboren am 16. Juni 1857, ist der Mann, den wir suchen: der Vater Gottfried Benns.

In einem lateinisch geschriebenen, für die vorgesetzte Kirchenbehörde bestimmten „curriculum vitae et studiorum" aus dem Jahre 1883 hat Gustav Benn, der zweite Theologe in der Familie, seinen Werdegang dargestellt. Erster Unterricht beim Vater unterm eigenen Dach, dann Gymnasialjahre in Berlin und Seehausen. Als er die Oberstufe erreicht hat, zwingt die schiere Geldnot den Vater, ihn sehr gegen seinen Willen in eine kaufmännische Lehre bei einem wohlhabenden Onkel in Berlin zu schicken. Es war die unglücklichste aller Lösungen für das gegebene Problem, doch gelang es dem nunmehr Achtzehnjährigen schon nach wenigen Monaten, einen anderen, als „reich und geizig" verschrienen Anverwandten der mütterlichen Familie zu bewegen, sich seiner anzunehmen. Dieser Onkel war Pächter des Gutes Tamsel in der

Neumark, nicht weit von der Stadt und Festung Küstrin am Zusammenfluß von Warthe und Oder. Unter der Bedingung, daß der Neffe niemals Theologie studieren würde, war er bereit, ihn bei sich unterzubringen und ihm den Besuch des Küstriner Gymnasiums zu ermöglichen.

Küstrin und Tamsel, für den Fontaneleser sind es vielsagende Namen. Beide stehen für einen ganzen Fundus von Geschichten aus kurfürstlich-brandenburgischer, königlich-preußischer, nicht zuletzt „friderizianischer" Vergangenheit. Katte und Friedrich zum Beispiel. Krieg und Frieden, Glanz und Schrecken der Historie, die ganze zähe Unvergeßlichkeit des Gewesenen und Getanen. Des jungen Herrn von Katte Enthauptung unter dem Fenster des Kronprinzen, seines Freundes, innerhalb der Festungsmauern von Küstrin im November 1730, und achtundzwanzig Jahre später dann die Verwüstung von Schloß und Park Tamsel durch russische Marodeure kurz vor der Schlacht beim nahen Zorndorf, einer der fürchterlichsten des Siebenjährigen Krieges, die der König von Preußen für sich entschied. Dann der zu Fontanes Zeit noch kaum verblaßte Ruhm der großen Familien, die auf Tamsel residiert haben, von den Schönings über die Wreechs bis zu den Dönhoffs und Schwerins. Aber auch die kurze, lebhafte, durch französische Briefe und Sonette dokumentierte Romanze zwischen dem bewußten Kronprinzen (noch in Küstrin) und der legendär schönen Frau Louise Eleonore von Wreech vom Spätsommer 1731 bis Ende Februar 1732, eine Affaire, von der man nicht genau weiß, „wie weit sie gegangen ist". Die Stadt war eine knappe preußische Meile, etwa sieben Kilometer, von Tamsel entfernt; der Weg, den der junge Gustav Benn täglich zweimal zurücklegen mußte, morgens mit dem Milchwagen der Gutswirtschaft, nachmittags leider zu Fuß, es war derselbe, den einst der Kronprinz geritten war, um seine damalige „Gebieterin" zu sehen.

Bleibt zu sagen, daß das neue Arrangement für den Gymnasiasten Benn sich als auf die Dauer unhaltbar erwies; schon nach zwei Monaten wurde es ihm erlaubt, nach Seehausen zurückzukehren, um dort seine Schulzeit zu beenden.

Studium zunächst in Straßburg, dann Leipzig, zuletzt fünf Semester in Berlin. Was sein Verhältnis zu den damals tonangebenden Strömungen der Theologie angeht, so war er gewiß kein „Liberaler", aber auch die sogenannte „orthodoxe" Richtung war nicht ohne Einschränkung die seine. Das für ihn wegweisende Ereignis war die Anfang der achtziger Jahre, gegen Ende seiner Studentenzeit, stattgehabte Begegnung mit dem Theologen Christoph Friedrich Blumhardt (1842–1919) in Bad Boll, dem Sohn und Nachfolger des berühmten Johann Christoph Blumhardt (1805–1880), der im Jahre 1852 das Schwefelbad Boll (im Landkreis Göppingen, am Fuß der Schwäbischen Alb) gekauft und dort ein religiöses Erweckungs- und Heilungszentrum eingerichtet hatte. Der ältere Blumhardt muß ein Geistlicher von außerordentlichem Charisma gewesen sein, ein Mann, dessen leidenschaftliche, im schwäbischen Pietismus verwurzelte Reichgotteshoffnung von seiner Umwelt nicht nur als gemeindebildend und missionarisch wirksam, sondern auch als buchstäblich wundertätig erlebt worden ist. Als es ihm 1843 in dem abgelegenen Schwarzwalddorf Möttlingen zum ersten Male gelungen war, einer hochgradig hysterischen Frau, deren Leiden die Form einer dämonischen Besessenheit angenommen hatte, in zweijährigem „Gebetskampf" die Teufel auszutreiben, interpretierte er diese Heilung als den sichtbaren Sieg Christi über die Mächte der Finsternis. Weitere Heilungen folgten, eine spontan ausgebrochene Bußbewegung nahm aufsehenerregende, beinah endemische Ausmaße an. In Bad Boll schien so etwas wie ein evangelisches Lourdes entstanden zu sein.

Was nun den Sohn anging, der die Sache im Jahre 1880 übernahm, so konnten ihm wundertätige Kräfte nicht nachgesagt werden; aber ein bedeutender, ganze Scharen von Hilfesuchenden anziehender Seelsorger war auch er. Als er sich 1899 zum Sozialismus bekannte und schließlich sogar der Sozialdemokratischen Partei beitrat, wurde er vom Konsistorium gezwungen, auf den Pfarrertitel zu verzichten. (Er ließ sich in den württembergischen Landtag wählen und blieb Abgeordneter für nahezu zehn Jahre.) Diese Blumhardtsche Bemühung, auf theologischem Wege über die Privatsphäre eines pietistisch gestimmten Gemeindelebens hinauszugelangen, das Reich Gottes mit der gesellschaftlichen Ordnung in Beziehung zu setzen, ist nicht ohne Folgen geblieben. In Karl Barths Überlegungen zum Thema *Rechtfertigung und Recht* (1937), in seiner Idee eines „politischen Gottesdienstes" ist sie unter veränderten politischen Voraussetzungen noch oder wieder virulent.

Auch der junge Gustav Benn, der eine Zeitlang als Erzieher von Blumhardts Kindern in dessen Hause beschäftigt war, ist, so scheint es, von diesen Gedankengängen mehr als nur flüchtig beeinflußt worden. Wie wäre es sonst zu erklären, daß er während seiner Amtsjahre als Dorfprediger erst in der Prignitz, später in der Neumark neben der konservativen *Kreuzzeitung* immer wieder auch sozialdemokratische Blätter, vor allem den *Vorwärts*, gehalten hat, sehr zum Mißfallen des Konsistoriums und zur Verwunderung seiner bäuerlichen und gutsherrlich-adligen Nachbarschaft! Er muß eine souveräne, kraftvolle, Sicherheit und Selbstvertrauen ausstrahlende Natur gewesen sein, die Art seines Lachens, so wird berichtet, sei „unwiderstehlich" gewesen. Das mag damit zusammenhängen, daß auch er von dem seelsorgerlichen Charisma, dem die Blumhardts ihre Erfolge verdankten, nicht wenig besessen hat; vielleicht daß sich von daher auch die besondere Attraktivität, die Bad Boll für ihn gehabt hat, verstehen läßt. Diese außerordentliche seelische Kraft, diese religiös fundierte Desinvolture hat auch Gottfried Benn, sein ältester Sohn, der sich immer gerne zu seinem „ausgesprochenen Faible für das Pfarrhäusliche" bekannt hat, als bezwingend empfunden und immer wieder zur Sprache gebracht. So in einem späten Brief an einen jüngeren Autor (und Pastorensohn), wo er den Vater mit einer eigentümlichen Mischung aus Ironie und Bewunderung unvergeßlich charakterisiert. „In meinem heimatlichen (sc. Pfarrhaus) gab es keinen Chopin, es war völlig amusisch, mein Vater hat nie in seinem Leben ein Buch gelesen, einmal, Anfang des Jahrhunderts, war er in Berlin im Theater gewesen, in Wildenbruchs ‚Haubenlerche', erinnere ich mich. Aber ein großer Zelot u. Fanatiker war er auch; aber es ging von ihm eine Stärke aus, wie ich sie nie wieder an irgendeinem

Menschen erlebt habe: wenn er neben Ihnen stand, konnte Ihnen nichts passieren u. Sie konnten nicht sterben, ein seltsamer Mann.“ (16 V 54 an H. E. Holthusen)

Gustav Benn war fünfundzwanzig Jahre alt, als er sein Studium in Berlin beendete. In seinem „curriculum“ ist zum Schluß die Rede von einem Aufenthalt in Potsdam, wo er in der Kadettenanstalt Unterricht gegeben habe, von einer schweren Erkrankung und einer Erholungsreise nach Württemberg – es war diese Reise, die zum Kontakt mit Blumhardt geführt hat – und von einer Hauslehrerstelle beim Grafen Wilamowitz-Moellendorf auf dem Schlosse Gadow in der Prignitz. Hier lernte er eine junge Dame aus der Westschweiz kennen, eine sogenannte „Mademoiselle“, deren Aufgabe es war, die Kinder des Gutsherrn in der französischen Sprache zu unterrichten. Es war Caroline Jequier, seine spätere Frau.

Die Mutter Gottfried Benns stammte aus dem Kanton Neuenburg oder Neuchâtel; am 20. Juli 1858 war sie in dem Städtchen Fleurier, am oberen Eingang zum Val Travers, westlich vom Neuenburger See und nur wenige Kilometer von der französischen Grenze entfernt, als Tochter einer Familie, in der das Uhrmacherhandwerk erblich war, zur Welt gekommen. Ihre Eltern Louis-Gustave und Jeanne-Louise Jequier, beide im selben Jahr 1831 geboren, waren in ihrer Jugend noch preußische Untertanen, gleichzeitig aber auch schon Eidgenossen gewesen, denn das „Fürstentum“ Neuenburg hatte sich einst, nach dem Aussterben seines angestammten Herrscherhauses Orléans-Longueville (1707) den durch gewisse komplizierte Erbansprüche halbwegs legitimierten König Friedrich I. von Preußen zum neuen Souverän erwählt, und im Jahre 1815 – nach zehnjähriger Zugehörigkeit zum napoleonischen Frankreich – war auf dem Wiener Kongreß diese kuriose Regelung noch einmal erneuert worden. Letzter Statthalter der Berliner Regierung war eine in der Literaturgeschichte nicht ganz unbekannte Persönlichkeit gewesen: der General Ernst von Pfuël (1779–1866), ein Jugendfreund Heinrich von Kleists und entschiedener Anhänger der preußischen Reformpartei. Seine Amtsführung (ab 1831) war so liberal wie möglich gewesen, hatte aber die nach Unabhängigkeit und demokratischer Selbstbestimmung drängenden Kräfte nicht aufhalten können. Die Entwicklung kulminierte Ende Februar 1848 in einer revolutionären, wenn auch unblutigen Erhebung der Anti-Royalisten in der Stadt Neuenburg am See. Das Ancien Régime kapitulierte kampflos, und Pfuël kehrte nach Berlin zurück. (Dort ist er noch im Spätsommer desselben Jahres als nahezu Siebzigjähriger mit der Bildung einer neuen preußischen Regierung, die der gegebenen Lage Rechnung tragen sollte, beauftragt worden, hat aber schon nach zwei Monaten unter dem Druck der konservativen Kamarilla seinen Hut nehmen müssen.)

Die Großeltern mütterlicherseits haben jung geheiratet, ihr erstes Kind, ein Sohn, der Jules genannt wurde, ist schon 1851 zur Welt gekommen. Ihm folgten acht weitere Sprößlinge, von denen aber nur fünf groß geworden sind, alles Töchter, unter ihnen an dritter Stelle Mademoiselle Caroline. Sie hat ihre Mutter früh verloren, schon im April 1866, nach neun Geburten, ist Frau Jeanne-Louise, kaum fünfunddreißig Jahre alt, gestorben, und das Kind wurde einer Patentante im waadtländischen Yverdon, an der Südspitze des Neuenburger Sees, anvertraut, in deren Haus und Obhut es dann aufgewachsen ist. Der Vater lebte sieben Jahre allein, ehe er 1873 eine zweite Ehe schloß, aus der noch einmal fünf Töchter hervorgegangen sind. Aber das war nicht mehr in Fleurier, sondern im Nachbarort Buttes, wo er bis zum Ende seines Lebens im Jahr 1894 wohnhaft gewesen ist.

Die Nachfrage nach Mademoiselles für die feudale Kinderstube muß damals in halb Europa, einschließlich England und Rußland, sehr lebhaft gewesen sein: unter den fünf Töchtern aus der ersten Ehe des schweizerischen Großvaters war nicht eine, die nicht als Erzieherin ins Ausland gegangen wäre; drei von ihnen haben sich mit Ausländern (Deutschen) verheiratet. Die Ehe zwischen Caroline Jequier und Gustav Benn wurde geschlossen, nachdem man dem jungen Theologen, etwa zwei Jahre nach dem Examen, seine erste Pfarrstelle zugewiesen hatte. Die Stelle hieß Mansfeld bei Putlitz, es war der Ort seiner Geburt und dieselbe Gemeinde, die seinerzeit auch schon seinem Vater als erste zugesprochen worden war. Die Hochzeit wurde am 22. Juli 1884 gefeiert, und zwar in dem Dorfe Cumlosen bei Wittenberge an der Elbe, wo die Braut von der Frau eines älteren Amtsbruders namens Mummelthey in die Anfangsgründe der Hauswirtschaft eingeführt worden war.

Das Paar blieb nicht ganz drei Jahre in Mansfeld, schon im Frühjahr 1887 wurde Gustav Benn nach Sellin in der Neumark berufen, um das dortige, etwas stattlichere Pfarramt zu übernehmen. Diese Berufung hatte etwas mit seinen engen Beziehungen zum Hause Blumhardt zu tun; er verdankte sie vor allem einem Grafen Finckenstein-Trossin, der auch zum Kreise der Blumhardt-Verehrer gehörte und durch ihn auf Pastor Benn aufmerksam geworden war. Sicherlich ein frommer evangelischer Christ, dieser Finckenstein, gleichzeitig aber auch ein exemplarischer Grundeigentümer „alter Schule" mit dem noch gänzlich unerschütterten junkerlich-patriarchalischen Standesbewußtsein der vorreformerischen Zeit. In seiner Eigenschaft als Besitzer und Schloßherr des Gutes Trossin, nur eine halbe Wegstunde von seinem Kirchdorf entfernt, war er einer von drei „Kirchenpatronen" der Selliner Pfarre, die sowohl die Kirche als auch das Pfarrhaus noch weitgehend aus eigenen Mitteln zu unterhalten, darum aber auch das Recht hatten, sich ihren Seelenhirten selber auszusuchen. Sellin lag ein paar Kilometer östlich von Bärwalde, einer Bahnstation an der Nordsüdstrecke, die von Frankfurt an der Oder über Küstrin und Königsberg in der Neumark nach Stettin hinaufführt. Fast zwanzig Jahre lang hat Gustav Benn dort seines Amtes gewaltet, und alle acht Benn-Kinder, zwei Töchter und sechs Söhne, aus der Ehe mit Caroline Jequier, auch die schon in Mansfeld geborenen, will sagen Ruth, die Älteste (1885), und Gottfried, der erste Sohn, haben Sellin beziehungsweise die Neumark als ihre eigentliche Heimat betrachtet. Für den Vater war es dann aber doch noch nicht die letzte Station seines beruflichen Lebens. Am Abend seines neunundvierzigsten Geburtstages eröffnete er seiner Frau, er habe sich aus gesundheitlichen Gründen entschlossen, den weitläufig-ländlichen Selliner Sprengel mit der ihm neuerdings angebotenen Stadtpfarre von Mohrin am Mohriner See zu vertauschen. Der Umzug wurde im August 1906 ins Werk gesetzt. „Wir fuhren", so erinnert sich Ernst-Viktor Benn, „zwei Meilen über Falkenwalde und durch den Sterntaler Forst. Dann lag plötzlich groß und blau der Mohriner See vor uns und das alte Städtchen mit der grauen Mauer. Im schlanken Trab bog der Wagen zum Pfarrhaus ein. Eine Menschenmenge erwartete uns mit dem Bürgermeister und dem Hauptlehrer, und kleine Mädchen in weißen Kleidern sangen: Euern Eingang segne Gott!"

Mohrin – man findet es westlich der genannten Bahnlinie etwa auf halbem Wege zwischen Küstrin und Königsberg und, wie gesagt, zwei preußische Meilen oder rund fünfzehn Kilometer von Sellin entfernt – war ein noch stark mittelalterlich geprägtes Stadtgebilde (Burganlage, Stadtmauer mit zahlreichen Wachhäusern) und nicht viel größer als die Dörfer, in denen man bis dato gelebt hatte; noch 1939, im Todesjahr Pastor Benns, war es von nur zwölfhundert Menschen bewohnt. Hier hat er also bis in die späten zwanziger Jahre hinein amtiert und in einer dreischiffigen Feldsteinkirche aus dem vierzehnten Jahrhundert gepredigt. Hier hat er den Krebstod seiner schweizerischen Frau im Jahre 1912 erlebt, hier hat er nach einer zweiten Eheschließung mit der mehr als dreißig Jahre jüngeren Sophie Kolbe aus Bromberg (Herbst 1914) noch zwei weitere Söhne in die Welt gesetzt: Friedrich (geboren 1916) und Hans-Christoph (geboren 1920), die beide im Zweiten Weltkrieg gefallen sind. Hier ist er schließlich im Herbst 1939 an der Seite seiner ersten Frau begraben worden.

Pastorensohn

So viel – in der Sprache der Daten und Fakten, der Eigen-, Familien- und Ortsnamen – über die genealogischen Voraussetzungen des Lebens, das uns beschäftigt. Benn selbst hat sich für diese Voraussetzungen mindestens zeitweise sehr lebhaft interessiert. Das gilt vor allem für die Jahre 1933 und 1934, die ersten beiden Jahre der Hitlerherrschaft, der Benn damals seine Loyalität glaubte beteuern zu müssen: ein verhängnisvoller Irrtum, auf den wir zurückkommen werden. Gleich die ersten beiden, im Sommer 1934 niedergeschriebenen Sätze von *Lebensweg eines Intellektualisten* lesen sich wie ein Bekenntnis zu einer ideologisch aufgeladenen Ahnenforschung als der maßgebenden, wenn nicht epochemachenden Wissenschaft des „Neuen Deutschland": „Wir sind in das Zeitalter der Genealogie eingetreten. Seit anderthalb Jahren umfängt es uns politisch und gesetzgeberisch, und während es zunächst eine Frage von Urkunden und das Resultat von anthropometrischen Messungen zu sein schien, ist es eine seelische Welt geworden, tief erregend und das Innere gestaltend." Der Text im ganzen ist dann aber doch viel weniger regimekonform, als man nach einem solchen Anfang vermuten möchte. Er läßt eine unterschwellige Gegenwendigkeit gegen das an der Oberfläche Gesagte erkennen, eine Art von ironischer Distanz gegenüber der Begriffswelt der braunen Ideologen, er ist, mindestens stellenweise, ein so haarsträubend unzeitgemäßes Pamphlet gegen bestimmte herrschende Vorstellungen, daß er nach dem Kriege nahezu unverändert in den Band *Doppelleben* (1950) aufgenommen werden konnte. Die eigentlich skandalösen und den heutigen Leser tief verstörenden Texte zu Themen wie „Züchtung", „Eugenik", „Reinigung des Volkskörpers" von minderwertigem „Menschenmaterial" und so weiter sind 1933 verfaßt worden, sind entweder in dem Essayband *Der neue Staat und die Intellektuellen* (1933) oder in periodischen Publikationen wie *Die Woche* oder *Börsenblatt des deutschen Buchhandels* herausgekommen und vor dem Erscheinen des ersten Bandes der Wellershoffschen Werkausgabe (1959) nicht wieder gedruckt worden.

Aber auch im Umkreis dieser nazistisch infizierten Arbeiten fehlt es nicht an ironischen Aspekten. So wenn in dem Aufsatz *Züchtung* (I) als Prototyp des großen politischen Führers mit rassenzüchterischem Programm ausgerechnet der Prophet Moses als der Befreier und – höchst gewalttätige – Erzieher des Volkes Israel vorgestellt wird, oder wenn unter der schaudererregenden Überschrift *Der deutsche Mensch. Erbmasse und Führertum* als einzig verfügbares Paradigma eines historisch nachweisbaren „Züchtungs"-Prozesses das Milieu des deutschen Pfarrhauses genannt und beschrieben wird. Benn stellt sich die Frage: „aus welcher Art von Familien, aus welchem Stand, aus welchem züchterischen Milieu sind eigentlich jene Deutschen hervorgegangen, deren Werke und Leistungen die geistige Erbmasse schufen, die wir heute vor uns sehen; wo stammen sie her, die den seelischen Fonds erarbeiteten, mit dem wir heute in eine neue Periode der deutschen Geschichte eintreten?" Die Antwort ist ein emphatisches Preislied auf die kulturelle Zeugungsfähigkeit jener vielgerühmten genealogischen Substanz, der er selber, Gottfried Benn, seine Anlagen verdankt. Er beruft sich auf die Ermittlungen des altkatholischen Kirchenrechtlers Johann Friedrich von Schulte (1827–1914), der beim Studium der *Allgemeinen Deutschen Biographie* sechzehnhundert Lebensläufe von berühmten Deutschen überprüft und unter ihnen nicht weniger als achthunderteinundsechzig Pfarrerssöhne gezählt habe; er beruft sich auf Felix Dahn und Gustav Freytag, die zu ähnlichen oder noch erstaunlicheren Ergebnissen gelangt seien; er zitiert aus den Arbeiten des Tübinger Neurologen und Psychiaters Ernst Kretschmer (1888–1964), dessen Typologie der menschlichen Konstitution – *Körperbau und Charakter* – für die Benn-Generation von richtungweisender Bedeutung gewesen ist. Er läßt eine lange Reihe von großen Namen Revue passieren, um jene pfarrhausfreundlichen Thesen zu belegen, er bringt zahlreiche Einzelheiten zu einer differenzierten Darstellung der Sachverhalte aufs Tapet. Er warnt wohl auch vor Übertreibungen, gerät dann aber selber ganz gewaltig ins Schwärmen und Übertreiben im Hinblick auf jene „fast geschlossene einheitliche Erbmasse, die wir ja auch an den vorher angeführten Persönlichkeiten deutlich erkennen konnten: die Philosophen, die zugleich Dichter, und die Dichter, die zugleich Denker und Gelehrte sind. Man kann", so faßt er schließlich seine Erkenntnisse zusammen, „man kann also auch sagen: Aus diesem Erbmilieu ging die gesamte geistig produktive, kulturschaffende Macht des deutschen Volkes hervor."

In *Lebensweg eines Intellektualisten* wird das Thema von neuem zur Sprache gebracht, und die wichtigsten Punkte werden fast wörtlich wiederholt. Benn äußerte sich hier in eigener Sache, und er argumentierte unter politischem Druck. Man hatte ihn – schon im Herbst 1933 – öffentlich angegriffen, zunächst wegen seiner Zugehörigkeit zur expressionistischen Literatur, die man ganz im Sinne der neuen „Lage" irreführenderweise als ein Produkt der verworfenen Weimarer „Systemzeit" interpretierte, hatte ihn dann aber auch wegen seiner angeblich nicht-arischen Abstammung denunziert, und zwar mit der wahrhaft idiotischen Begründung, der Name Benn müsse mit dem hebräischen Ben (gleich „Sohn von" wie in Ben Hur, Ben Akiba) identisch sein oder zu tun haben. (Angreifer war der einstmals hochpopuläre Balladenschreiber Börries Freiherr von Münchhausen, der am 7. Oktober 1933 in einem *Deutschen Almanach auf das Jahr 1934* einen expressionismusfeindlichen Aufsatz über *Die neue Dichtung* veröffentlicht hatte. Die sich daraus entwickelnde Affaire soll an späterer Stelle ausführlich erörtert werden.) Benn hatte, wie die Dinge lagen, allen Grund, sich in seiner beruflichen Existenz – vor allem als Arzt – bedroht zu fühlen, er konnte die Sache nicht mit Stillschweigen übergehen: „Was also das Genealogische angeht, stamme ich von seiten meines Vaters aus einem rein arischen und, was das Geistig-Züchterische angeht, aus einem Milieu, in dem seit über hundert Jahren die protestantische Theologie ihre Stätte hatte." Folgt die schon zitierte Theorie über das „eigentümliche Erbmilieu dieses protestantischen Pfarrhauses".

Er sagte das also in eigener Sache, aber gemeint war es implicite gewiß auch als eine Huldigung an den Vater und das Elternhaus, welch letzteres zwar für den Augenblick als milieutheoretisches Schulbeispiel vorgeführt werden konnte, im übrigen aber mit jener Gesellschaft von „katilinarischen Existenzen" (wie Bismarck gesagt haben würde), die neuerdings in Berlin an die Macht gekommen waren, außer der geographischen Nähe nichts gemein hatte. Er kommt in diesem Zusammenhang auch auf seine Mutter zu sprechen, die mit ihrem „hundertprozentigen, unverfälschten, noch nie durchkreuzten romanischen Blut" in das norddeutsch-protestantische Pastorenmilieu hineingeheiratet hat. Er beschreibt seine Eltern in polarisierendem Stil, indem er sich der Kretschmerschen Begriffe bedient: „Es kreuzten sich in dieser Ehe aber auch die beiden tiefen typologischen Gegensätze der Kretschmerschen Konstitutionslehre: mein Vater körperlich leptosom: streng, hager; meine Mutter pyknisch, alpin untersetzt. Ergänzt und nochmals aufgenommen in den Merkenschlagerschen beiden Grundtypen der europäischen Bevölkerung: mein Vater durchaus der Felsbezwinger, transzendent und tierfremd, Züge des Urjägers der eiszeitlichen Megalithkultur; meine Mutter irdisch, allem Lebendigen nah, die Gärten, die Felder säend und gießend: Ackerbautyp, Pfahlbürgertyp, mit dem realen Sein voll Lächeln und Tränen." Man darf hinzufügen, daß der hier skizzierte Gegensatz der Konstitutionen sich offensichtlich auf die Nachkommenschaft vererbt hat: Sohn Gottfried „ganz die Mutter": pyknisch, alpin untersetzt, Neigung zur Korpulenz; während beispielsweise der jüngere Ernst-Viktor entschieden nach dem Vater geschlagen ist. „2 Köpfe größer wie ich", so wird er in einem Brief an F. W. Oelze definiert, „hager, klug u. hat 4 Kinder." (20. IX 48.)

Benns Verhältnis zu seinem Vater: es wird, außer in *Lebensweg eines Intellektualisten*, wo er ihn mit Hilfe von Kretschmer und Merkenschlager sozusagen auf einen rassephysiognomischen Nenner bringt, im Laufe der Jahre und Jahrzehnte immer wieder zur Sprache gebracht, meist in Briefen, aber auch in einzelnen Gedichten. Der in dem weiter oben zitierten Brief vom 16 V 54 auffällige ambivalente Ton von Bewunderung und Ironie ist nicht die Ausnahme, aber auch nicht die Regel; der Brief selbst oder doch seine markanteste Passage wird in dem späten Parlando-Gedicht *Teilsteils*, das erstmals im Septemberheft 1954 der Zeitschrift *Merkur* veröffentlicht wurde, fast wörtlich reproduziert:

> In meinem Elternhaus hingen keine Gainsboroughs
> wurde auch kein Chopin gespielt
> ganz amusisches Gedankenleben
> mein Vater war einmal im Theater gewesen
> Anfang des Jahrhunderts
> Wildenbruchs „Haubenlerche"
> davon zehrten wir
> das war alles.

(Der Name Chopin, den Benn ja besonders geliebt hat, ist hier als ein Echo zu lesen auf ein Stichwort von seiten des Briefpartners, der in seinem Essayband *Ja und Nein* (1954) unter dem Titel *Unwiederbringliche Stadt* über seine Jugendjahre in einem Hildesheimer Pfarrhaus berichtet und den Vater als Chopinspieler vorgestellt hatte. Darauf Benn: „Ich las über Hildesheim, dachte lange darüber nach. Ich habe ja ein ausgesprochenes Faible für das Pfarrhäusliche, obschon ich mich so weit davon entfernte. In meinem heimatlichen" und so weiter.) Merkwürdig ist, daß in den mittleren dreißiger Jahren, den letzten Lebensjahren des Vaters, der ironische Ton ganz verstummt. Was bleibt, ist die Bewunderung, ist eine sich steigernde Verehrung, die schließlich, bei einem Besuch in Mohrin anläßlich von Gustav Benns achtzigstem Geburtstag, von dessen Person einen geradezu „überirdischen" Eindruck empfangen haben will (an F. W. Oelze, 20 6 37).

Dazu in krassestem Gegensatz steht *Pastorensohn*, ein Gedicht, das in dem Februar 1922 veröffentlichten Band *Die gesammelten Schriften* zum ersten Male erschien und zu Lebzeiten des Autors in keiner späteren Sammlung mehr zugelassen worden ist, bis es dann im dritten Band – *Gedichte* – der Wellershoffschen Werkausgabe (1960) endlich wieder auftauchte. Hier der Text:

Von Senkern aus dem Patronat,
aus Grafenblasen, Diadochen
beschiffte Windeln um die Knochen
beflaggte noch vom Darmsalat.

Der Alte pumpt die Dörfer rum
und klappert die Kollektenmappe,
verehrtes Konsistorium,
Fruchtwasser, neunte Kaulquappe.

Der Alte ist im Winter grün
wie Mistel und im Sommer Hecken,
lobsingt dem Herrn und preiset ihn
und hat schon wieder Frucht am Stecken.

In Gottes Namen denn, mein Sohn
ein feste Burg und Stipendiate,
Herr Schneider Kunz vom Kirchenrate
gewährt dir eine Freiportion.

In Gottes Namen denn, habt acht,
bei Mutters Krebs die Dunstverbände
woher –? Befiehl du deine Hände –
zwölf Kinder heulen durch die Nacht.

Der Alte ist im Winter grün
wie Mistel und im Sommer Hecke,
'ne neue Rippe und sie brühn
schon wieder in die Betten Flecke.

Verfluchter alter Abraham,
zwölf schwere Plagen Isaake
haun dir mit einer Nudelhacke
den alten Zeugeschwengel lahm.

Von wegen Land und Lilientum
Brecheisen durch die Gottesflabbe
verehrtes Konsistorium,
Gut Beil, die neunte Kaulquappe!

Da haben wir's: die grimmige Denunzierung des Milieus, dem doch – elf Jahre später – das deutsche Volk seine „gesamte geistig produktive, kulturschaffende Macht" zu danken haben wird! Die Anprangerung der degoutanten, frauenverschleißenden, rücksichtslos asozialen Zeugungsfreudigkeit des alten Herrn, der es mit zwei Gattinnen auf zehn Kinder bringen wird: ein bewußt lästerliches Verbalattentat auf die Würde der väterlichen Person, Aufdeckung der väterlichen Blöße als Verstoß gegen das Inzesttabu, das ja im Pentateuch durch den Mund des ersten großen Propheten und Gesetzgebers der Kinder Israel mehr als einmal mit den schwersten Sanktionen bedroht wird: „Du sollst deines Vaters und deiner Mutter Blöße nicht aufdecken" (3. Mose 18, 7). Mit der trotzigen Tabuverletzung verbindet sich das sozialkritische Aufbegehren gegen das immer noch halbfeudale, von Patronatsherren, den „Diadochen" alter Grafengeschlechter, und Kirchenräten repräsentierte Establishment, mit dem es der Verfasser als Kind und Heranwachsender zu tun gehabt hat, gegen die demütigende Abhängigkeit des Pastorensohnes von Leuten, die über Stipendien und Freitische zu gebieten haben. Für diesen Sohn ist der Vater zum Albdruck geworden: einerseits akademisch gebildeter Kostgänger der Gesellschaft – in der Mistel-Metapher kommt ein Element des Schmarotzerischen zum Ausdruck –, andererseits ist er der immergrüne Heck-Meister im Ehebett – zweimal „Hecke"! –, gewissermaßen Nachfolger (Diadoche) des biblischen Erzvaters Abraham mit seiner sagenhaften Fruchtbarkeit – „und ich will deinen Samen machen wie den Staub auf Erden. Kann ein Mensch den Staub auf Erden zählen, der wird auch deinen Samen zählen" (1. Mose 13, 16) –; die Zwölfzahl der Kinder, die das Gedicht ihm zuschreibt, ist sinnbildlich zu verstehen, es sind die zwölf Söhne Jakobs, seines Enkels, des dritten der Erzväter Israels, die hier auf ihn übertragen werden. Damit ist der biblische Patriarch dem Pastor von Mohrin nur um ein weniges voraus. Verfluchter alter Abraham.

Das Gedicht bezeichnet oder scheint zu bezeichnen ein Äußerstes an kritischem Abstand zum Milieu der eigenen Jugend. Gleichzeitig aber liefert es auf knappstem Raum ein autobiographisches Resümee in kaum verfremdender, kaum verhüllender Formulierung. Die sozialen Umstände und Hintergründe, mitsamt dem Grafen Finckenstein, dem Schneider Kunz und so weiter, könnten deutlicher gar nicht sein. Auch des Krebstodes der eigenen Mutter wird im Ton einer liebevollen Bitterkeit gedacht. Die „neue Rippe" bezieht sich ohne Zweifel auf die zweite Frau (aus Adams Rippe), und die neunte Kaulquappe (metaphorisch für Embryo: großer runder Kopf mit anhängendem Körperchen) bezeichnet das erste Kind aus der zweiten Ehe. Woraus man, wenn auch nicht mit letzter Sicherheit, folgern könnte, der Text müsse nach der Geburt dieses Kindes (1916), aber vor dem Erscheinen des zweiten (beziehungsweise zehnten) und letzten Kindes (1920) des rüstigen Alten entstanden sein. Eine genaue Datierung gibt es nicht.

Pastorensohn ist als Ganzes vielleicht kein Meisterwerk ersten Ranges, obwohl man an ihm eine Reihe von eindrucksvollen Kunstgriffen würde nachweisen können, aber es ist charakteristisch für den destruktiv-revolutionären Elan, für die tabuzertrümmernde, schrankeneinreißende, grenzenüberschreitende Radikalität, die zum Zeitpunkt seines Erscheinens bei nicht wenigen maßgeblichen Künstlern der jungen Generation das Gesetz des Handelns bestimmte, nicht nur im „weimarischen" Deutschland und beileibe nicht nur auf dem Felde der Literatur. 1922 war das Jahr, welches der Amerikaner Ezra Pound im Hinblick auf englisch-amerikanische Ereignisse für das Annus mirabilis der modernen Literatur erklärt hat, weil damals mindestens zwei Autoren der vordersten Linie mit ihren großen, damals skandalösen, heute als „Klassiker" gefeierten Durchbruchsleistungen publik wurden: James Joyce mit seinem *Ulysses* und T. S. Eliot mit seinem Zyklus

The Waste Land. Als Kontinental-Europäer darf man ergänzend und cum grano salis wohl doch auch auf R. M. Rilkes im Februar 1922 vollendete *Duineser Elegien*, auf Paul Valérys *Charmes* und auf den soeben, im Todesjahr des Autors, erschienenen neuesten Band von Prousts *A la recherche du temps perdu*: *Sodome et Gomorrhe* verweisen. Eine weiß Gott spektakuläre Ernte, in die man getrost auch ein Opus wie Benns *Gesammelte Schriften* (datiert „Berlin 1922", angezeigt im Mai dieses Jahres, ausgeliefert erst 1923) miteinbeziehen darf. Was die innere Korrespondenz und Zeitgenossenschaft angeht, so ist sie im Hinblick auf Rilke und Valéry noch mehr oder weniger latent, eine Frage der Zukunft, während die Nachbarschaft zu den beiden Matadoren jenseits des Kanals schon ziemlich deutlich ist. Die Verwandtschaft mit Max Beckmann, von diesem selbst in seinen Tagebüchern bestätigt, ist einleuchtend, vor allem überzeugend aber ist die stilistische, moralische und politische Affinität zu dem damals noch kaum dreißigjährigen Zeichner George Grosz, der mit Zyklen wie *Haifische* (1920), *Ecce Homo* (1922) und *Das Gesicht der herrschenden Klasse* (1923) schon ganz auf der Höhe seines Könnens war. Es war der Furor teutonicus in (spät-)expressionistischer Gestalt, der damals in Künstlern wie Benn und Grosz seine Stunde hatte, der mit den Methoden der Entstellung, der sardonischen Entlarvung und der grotesken Hyperbolik ein Wahres ans Licht zu bringen suchte.

Was Benn betrifft, so hat sein in acht paarweise gereimten Vierzeilenstrophen verfaßtes Familiengedicht einen Ton von Kabarett und Bänkelsängerei, doch geht es schon durch seine formale Modernität, seine Nähe zum Prinzip Dada, damals so viel wie das Prinzip „Anti-Kunst" überhaupt, über die Proportionen eines genreüblichen „Kleinkunst"-Produkts entschieden hinaus. Nicht daß man ihn unter die Dadaisten rechnen dürfte, aber etliche Eigentümlichkeiten seiner Ausdrucksweise sind deutlich à la Dada: die Gleichgültigkeit gegen das Syntaktische zum Beispiel, die Verdrängung und weitgehende Annullierung des Syntaktischen durch ein assoziativ-evokatorisches In-Stichworten-Reden, auch das collagenhaft zusammen-„geleimte" Durcheinander von disparaten

Sinnpartikeln, die aber durch das Medium einer disponierenden Ironie ganz munter miteinander verkehren. So kommt es zu demonstrativ sarkastischen Pointen mit satirischer, wenn nicht polemischer Stoßrichtung:

> bei Mutters Krebs die Dunstverbände
> woher –? Befiehl du deine Hände –
> zwölf Kinder heulen durch die Nacht.

Der zitierte Gesangbuchvers *Befiehl du deine Hände* ist natürlich in keinem Gesangbuch zu finden, er ist aus Paul Gerhardts *Befiehl du deine Wege* und einer rührseligen Herzensergießung – *So nimm denn meine Hände* – von einer gewissen Julie von Hausmann (1825–1891) zusammengebacken, also ein künstlicher Wechselbalg aus dem Bennschen Labor. Wozu diese Tricks? Das lammfromme, seit Jahrhunderten eingeübte Singen und Beten, das mit einer nicht weniger lammfrommen Unterwürfigkeit gegenüber der vorgesetzten Kirchenbehörde – „verehrtes Konsistorium" – einhergeht, wird in die Perspektive eines geschulten und gewitzten, sehr realistisch, wenn nicht „materialistisch" denkenden Bewußtseins gerückt und damit einer scharf kritischen Beleuchtung ausgesetzt. Das hier so deutlich bekundete Interesse am sozialen Ärgernis sollte der Leser aufmerksam zur Kenntnis nehmen, denn bei allem, was Benn in späteren Phasen seiner Entwicklung über den Sinn und Zweck seiner Kunstübung gesagt hat, gehört auch dies Motiv zu den stillschweigenden Voraussetzungen aller seiner Fragestellungen und Positionsbestimmungen unabdingbar dazu.

Das Gedicht *Pastorensohn* ist, wenn man Benns Verhältnis zu seinem Vater verstehen will, ein unentbehrliches „Dokument", schon deshalb, weil es uns vor die Frage stellt, wie es denn überhaupt möglich ist, daß jemand den eigenen Vater einmal als eine schier „überirdische" Erscheinung und bei anderer Gelegenheit als einen kinderreichen Freiplatzschnorrer mit übermäßig aktivem „Zeugeschwengel" betrachtet. Benn selbst hat dies prekäre Erzeugnis seiner Muse als anstößig empfunden, er hat es, wie gesagt, nur ein einziges Mal drucken lassen, aber er hat es niemals für ungültig erklärt. In einer brieflichen Äußerung vom 21. Mai 1951 an die Adresse seiner Tochter Nele (die ihm wegen einer für sie kompromittierenden Passage aus dem *Ptolemäer* schwere Vorwürfe gemacht hatte) heißt es: „Ach, ich habe viel Böses in meinen Büchern geschrieben, z. B. auch über meinen Vater, den ich wirklich so sehr liebte u. verehrte, ja den ich auch heute noch nahezu anbete, habe ich grausige Verse verfaßt, ich will mich nicht entschuldigen, ich kann es auch heute eigentlich gar nicht zurücknehmen, aber schlimm ist es – wohl Dir, daß Du solche Krisen und Kreuze nicht kennst..." (Nele Poul Soerensen, *Mein Vater Gottfried Benn*, Wiesbaden 1960, S. 62.) Das ist gewissermaßen „naiv" gesagt, väterlich-freundschaftlich im Ton und gewiß nicht ganz ohne einen Anflug von „schlechtem Gewissen", aber es betrifft einen Sachverhalt, der im Dialog zwischen Familienangehörigen kaum hinlänglich erklärt werden kann: daß es nämlich mit der Identität des Briefschreibers eine nicht ganz geheure Bewandtnis hat. Das Ich, welches in Briefen von sich selber spricht, ist nicht „dasselbe" wie das Subjekt, das Gedichte produziert: das erste ist – mit einem von Benn selbst gelegentlich verwendeten Allerweltsbegriff – das „private", das letztere ist das „lyrische Ich". Wir rühren hier an den hermetischen Kerngedanken der Bennschen Kunstlehre, die nicht mit drei Worten darzustellen ist, und die uns beizeiten noch beschäftigen wird. Für den Augenblick muß es uns genügen, Benns „doppelsinnige" Antwort an die Tochter zur Kenntnis zu nehmen: die Verse über den „angebeteten" Vater sind zwar grausig, aber er kann sie nicht widerrufen. Wie soll man das – im Hinblick auf die Triftigkeit, den „kategorischen" Stellenwert dieser Verse – verstehen? Wo das „private" Ich vom „lyrischen" Ich so scharf unterschieden wird, da hat der in der deutschen Tradition, seit Goethe, so dominierende Typus des „Erlebnisgedichts" – „poetischer Gehalt ist Gehalt des eigenen Lebens" – offenbar nichts mehr zu sagen. Der Ausdruckswille eines Bennschen Gedichts will etwas anderes als die Goethesche „Konfession". Um es einmal scharf zugespitzt zu sagen: der scheinbar so schonungslos „entlarvte" Vater ist nicht der definitiv „wirkliche" Vater, er ist – eine Kunstfigur.

Wie stand es denn also um Benns Verhältnis zu der „Privatperson", die sein Vater war? Als „Privatpersonen" haben Pastor Benn und sein komplizierter Sohn bis in die letzten Lebensjahre des alten Herrn hinein Beziehungen unterhalten, die, ohne eigentlich konventionell zu sein, den bürgerlichen Verhaltensnormen weitgehend entsprochen haben dürften. Von Mohrin nach Berlin war es ja nicht viel mehr als ein Katzensprung, und wenn der Senior einmal in der Hauptstadt zu tun hatte – wir sprechen jetzt von den zwanziger und dreißiger Jahren –, war ein Besuch in der Belle-Alliance-Straße (heute Mehringdamm) im Stadtteil Schöneberg, wo der Sohn vom November 1917 bis zum Frühjahr 1935 seine ärztliche Praxis betrieb, zu erwarten. Benn spricht gelegentlich davon in seinen Briefen an die Freunde, er tut es mit Laune, mit einem belustigten Interesse am charakteristischen Detail und mit einer Präzision des sprachlichen Zugriffs, die nur ein paar Zeilen braucht, um den ganzen Mann porträtskizzenhaft zu vergegenwärtigen. So am 3/7. 28. in einer Botschaft von Haus zu Haus an Thea Sternheim, sie hatte ein Rendezvous in einem Restaurant – „bei Hahnen" – vorgeschlagen, das er verschieben möchte: „Morgen nämlich kommt mein ärmlich, aber nicht unsauber gekleideter Vater hier durch u. ich kann ihn nicht mitbringen, er spricht so laut, daß sich alle immer nach ihm umsehn u. was er erzählt, hat viel Charakter aber wenig Allgemeininteresse. Er erzählt z. B., daß es 2 neue Pastorshelfer in seinem Dorf jetzt gibt, ganz ordentliche u. gewissenhafte Leute: ‚aber *solche Leuchten* wie Herr Milster u. Herr Leler sind es nicht, die waren ja auch eine ganz besondere Gabe für den Ort.' Das kann natürlich bei Hahnen niemand interessieren u. darum sitze ich mit ihm lieber im Christl. Hospiz, wo er billig wohnt, weil er Morgenandacht hält..."

Elf Jahre später, in einem ausführlichen Brief an F. W. Oelze, werden diese Berliner Besuche noch einmal zur Sprache gebracht, nun aber in einer gänzlich anderen Beleuchtung: nicht mehr aus der Perspektive einer ironisch distanzierten Überlegenheit des City-Bewohners im Hinblick auf die heilige Einfalt eines unbedarften märkischen Landpastors, sondern genau umgekehrt: mit dem

Heimweh eines modernen Stadtneurotikers mit vielfach gebrochener Bewußtseinslage nach einer für immer verlorenen Integrität. Der Vater ist am 9. Oktober 1939, „still und ohne seiner Umgebung einen schmerzvollen Anblick zu gewähren", im Alter von zweiundachtzig Jahren gestorben, und der komplizierte Sohn, erschüttert und von einer großartig elegischen und gleichzeitig merkwürdig panegyrischen Gefühlsströmung ergriffen, versucht nun dem Freunde zu erklären, was dieser Vater, dem er einst so grausige Verse gewidmet hat, ihm in Wahrheit bedeutet hat: „... Wenn ich jetzt an ihn zurückdenke u. von den 50 Jahren Abschied nehme, in denen mein Blick immer wieder mit Teilnahme und Verehrung zu ihm zurückging, kommt mir als stärkster Eindruck entgegen, daß ich ihn niemals, in keiner Lage u. vor keinem Ereignis, armselig, dürftig, kleinlich, ängstlich sah, immer war er über den Dingen, immer hob er das Niedere, immer trug er das Gefallene u. Bedrängte in eine nur ihm gehörige reine, gütige Welt. Zweifellos ein sehr ungewöhnlicher Mann; ganz einfach, gänzlich unintellektuell; er hat kaum je ein Buch gelesen, er las die ‚Christliche Welt', den ‚Reichsboten', die ‚Kreuzzeitung', das war alles; aber es strömte etwas von ihm aus, dem ich mich selbst in meinen extremsten u. explosivsten Jahren nie entziehen konnte, u. das ich als eine überwältigende, unfaßliche Reinheit bezeichnen möchte. Unerreichbar für eine zerrissene städtische Natur. Er lebte ja auch sein ganzes Leben auf dem Lande, in Dörfern von 400–600 Einwohnern u. das letzte war eine kleine Stadt von 900. In einer Stadtwohnung war er auch unmöglich. Er besuchte mich in der Belleallianceстraße alle 1–2 Jahre einen halben Nachmittag. Dann brachte er 2 Stück Apfelkuchen mit und ich kochte ihm Schokolade. Er sprach so laut – wie in der Kirche –, daß ich mich vor den 2 Zimmer entfernt wartenden Patienten immer genierte. Dann konnte es auch vorkommen, daß man in Berlin mit ihm auf der Straße ging u. plötzlich stellte ein Dienstmädchen ihren Marktkorb hin u. umarmte ihn u. küßte ihm die Hände: die hatte er vor Jahren mal konfirmiert. Dann mußte sie uns begleiten u. er sprach mit ihr wie mit einer Gräfin ..."

Ein hochherziger Nachruf, in der Tat, und er läßt noch einmal anklingen, was wir am Anfang von *Lebensweg eines Intellektualisten* in der schematisierenden Sprache der Kretschmer und Merkenschlager über den Vater erfahren haben: „Felsbezwinger, transzendent und tierfremd". Das Aufsteigende, Welt-Übersteigende an der moralischen Natur des Verblichenen, seine Zugehörigkeit, letzten Endes, zu einem Reich, das nicht von dieser Welt ist, das ist die Quintessenz dieses brieflichen Nekrologs. Ist er, der Sohn, der sich vom Pfarrhäuslichen „so weit entfernt" hatte, nicht gewissermaßen zurückgekehrt? Auch hier wieder ein doppel-sinniger Befund: einerseits die schroffste Entfremdung, andererseits ein Gefühl von lebenslänglicher Zugehörigkeit, zu dem er sich öfters expressis verbis bekannt hat. Und es war nicht nur der Respekt vor der suggestiven Stärke der väterlichen Persönlichkeit, nicht nur Bewunderung und Liebe waren es, was ihn band und nicht losließ, es war auch, jedenfalls in seiner eigenen, höchst eigenwilligen Sicht war es auch eine Art von „thematischer" Gemeinsamkeit. So hatte er schon 1931 in einem Beitrag zu einer kleinen Sammlung von Selbstdarstellungen, die der Berliner Autor und Filmregisseur Harald Braun (1901–1960) unter dem Titel *Dichterglaube. Stimmen religiösen Erlebens* zusammengetragen hatte, seine Herkunft als Pastorensohn mit seiner Theorie vom Sinn der künstlerischen Produktion unter den Auspizien der gegebenen „Lage" in Verbindung gebracht, das eine aus dem anderen zu erklären versucht: „... So gewiß ich mich früh von den Problemen des Dogmas, der Lehre der Glaubensgemeinschaft entfernte, da mich nur die Probleme der Gestaltung, des Wortes, des Dichterischen bewegten, so gewiß habe ich die Atmosphäre meines Vaterhauses bis heute nicht verloren: in dem *Fanatismus zur Transzendenz*, in der Unbeirrbarkeit, jeden Materialismus historischer oder psychologischer Art als unzulänglich für die Erfassung und Darstellung des Lebens abzulehnen. Aber ich sehe die Transzendenz ins Artistische gewendet, als Philosophie, als Metaphysik der Kunst. Ich sehe die Kunst die Religion dem Range nach verdrängen. Innerhalb des allgemeinen europäischen Nihilismus, innerhalb des Nihilismus aller Werte, erblicke ich keine andere Transzendenz als die Transzendenz der schöpferischen Lust."

Was hier an geistesgeschichtlichen Voraussetzungen und an zeitgenössischer Umwelt mitzudenken ist, werden wir noch sehen. Im Augenblick interessiert uns das genaue Gegenteil zur „Transzendenz der schöpferischen Lust", nämlich das „reale Sein voll Lächeln und Tränen", also das mütterliche Element in Benns Leben und Erinnerung. Die Mutter, von der er – andes als Goethe von der seinigen – „die Statur" hatte, erscheint in den sie betreffenden Aufzeichnungen – viele sind es nicht – immer in einem wehmütig-nostalgischen, uneingeschränkt liebevollen Licht, es ist ein Verhältnis ganz ohne „Auseinandersetzung", sie ist die Erinnerte, viel zu früh Entrissene, deren Verlust niemals ganz zu verwinden war. In einer kurzen Veröffentlichung vom 26. November 1933, die erst Mitte der sechziger Jahre wiederentdeckt worden ist, nennt er sie „die liebe Fremde" und bringt Einzelheiten zur Sprache, die in seinen bis dahin bekannt gewordenen „autobiographischen Schriften" nicht vorgekommen waren. Es handelt sich um einen Beitrag zur Totensonntagsbeilage des *Berliner Lokalanzeigers*, der vier deutsche Schriftsteller (außer Benn auch Peter Dörffler, Werner Beumelburg und Gustav Frenssen) eingeladen hatte, sich zu dem Thema „Das Bild meiner Mutter" zu äußern. Wieder beginnt es bei Benn mit dem „eigentümlichen Erbmilieu des evangelischen Pfarrhauses" und den auffallend zahlreichen Hochbegabten, die es hervorgebracht habe, es folgt dann, wie in *Lebensweg*, das „hundertprozentige, unverfälschte, noch nie durchkreuzte romanische Blut". Von der Heimat der Mutter ist die Rede und davon, daß sie erst mit zwanzig Jahren nach Deutschland gekommen sei. Dann weiter wie folgt: „Sie sprach infolgedessen die deutsche Sprache immer mit Akzent, gewisse deutsche Worte wollten ihr ihr Leben lang nicht gelingen, und sie sang ihre vielen Kinder mit französischen Liedern ein. Ein Lied begann, ich erinnere mich deutlich: ‚les cloches sonnent, l'air en rayonne' – ein Volkslied, ich weiß leider nicht mehr, wie es weiterging, aber ich wüßte gern, ob es heute noch in der Welt irgend jemand wo singt.

Meine Mutter erzählte uns viel von ihrer Heimat, uns Norddeutschen von ihren Bergen. Ungeheuer licht, gefüllt mit nie endenden Strahlen, sah ich immer ihre Landschaft, wenn sie von ihr sprach: Eine Erzählung aus ihrer Kindheit, allerdings eine düstere, hat mich immer besonders erregt. Sie handelte vom Januar 1871, die Bourbakische Armee war geschlagen und trat auf das Schweizer Gebiet über. Der Übertritt erfolgte in der Nähe von Fleurier. Die Scharen wurden entwaffnet und zogen nun, geschlagen, frierend und verhungert durch die Grenzorte und wurden auf den Straßen ernährt. Meine Mutter stand mit ihren Schwestern vor ihrem Haus neben großen Kesseln dampfender Erbssuppe und kellte den Vorüberziehenden Essen in ihr Kochgeschirr. Tagelang zogen die Scharen vom Morgengrauen bis in die Nacht. Bei Anbruch der Dunkelheit näherten sie sich den Häusern, suchten dort Schutz und schliefen auf den Treppen. Morgens kehrten meine Mutter und ihre Schwestern den Schmutz, die Lumpen, das Ungeziefer von den Stufen herab. Ungeheurer Eindruck für uns Kinder dieser unheimliche Zug der verhungerten und verwundeten Scharen! Fern vom Krieg und fern von jenen Bergen hörten wir uns diese Geschichte immer wieder an.

Meine Mutter sah dann nach ihrer Heirat ihre Heimat nicht wieder, wir wurden viele Geschwister, und die Verhältnisse waren nicht so. Sie schenkte ihrem neuen Vaterland sechs Söhne, von denen fünf in den Krieg zogen, in den anderen, den zweiten, nicht den bourbakischen Krieg. Aber schon vorher hatten wir von ihr scheiden und sie in der Erde Norddeutschlands begraben müssen, doch die Erinnerung an sie, die über alles zärtliche und treue Mutter, lebt in ihren Kindern weiter, die Erinnerung an sie, ihre Heimat, ihre Berge, ihre Lieder."

Dieser abschließende Satz von der „über alles zärtlichen und treuen Mutter" hat freilich etwas Floskelhaftes: Benn hat sich, wenn er etwas Beiläufig-„Privates" zu Papier brachte, nicht selten derartig förmlicher Wendungen bedient, auch und gerade dann, wenn seine Beziehungen zu sehr nahestehenden Menschen zu erörtern waren. Der Ausdruck erscheint dann beinah als gewollt konventionell, er ist wie vorgeschützt, um etwas anderes, etwas Hintergründig-Unbedingtes im Augenblick *nicht* zu sagen. Was die Mutter angeht, so wird man aufgrund aller bisher bekannt gewordenen Äußerungen über sie zu dem Schluß kommen müssen, daß an seiner eigenen Zärtlichkeit und Treue ihr gegenüber nicht gezweifelt werden kann, vor allem aber, daß in seiner erinnernden Liebe zu ihr das Mitleid eine große, wenn nicht beherrschende Rolle gespielt hat. Er sieht sie meist als die Leidende, als Opfer unwirtlicher Verhältnisse, als Raub eines grausam verfrühten Todes. Einmal, als er – 1953 – von Genf kommend, im D-Zug an Yverdon vorbeigefahren ist, ohne auszusteigen, faßt er in einem Brief an Oelze seine Eindrücke stenogrammartig zusammen: „Heimat meiner Mutter von weitem gesehen: Yverdon, Neuchâteler See. Reizend. Wie diese arme Frau aus der Weingegend u. der heiteren Berggegend es in dem grausigen kahlen neumärkischen Dorf aushalten konnte, mir unbegreiflich ..." (14. IV 1953).

Mehr als alles andere aber waren es die Umstände ihres Todes, die ihm zu schaffen machten. Der Publizist Thilo Koch (geb. 1920), der während der letzten fünf Lebensjahre des Dichters viel mit ihm umgegangen ist und den Plan gefaßt hatte, mit seiner Hilfe eine „richtige" Benn-Biographie zu schreiben, hat 1957, als es dazu leider zu spät war, einen knappen biographischen Essay veröffentlicht, in dem er unter dem Stichwort „Morgue" folgendes berichtet: „Im Jahre 1912 geschieht zweierlei, was den sechsundzwanzigjährigen Gottfried Benn besonders bewegt: seine Mutter stirbt, und sein erster Gedichtband erscheint.

Er hat mir noch selbst erzählt, wie er den Vater haßte, weil der es untersagte, daß die Mutter Linderungsmittel bekam. Sie litt an Brustkrebs und hatte entsetzliche Schmerzen. Sie rief ihren Sohn zu sich: Gottfried, du bist jetzt Arzt, du mußt mir helfen. Er konnte nicht helfen und er durfte nicht lindern. Das Übel ist uns von Gott geschickt, erklärte Pfarrer Benn, wir müssen es ertragen. Am 9. April 1912 starb Caroline Benn ..."

Diese Angaben zu bezweifeln haben wir keinen Grund. Sie bestätigen nur, was der Sohn selbst über die „zelotischen" und „fanatischen“ Züge in der seelischen Physiognomie seines Vaters zu sagen hatte. Man wird kaum fehlgehen, wenn man in Pastor Benns Verhalten gegenüber seiner todkranken Frau den pietistischen Rigorismus seiner Jugendjahre wiederfindet, in seinem Widerstand gegen schmerzstillende Mittel so etwas wie ein negatives Pendant zu den magisch-theologischen Therapievorstellungen des Blumhardtkreises zu erkennen glaubt. Der „Felsbezwinger“ hatte seine fürchterlichen Seiten; war er nicht hassenswert? Er war es – für den Augenblick. Aber schon in jener brieflichen Äußerung Benns, wo von Zelotentum und Fanatismus die Rede ist, überwiegt das ganz andere: die Ehrfurcht vor der schutzgebenden, als nahezu numinos empfundenen Übermacht, die hier Vater heißt: „... konnte Ihnen nichts passieren u. Sie konnten nicht sterben“. Der Vaterhaß hat, wenn wir uns an die schriftlichen Zeugnisse halten, in Benns innerem Haushalt offenbar keine wirklich „motivbildende“ Rolle gespielt; im Gegensatz etwa zu der in Kafkas weltberühmtem *Brief an den Vater* beschriebenen Situation scheint hier alles Komplexhaft-Neurotische zu fehlen. Maßgebend im Falle Benn sind nicht affekthafte „Besetzungen“, sondern was? Sondern die Erinnerung als musisches Medium und Ausdruckspotential. Die Erinnerung als das Organ der frei verfügenden, ganz verschiedene Bilder entwerfenden Einbildungskraft.

So setzt er an die Stelle der schematischen Dualität der anthropologischen Konstitutionslehre die persönlich erlebte und produktiv erinnerte Gegensätzlichkeit von Vater und Mutter: der Vater ist die geistliche Übermacht, die „überirdische“ Reinheit, das Prinzip Transzendenz. Die Mutter hingegen ist die Geopferte, sie ist der konzentrierte Schmerz, die niemals sich schließende Wunde. Dem großartigen Nachruf auf Gustav Benn, der die Form eines Briefes an Oelze angenommen hat, entspricht auf der anderen Seite das nur sechs Zeilen lange Gedicht *Mutter*, das schon bald nach Caroline Benns Tod entstanden sein muß und das in den 1913 erschienenen Zyklus *Söhne* aufgenommen wurde:

Ich trage dich wie eine Wunde
auf meiner Stirn, die sich nicht schließt.
Sie schmerzt nicht immer. Und es fließt
das Herz sich nicht draus tot.
Nur manchmal plötzlich bin ich blind und spüre
Blut im Munde.

Das Dorf in der Neumark

Was Benn seinen Lesern oder seinen Briefpartnern über die Eltern und sein Verhältnis zu ihnen zu sagen hat, ist nicht als „autobiographisch" im landläufigen Sinne zu lesen, und es kann auch nur cum grano salis als Beitrag zur Lebensgeschichte gewertet werden. Er „erzählt" nicht eigentlich von ihnen, er porträtiert sie weniger, als daß er sie „resümiert" und unter wechselnden Gesichtspunkten stilisierend zur Schau stellt. So kann er ihre Persönlichkeiten in essayistisch argumentierende Zusammenhänge versetzen, wo sie dann etwa als Musterexemplare für eine bestimmte genealogische Theorie zu figurieren haben; oder er zeigt sie in meisterhaft geschossenen Momentaufnahmen, im Mittelpunkt charakteristischer, anekdotisch pointierter Situationen; oder er widmet ihnen ein lyrisches Espressivo, in welchem nicht „angedichtet" oder „über" gedichtet, sondern etwas gänzlich anderes beabsichtigt und erreicht wird: die Umsetzung oder – mit Benn – „Umlagerung" des motivischen „Materials": Dichtung, um es mit den Worten eines großen Zeitgenossen aus einer benachbarten Disziplin zu sagen, Dichtung als das „Auftauchen an einem anderen Ort" (Franz Marc). Das Leiden der Mutter als Blut im eigenen Mund...

Dies „Auftauchen an einem anderen Ort" sollten wir übrigens im Kopf behalten, wenn wir uns nun die Frage vorlegen, warum Benn in seinen sogenannten autobiographischen Schriften die eigene Kindheit und Jugend so merkwürdig stiefmütterlich behandelt hat. Der Mangel an detaillierten Mitteilungen über die Zeit vor seinem Eintritt in das literarische Leben ist in Büchern, die sich mit Benn beschäftigen, immer wieder bedauert worden. Er ist durch das wenige, das die Geschwister Edith (geb. 1901), Theodor (1891–1981) und Ernst-Viktor an einschlägigen Erinnerungen zu

Protokoll gegeben haben, kaum weniger empfindlich geworden. Thilo Kochs schon erwähnter Essay kommt über ein paar skizzenhafte Bemerkungen zum Thema Kindheit und Jugend nicht hinaus, und mit Walter Lennigs Rowohlt-Monographie von 1962 sind wir mangels Masse nicht viel besser bedient. Auch was der hier vorgelegte Versuch einer ersten umfassenden Benn-Biographie an Neuigkeiten zur Bereicherung unserer Kenntnis der Jugendjahre beibringen kann, ist nicht überwältigend.

Kehren wir also noch einmal an den Anfang unserer Darstellung zurück, zu jener mit „Geboren 1886" beginnenden biographischen Notiz aus der Anthologie *Menschheitsdämmerung*, die das bürgerliche Vorhandensein des Autors, einschließlich seiner beruflichen Tätigkeit als Arzt in Berlin, für „belanglos" erklärt. Benn will damit zu verstehen geben, was er im Augenblick nicht ausspricht, an vielen anderen Stellen aber mehr oder weniger ausführlich auseinandergesetzt hat: daß das „Privatleben" eines Autors, der sich als „lyrisches Ich" öffentlich präsentiert, den Leser, ja gewissermaßen auch ihn selber – den Autor „als solchen" – nicht interessieren muß. „Herkunft, Lebenslauf – Unsinn!" so liest man's fast dreißig Jahre später in *Doppelleben* – und weiter: „Aus Jüterbog oder Königsberg stammen die meisten, und in irgendeinem Schwarzwald endet man seit je." Der betreffende Abschnitt aus *Doppelleben* ist die redigierte Zusammenfassung einer Folge von Gedankengängen, mit denen Benn im Herbst 1949 in einem Rundfunkinterview über seine neuen Bücher die Fragen seines Gesprächspartners (Thilo Koch) beantwortet hatte. Als kurz nach der Sendung ein damals zwanzigjähriger Zuhörer, der einiges mißverstanden hatte, an ihn schrieb und um zusätzliche Erläuterungen bat, erhielt er folgende Auskunft: „... Ich meinte mit Königsberg u. Schwarzwald *nicht* Kant u. Heidegger, sondern etwas ganz anderes. Allgemeineres: Heimatsorte, Familie, Entwicklung, Privates das hat jeder, ist ganz nebensächlich – Schluß mit den Entwicklungsromanen, dem individuellen Getue u. Wichtignehmen familiärer u. psychologischer Dinge, erlebnismäßiger Details ..." (Berlin, 22 X 1949 an Frank Benseler).

Benn bekennt sich hier implicite zu den poetologischen Prinzipien einer neueren (nachgoethischen) Tradition, die ihre Wurzeln im französischen Symbolismus hat, und die man in der englisch-amerikanischen Kritik die „klassische Moderne“ nennt. Es gibt bei dem nach England ausgewanderten Amerikaner Thomas Stearns Eliot (1888–1965), einem der bedeutendsten der Gründerväter dieser „klassischen Moderne“, eine poetologische Grundsatzerklärung, die man als „Parallelstelle“ zu Benns Auslassungen in *Doppelleben* (und an vielen anderen Stellen) verstehen kann. Sie stammt aus einem Aufsatz über *Tradition und individuelle Begabung* (1917) und lautet: „Je vollkommener der Künstler, um so entschiedener wird sich in ihm eine Kluft auftun zwischen dem erlebenden Menschen und dem schaffenden Geist, um so vollkommener wird der letztere die Leidenschaften, die seinen Stoff bilden, in sich verarbeiten und verwandeln.“ Benn und Eliot? In der Tat: wiewohl von grundverschiedenen historischen Voraussetzungen bedingt und kraß entgegengesetzten weltanschaulichen Positionen verpflichtet, haben sie einander doch – vor dem gesamteuropäischen Horizont der fünfziger Jahre – als Peers erkannt und respektiert, sich auch gelegentlich übereinander geäußert. Was sie bei aller Distanz im Thematischen dennoch zu Nachbarn machte, war eben die entschiedene „Modernität“ ihres Begriffs von Poesie, wie er sich in der symbolistischen Strömung, beginnend mit Poe und Baudelaire, kulminierend in Mallarmé, weitervererbt an George, Rilke und Paul Valéry, entwickelt hatte.

Kein Zweifel: mit dieser „symbolistisch“ begründeten Kunstgesinnung hängt eng zusammen Benns vielfach geäußerte Geringschätzung der „privaten“ Identität einer künstlerisch produktiven Persönlichkeit, seine Skepsis gegenüber dem, was er einmal in einem späten Rundfunk-Vortrag – über das Thema *Nietzsche – nach fünfzig Jahren* (1950) – das „Ich im lebensbiographischen Sinne“ nennt. Aus ihr erklärt sich seine Absage an das von Goethe ausgerufene, von Wilhelm Dilthey philosophisch durchdachte Bündnis von „Erlebnis“ und „Dichtung“. Eine Benn-Biographie muß sozusagen gegen den Strich geschrieben werden, gegen die antibiographische, weil anti-erzählerische Grundtendenz des Bennschen Denkens. Ein erzählender Autor „macht Umstände", die Umstände, Hintergründe, menschlichen Beziehungen sind von erstrangigem Interesse für ihn. Bei Benn bilden die Motive sich jenseits von Woher und Wohin, Wann und Warum: der produktive Impuls versteht sich als „Eruption" oder „Ejakulation", die sich einem „Anregen geheimer Sphären" verdankt und als das „Heraufsteigen einer Urschicht" empfunden wird: „berauscht, an Bildern reich und panisch". So die berühmten, vor allem natürlich den lyrischen Bereich betreffenden Formulierungen aus *Lebensweg eines Intellektualisten*, dem ersten Teil von *Doppelleben*. Das Bewußtsein des „Intellektualisten", das diese rauschhaften Vorgänge kritisch kontrolliert, unterscheidet an ihnen vor allem zwei Momente: „Zusammenhangsdurchstoßung" das eine, das andere heißt: „Das Individuelle versank." Wo aber das Individuelle versunken ist, die Zusammenhänge durchstoßen sind, da kann es eo ipso das (auto-)biographische Interesse „eigentlich" nicht geben.

Alles, was sich dennoch finden läßt an direkter Mitteilung über lebensgeschichtliche Bewandtnisse der eigenen Person – Herkunft, Heimat, Bildungsgang und so weiter –, alles dies erscheint, soweit es sich nicht, was selten ist, lyrisch artikuliert, als Bestandteil von essayistischen Texten: als Argument, Beweismittel, als essayistisch vorgebrachtes Apropos. Das gilt auch für die sehr bekannte, weil immer wieder zitierte Passage aus *Lebensweg eines Intellektualisten*, die man „Benns einziges ausführliches Zeugnis über seine Jugendzeit" genannt hat (Jürgen Schröder). Sie gehört in den schon diskutierten Zusammenhang der genealogischen Eröffnungen über die Familie, die gewisse bösartige Spekulationen über die Herkunft ihres Namens entkräften sollten, und sie folgt unmittelbar auf jene konstitutionstypologische Charakterisierung der Eltern à la Kretschmer und Merkenschlager, wo dann abschließend, im Hinblick auf Frau Caroline, von einem „realen Sein voll Lächeln und Tränen" die Rede ist. Benn kommt auf sich selber als das Produkt der Verbindung von Felsbezwinger und Pfahlbürgerin zu sprechen, indem er den mehr oder weniger wissenschaftlich gestimmten Tonfall seiner Ausführungen noch forciert, mit gleichsam professoraler Trockenheit den eigenen „Fall“ von sich abrückt und neutralisiert: „Aus solcher Mischung in diesem Fall entstand der Beitrag zur dritten Generation des neunzehnten Jahrhunderts, der in den achtziger Jahren ins Leben trat.“

Mit einer selbstironischen Pointe führt er sich ein, aber was er dann über seine Kinderjahre mitzuteilen hat, ist von nahezu pathetischer Treuherzigkeit und vielleicht nicht ohne Rücksicht auf die damals herrschende Aversion gegen die „Dekadenz“ und „Asphaltliteratur“ der „Systemzeit“ und die entsprechende Vorliebe für das ländlich Gesunde, für altes Brauchtum, patriotische Erinnerungen und militärische Traditionen formuliert. Schließlich argumentiert er – immer noch – aus der Defensive heraus, und sein Bericht ist als Zeugenaussage in eigener Sache gemeint: „Um kurz meine weiteren Rassen- und Milieubeziehungen klarzustellen: Als ich ein halbes Jahr alt war, zogen meine Eltern nach Sellin in der Neumark; dort wuchs ich auf. Ein Dorf mit siebenhundert Einwohnern in der norddeutschen Ebene, großes Pfarrhaus, großer Garten, drei Stunden östlich der Oder. Das ist auch heute noch meine Heimat, obgleich ich niemanden mehr dort kenne, Kindheitserde, unendlich geliebtes Land. Dort wuchs ich mit den Dorfjungen auf, sprach Platt, lief bis zum November barfuß, lernte in der Dorfschule, wurde mit den Arbeiterjungen zusammen eingesegnet, fuhr auf den Erntewagen in die Felder, auf die Wiesen zum Heuen, hütete die Kühe, pflückte auf den Bäumen die Kirschen und Nüsse, klopfte Flöten aus Weidenruten im Frühjahr, nahm Nester aus. Ein Pfarrer bekam damals von seinem Gehalt noch einen Teil in Naturalien, zu Ostern mußte ihm jede Familie aus der Gemeinde zwei bis drei frische Eier abliefern, ganze Waschkörbe voll standen in unseren Stuben, im Herbst jeder Konfirmierte eine fette Gans. Eine riesige Linde stand vorm Haus, steht noch heute da, eine kleine Birke wuchs auf dem Haustor, wächst noch heute dort, ein uralter gemauerter Backofen lag abseits im Garten. Unendlich blühte der Flieder, die Akazien, der Faulbaum. Am zweiten Ostermorgen schlugen wir uns mit frischen Reisern wach, Ostaras

Wecken, alter heidnischer Brauch; Pfingsten stellten wir Maien vor die Haustür und Kalmus in die Stuben. Dort wuchs ich auf, und wenn es nicht die Arbeiterjungen waren, waren es die Söhne des ostelbischen Adels, mit denen ich umging. Diese alten preußischen Familien, nach denen in Berlin die Straßen und Alleen heißen, ganze Viertel, die berühmten friderizianischen und dann die bismarckischen Namen, hier besaßen sie ihre Güter, und mein Vater hatte einen ungewöhnlichen seelsorgerischen Einfluß gerade in ihren Kreisen. Alle diese Geschlechter der Schwedter Dragoner und der Fürstenwalder Ulanen, die Traditionshäuser der Bonner Preußen und der Heidelberger Sachsenpreußen, ihre Söhne waren der zweite Schlag, mit dem ich groß wurde, später zum Teil in gemeinsamer Erziehung, und mit dem mich noch heute eine vielfältige Freundschaft verbindet..."

Soviel fürs erste aus den ebenso knapp wie pointiert vorgetragenen Erinnerungen an die eigene Kindheit und Jugend in der Version des „Intellektualisten" von 1934. Ein emphatisches Plädoyer für die biederen, naturverbundenen und vaterländisch-erbaulichen Lebensverhältnisse in der brandenburgischen Provinz der Jahrhundertwende; der urbane Ironiker in der Rolle der Unschuld vom Lande. Es ist dieselbe Stimme, die im zweiten Teil desselben Buches – *Doppelleben* – unter dem Stichwort „Naturfremdheit" einem genau entgegengesetzten Weltgefühl das Wort reden kann: „Die Natur ist eine seltsame Umgebung, verläßt man sein Zimmer, schon die gewöhnliche Luft hat fremdartigen Charakter. Ein Strauch mit Blüten in einer Stadtstraße – das genügt, oder ein andermal ein Blick zum Himmel, zu einem grauen Himmel, gegen den ein Vogel fliegt, kein feiner, ein Star – und dann beginnt die Nacht. Wir sind aus Riesenstädten, in der City, nur in ihr, schwärmen und klagen die Musen." Das eine, so scheint es, wird durch das strikt widersprechende andere nicht widerlegt, sowenig die „überirdische" Erscheinung des Vaters aus dem Brief an Oelze die „grausigen" Verse über den verfluchten alten Abraham aus der Welt schaffen konnte und sollte, offenbar ist das eine an seiner Stelle so „wahr" oder doch gültig wie das andere an der seinigen.

Wir stoßen hier – nicht zum ersten Male – auf einen Grundzug des Bennschen Denkens: eine Sinnfigur, die er selbst natürlich als erster begriffen und durchdacht hat, und die er als überpersönlich bedeutsam, für den Denkstil der Epoche überhaupt charakteristisch identifiziert haben wollte: die Figur der Ambivalenz. In dem Titelwort *Doppelleben* haben wir so etwas wie die Übersetzung des Begriffs ins Lebenspolitisch-Persönliche. Wir werden dazu noch Genaueres zu sagen haben.

Zurück nach Sellin. Wie lebte man daselbst? Wie wohnte und wirtschaftete man? Wie war das Verhältnis zur Nachbarschaft, insbesondere zur Welt des „ostelbischen Adels"? Wer nach detaillierten Auskünften dürstet, dem hat der „Intellektualist" wenig zu bieten. Sein Bericht ist lakonisch und gewissermaßen rhapsodisch zugleich, er schildert und erzählt nicht, er *besingt* – in Prosa – das Glück der frühen Jahre. Erfreulicherweise findet sich – in der nüchtern-präzisen Sprache eines kultivierten Juristen – einiges Wissenswerte zum Thema Sellin in den unveröffentlichten Aufzeichnungen des Bruders Ernst-Viktor aus dem Jahre 1956.

Ernst-Viktor beschreibt sein Heimatdorf aus der Sicht eines Fußgängers, der von der „eine Wegstunde" entfernten Bahnstation Bärwalde, also von Westen kommt: „Das erste Gebäude im Dorf ist der große Schafstall des Gutes mit dem steinernen Widderkopf über dem Tor. Hier fängt die Dorfstraße mit den Kastanienbäumen an. Links liegt der Gutspark und das langgestreckte Pächterhaus. Dann kommt die Auffahrt zum Schloß gegenüber der Brennerei und der große Pferdestall ... Die Straße mündet in den weiten Dorfplatz und teilt sich hier rechts und links der Kirche. An Bauernhöfen und Tagelöhnerwohnungen vorbei läuft sie wieder zum Dorf hinaus in den großen Selliner Wald. Da hausen Onkel Graulemann und der hautlose Bangemann samt ihren Kindern Kriblifax und Dianora."

Wer die hier erwähnten Waldgeister, den Onkel Graulemann und den hautlosen Bangemann, erfunden hat, läßt sich denken. Der Leser würde es auch dann erraten, wenn es nicht von Frau Edith Benn, der jüngeren von den beiden Töchtern der Familie, in ihren Gesprächen mit Thilo Koch vor Jahren schon publik gemacht worden wäre: „Wir glaubten wirklich", so wird sie in jenem biographischen Essay zitiert, „er – also Bruder Gottfried – könne zaubern. Oft erzählte er uns Geschichten. Eine war darunter von einem ‚Onkel ohne Haut', der im Walde lebte ..." Sehr merkwürdig und auf eine rätselhaft düstere Weise einleuchtend, dies Motiv der Hautlosigkeit. Man war, wie Ernst-Viktor berichtet, bei den Benns notorisch hautempfindlich; auch Nele Soerensen, Benns Tochter und einziges Kind, weiß in ihrem kleinen Erinnerungsbuch über den Vater (1960) ein Lied davon zu singen: „Eines der ersten Worte, die mich mein Vater lehrte – oder vielleicht war es das Leben –, war *Ekzem*. Mein Vater litt daran, und ich hatte Ekzeme von klein auf ..." Folgt ein längerer Passus über die besondere Kalamität dieser ererbten Anfälligkeit – „meine Haut war seine Haut" – im Hause eines Mannes, der als Spezialarzt für Haut- und Geschlechtskrankheiten „niedergelassen" und allen Ekzemen gegenüber doch völlig hilflos war: ein Zusammenhang von so eklatant-ironischer Offensichtlichkeit, daß man gerne darauf verzichtet, ihn auf eigene Kosten auch noch zu „interpretieren".

Wenn aber der *Dichter* Benn gelegentlich auch auf pathologische Erscheinungen aus dem Bereich seiner medizinischen „Spezialität" zu sprechen kommt und sie als metaphorische Ausdrucksmittel verwendet, so werden wir das nur als naheliegend empfinden, und auch das Krasse und Prekäre, so etwa im Titel der Novelle *Die Phimose* (September 1918, später in *Querschnitt* umbenannt), werden wir um seiner metaphorischen Kühnheit willen akzeptieren, wenn nicht bewundern. (Phimose bedeutet Vorhautverengung.) Die Geschichte also vom hautlosen Bangemann im großen Selliner Wald, wie sie der junge Student den kleinen Geschwistern erzählt hat, ist nicht nur das früheste verbürgte Beispiel seiner hautbezogenen Bildersprache, es ist vielleicht auch schon das eindrucksvollste. Wie soll man es, im Hinblick auf das Selbstverständnis des Erzählers, interpretieren? Eine strikt sozialpsychologische Auslegung, betreffend etwa die übersensible Verwundbarkeit des Außenseiters und Einzelgängers, der sich den Verhaltensnormen der Gesellschaft nicht anpassen kann, bietet sich natürlich an, aber das wäre eben doch keineswegs die einzig mögliche Deutung der Figur. Vielleicht ist es ratsam, sie zunächst einmal ungedeutet auf sich wirken zu lassen, diese Figur, und schon hier, in den Phantastereien eines Achtzehnjährigen, das poetische Potential zu erkennen ...

Der „Zauberer“ hat uns wieder einmal auf Seitenwege gelockt, denn was wir im Augenblick suchen, ist ja nicht eigentlich der große, ostwärts gelegene Wald, in dem es umging und spukte und ganz und gar nicht geheuer war, sondern das Pfarrhaus von Sellin. Wir finden es, indem wir zum großen Dorfplatz zurückkehren und von dort aus eine Straße einschlagen, die „im Bogen in die Felder, zur Sandgrube mit der Windmühle und weiter“ – will sagen in südwestlicher Richtung – „durch ein Gehölz nach Trossin und Schönfeld führt“, zwei neumärkischen Herrensitzen, von denen der eine – Trossin – damals von den Finckensteins, der andere von einer bürgerlichen Familie namens Badicke bewohnt wurde. Wo diese Straße beginnt, so heißt es in unserem Text, „steht eine alte Linde mit prächtiger Krone. Sie ist die Wächterin des Pfarrhauses“. Es ist jene „riesige“ Linde, der wir schon in Bruder Gottfrieds eigener Aufzeichnung begegnet sind. Das Haus selbst wird uns vorgestellt als ein „Backsteinbau, solide und anspruchlos. Steinstufen führten zum Eingang hinauf, auf jeder Seite drei Fenster, das Dach von Mansarden unterbrochen. Sie waren erst zu unserer Zeit eingebaut, als das Erdgeschoß für die wachsende Zahl der Kinder und Gäste nicht mehr reichte. Das hohe Dach bot Platz genug für sieben Räume und über ihnen für den großen Boden, auf dem die Äpfel und Birnen lagen und geheimnisvolles Gerümpel verstaubte“. Dann ein paar Sätze über das Parterre, die Gartenregion und den Wirtschaftshof, die uns einen Begriff geben von der beträchtlichen Weitläufigkeit des väterlichen Anwesens: „Rechts vom Hausflur lag Vaters Amtszimmer, daneben ein schmaler Raum mit Aktenregal und Badewanne, dahinter Küche, Wirtschaftsstube und Speisekammer, auf der anderen Seite des Hauses Wohn-, Eß- und Schlafzimmer. Von der Gartentreppe, an die sich eine gedeckte Veranda anschloß, blickte man auf den ‚großen Rasen‘ mit dem Rosenbeet. Büsche und hohe Bäume schlossen ihn ein. Ein Graben, über den drei Brücken führten, trennten ihn vom großen Gemüse- und Feldgarten mit Beerensträuchern, Obstbäumen und Trockenplatz. Seitlich vom Haus war die breite Toreinfahrt zum Wirtschaftshof mit Stall und Scheune, Wagenremise und Dunggrube.“

Unwillkürlich denkt man, wenn man das liest, an Goethes Kommentar – in *Dichtung und Wahrheit* – zu Oliver Goldsmith und seinem *Vicar of Wakefield*, an das rührende Andachtsbild vom protestantischen Landgeistlichen, der „vielleicht der schönste Gegenstand einer modernen Idylle“ sei: „Er erscheint, wie Melchisedek, als Priester und König in einer Person. An den unschuldigsten Zustand, der sich auf Erden denken läßt, an den des Ackermanns, ist er meistens durch die gleiche Beschäftigung, sowie durch gleiche Familienverhältnisse geknüpft; er ist Vater, Hausherr, Landmann und so vollkommen ein Glied der Gemeinde.“ Aber Ernst-Viktor Benn ist weit davon entfernt, das Haus seiner Kindheit und die dort herrschenden Lebensbedingungen in eine derartig verklärende Beleuchtung zu rücken. Gewiß, es hatte, bis in die zweite Hälfte des neunzehnten Jahrhunderts hinein, auch im Brandenburgischen so etwas wie eine Doppelrolle von Pfarrer und „Landmann“ gegeben. Man hatte über ein Stück „Kirchenland“ von der Größe eines etwa mittelgroßen Bauernhofes zu verfügen, hatte Pferde im eigenen Stall, auf der Tenne wurde gedroschen, Kühe wurden gemolken, Schweine gemästet und geschlachtet, Brot im eigenen Ofen gebacken und so weiter. Aber von dem ganzen Staat war zu der Zeit, als unser Berichterstatter in Sellin die Welt zu entdecken begann, nicht mehr viel übriggeblieben. Wohl hatte auch Gustav Benn, nachdem er 1887 von Mansfeld nach Sellin umgezogen war, mindestens versucht, der althergebrachten Doppelrolle gerecht zu werden, aber er gehörte ja, wie wir wissen, zum Geschlecht der „Felsbezwinger“ und hatte als Ackerbürger kein Glück. Von mehrfachen Verlusten ist die Rede, auch gab es Ärger, ja „Unglück“ mit den Wirtschaftsleuten, denen er die Arbeit wohl allzu vertrauensselig überlassen hatte; die Landwirtschaft war eben alles andere als ein „unschuldiges“ Geschäft. Pastor Benn resignierte schon nach wenigen Jahren, er tröstete sich mit Matthäus 6, Vers 24; „niemand“, sagte er, „kann zween Herren dienen“, und verpachtete sein Land an die Bauern der Nachbarschaft.

Zu der Zeit, da sein Sohn Gottfried „eingesegnet“ wurde, hatte er sich auf sein geistliches Amt schon endgültig zurückgezogen. Von den Großtieren, so erfahren wir aus Ernst-Viktors Bericht, war nur noch ein Pferd vorhanden, ein Fuchs namens Hannibal, der aber zur Feldarbeit nicht mehr verwendet wurde, sondern nur noch das kleine Fuhrwerk zu ziehen hatte, das den Vater „jeden Sonntag auf eines seiner Filialdörfer oder die Mutter zu Einkäufen nach Bärwalde brachte oder Gäste von der Bahn holte. Dann ereilte auch ihn sein Schicksal. Da er im Winter in seinem einsamen Stall fror, wurde er im Gutsstall untergestellt. Hier schlug ihn der wilde Rappe des Herrn von Arnim-Kröchlendorf so schwer, daß er zum Schmerz meiner Eltern und zum Entsetzen der Kinder erschossen werden mußte. Einen Nachfolger erhielt er nicht mehr. Die Fuhren besorgte von da ab einer der Pfarrlandpächter, der dicke Kossäte Beiersdorf, der zwei ganz verschiedene Gesichtshälften hatte“.

Kossäten, auch „Häusler“ genannt, waren landarme Kleinbauern, die von dem, was sie besaßen und mit der Familie zuammen bewirtschafteten, nicht leben konnten und daher einen Teil ihrer Arbeitskraft an Gutswirte oder Großbauern verkaufen mußten; und jener Unglücksstall, in dem der Fuchs Hannibal von einem feudalen Vetter so schändlich mißhandelt wurde, gehörte zu dem eingangs erwähnten, am westlichen Dorfausgang gelegenen Selliner Schloß. Dies Schloß war zu der Zeit, die wir im Auge haben, so gut wie immer unbewohnt, da sein Eigentümer, ein sächsischer Kammerherr namens von Globig, seine Dresdner Residenz nur ungern verließ. Das zugehörige Gut samt Park, Brennerei und geräumigen Stallungen war an einen Ökonomierat Kretzschmar, einen „vorzüglichen, im ganzen Lande angesehenen Landwirt“, verpachtet worden. Auch im Hause Benn war er hochangesehen, und man unterhielt gutnachbarliche Beziehungen zu ihm. Sein

Bild mit handschriftlicher Zueignung, so berichtet Ernst-Viktor, habe lange auf dem väterlichen Schreibtisch gestanden; auch an den Text dieser Widmung kann er sich noch 1956 erinnern: „Man wird nicht reich durch Erhöhung seiner Einnahmen, sondern durch Verminderung seiner Ausgaben.“ Wie kamen Hochwürden dazu, sich ausgerechnet diesen kraß materialistischen, wenn auch gewiß nicht unklugen Spruch vor die Nase zu hängen?

Nun, man hatte sein Auskommen, aber man mußte „rechnen“. Ein Melchisedek war man eben nicht: acht Kinder zu ernähren, und das Gehalt so knapp, daß wir uns die Lebenshaltung im Selliner Pfarrhaus als einfach, die durchschnittliche Versorgungslage als zum mindesten nicht unproblematisch vorstellen müssen – trotz der Waschkörbe voller frischer Eier in den Ostertagen, von denen im *Lebensweg* die Rede ist, trotz der fetten Martinsgänse, die von den Eltern der neu Konfirmierten abgeliefert werden mußten. Was Benn in der berühmten Passage über den barfußlaufenden, kühehütenden und flötenklopfenden Landpfarrersbuben zum besten gibt, kann nicht ganz ohne Vorbehalt beim Wort genommen werden, es hat eben doch einen Zug ins Rhetorisch-Plakative, der uns an den politischen Hintergrund jener Veröffentlichung erinnert. Man muß ihm Widersprechendes, ganz anders Gestimmtes an die Seite stellen, Äußerungen, die von der Bescheidenheit der heimatlichen Verhältnisse Zeugnis ablegen, und diese sind, aufs Ganze gesehen, in der Überzahl. So kennen wir aus dem Jahre 1952 ein Gedicht, das *Keiner weine* – überschrieben ist und etwas ungeniert Rührseliges hat. Der Sechsundsechzigjährige, durch den Anblick von Rosen – „gottweißwoher so schön“ – vor einem grünen Abendhimmel in eine elegische Stimmung versetzt – betreffend die „Vergänglichkeit der Jahre“ –, denkt an die Zeit, da er als Pensionsschüler und junger Student mit dem baren Existenzminimum auskommen mußte:

> ...
> Mit welcher Sehnsucht gedenke ich der Zeit,
> wo mir eine Mark dreißig lebenswichtig waren,
> ja, notgedrungen, ich sie zählte,

meine Tage ihnen anpassen mußte,
was sage ich Tage: Wochen, mit Brot und Pflaumenmus
aus irdenen Töpfen
vom heimatlichen Dorf mitgenommen,
noch von häuslicher Armut beschienen,
wie weh war alles, wie schön und zitternd!
...

Freilich: auch dieser Text, wenn man ihn vollauf verstehen will, muß genau durchdacht werden. Man wird ihm nicht gerecht, wenn man in ihm nichts weiter sucht als ein Stückchen „autobiographischer" Information und die Hintergründe, in diesem Fall die theoretisch-imaginative Problematik, die für Benn mit den Begriffen Kunst und Künstlertum verbunden ist, ignoriert. Zu den wesentlichen Kennzeichen einer künstlerischen Existenz – in dem für ihn allein gültigen Sinne einer kompromißlosen Strenge und Radikalität – gehört auch das Armsein: der „Kunstträger", das wird uns in den einschlägigen essayistischen Arbeiten immer wieder eingeschärft, ist „statistisch asozial", er ist neurotisch, exzentrisch, „bionegativ" und im bürgerlichen Sinne besitzlos. Die soziologische Chiffre lautet „Paria": als Paria, als der unterdrückte, verachtete, ja „unberührbare" Underdog einer sozialen Hierarchie ist man – mit einem Schlüsselbegriff der Bennschen Terminologie – der „Gezeichnete". Das kunstmachende Subjekt in seiner Eigenschaft als der Paria der Gesellschaft ist „das gezeichnete Ich". So am Schluß eines berühmten Gedichts – *Nur zwei Dinge* – aus dem Januar 1953:

Ob Rosen, ob Schnee, ob Meere,
was alles erblühte, verblich,
es gibt nur zwei Dinge: die Leere
und das gezeichnete Ich.

Aber auch mit der Paria-Figur hat es nun wieder eine mehr als nur eindeutige, also ambivalente Bewandtnis: der „Gezeichnete" ist nicht nur der Verworfene, er ist zugleich auch immer schon der vor der Menge Ausgezeichnete*, ein heimlicher Aristokrat unter der Maske des Minderwertigen, sagen wir ein „Earl“. Und schließlich: auch dies Verhältnis von Offensichtlich und Insgeheim ist umkehrbar, wenn der Künstler von seiner offensichtlichen – gewissermaßen scheinhaften – „Rolle“ innerhalb der Gesellschaft spricht. So der „Ich-Erzähler“ gegen Ende der sogenannten „Berliner Novelle 1947“, die unter dem Titel *Der Ptolemäer* mit anderen Arbeiten zusammen 1949 veröffentlicht wurde: „... ich trage unauffällige Binder, Anzug jedoch von tadellosem Schnitt, das Äußere ein Earl, das Innere ein Paria, niedrig, zäh, gefeit und sie dürfen jedes Fleisch essen.“

Was nun die wirtschaftlichen Verhältnisse im Selliner Pastorenhaushalt angeht, so lohnt es sich, noch einmal dem jüngeren Bruder das Wort zu geben, um jene elegische Notiz von der „häuslichen Armut“ ein wenig zu präzisieren, wenn nicht zu korrigieren. Ernst-Viktor erzählt mit der Désinvolture eines Mannes, dem nichts daran liegt, seine Herkunft in diesem oder jenem Sinne zu „problematisieren“. Die Ambivalenz von Earl und Paria ist ihm Hekuba, was er hat, ist ein unbefangenes Selbst- und Standesbewußtsein, das man, wenn überhaupt, vielleicht als „bürgerlich“ – im nobelsten Sinne des Wortes – definieren könnte, dann den Sinn für „Familie“ und ein sachlich genaues Erinnerungsvermögen. Seine Zuhörer sind junge Großstadtbewohner der Bundesrepublik in den Jahren des eben erblühten „Wirtschaftswunders“ nach dem Zweiten Weltkrieg, eben seine Kinder, die erfahren sollen, wie man in einer für sie ganz unvordenklichen Zeit und in einer Gegend, wo die erste technische Revolution noch kaum durchgedrungen war, zu leben wußte, in einer Zeit und Gegend ohne Autos, Telefon, elektrisches Licht und moderne Wasserversorgung.

Da ist vom Schweineschlachten vor Weihnachten die Rede, von fetten Gänsen, die dran glauben mußten, und Gänsegurgeln, die getrocknet, mit Erbsen gefüllt und zu Spielzeugklappern für kleine Kinder verarbeitet wurden, und von den gar nicht zu verachtenden

* Vgl. Jürgen Schröder, *Gottfried Benn. Poesie und Sozialisation*, Stuttgart 1978.

Erträgnissen des eigenen Gartens: „Friedlicher als das blutige Gemetzel unter den vertrauten Tieren war die Gartenernte im Sommer und Herbst, wenn die Kinder mit allen verfügbaren Körben und Töpfen Himbeeren und Johannisbeeren pflückten, wenn mit Hilfe des Küchenbeils große Zuckerhüte zerschlagen und die Einmachgläser und Saftflaschen ausgeschwefelt wurden. Äpfel und Birnen holten die großen Brüder von den Bäumen. Die Pflaumen wurden in einem abendlichen Konklave der Frauen ausgesteint und wanderten am Morgen in den blanken Kupferkessel, wo sie mit einer galgenartigen Holzkelle viele Stunden gerührt und zu Mus verkocht wurden."

Diese Darstellung, detailgenau und vertrauenswürdig, wie sie ist, wird jeden beruhigen müssen, der etwa jenen zärtlich-melancholischen Seufzer von der „häuslichen Armut" allzu tragisch genommen haben sollte; selbst das Pflaumenmus hat hier einen anderen Stellenwert als in Bruder Gottfrieds Gedicht. Man lebte weder komfortabel (nach heutigen Begriffen) noch kümmerlich, sondern – wir zitieren – „ländlich und zeitentsprechend: während mein Vater noch erzählte, wie sein eigener Vater bei Kerzenschein an der Predigt gearbeitet habe, brannte man bei uns immerhin schon Petroleum. Täglich wurden die Lampen geputzt und aufgegossen und verbreiteten Abend für Abend ihr warmes Licht. Wenn sich der Brennstoff verringerte, mußte der Docht heraufgeschraubt, blakte er, mußte er herabgeschraubt werden. Es gab einfache Küchenlampen, die an die Wand zu hängen waren, schlichte Zimmerlampen mit weißer Glasglocke und vornehme mit Majolikafuß und seidebespanntem Schirm, die nur zu Weihnachten erschienen oder wenn Besuch kam. An den Betten freilich standen immer noch Leuchter und Kerzen."

Und ferner: „Das Wasser wurde Sommer und Winter hindurch von der Pumpe geholt, die hinter dem Hause stand. Sie hatte einen eisernen Schwengel mit hölzernem Querholz, das so lange auf und ab gezogen werden mußte, bis der Eimer voll war, der an einem dicken eisernen Hahn hing. Dann wurden immer zwei Eimer an eine Trage gehängt und auf den Schultern ins Haus gebracht. Man kann sich vorstellen, welche Mühe das für den großen Haushalt machte, zumal auch das obere Stockwerk und die Waschküche im Keller auf diesem Wege versorgt werden mußten. Seit wir im Aktenzimmer eine Badeeinrichtung hatten, konnte allerdings das Wasser auch direkt in den Badeofen gepumpt werden. Aber das galt schon als Luxus und funktionierte nicht immer. Daher war jedes warme Bad ein aufregendes Ereignis, das nur in den Wintermonaten von Zeit zu Zeit stattfand. Meine Schwester Edith und ich wurden stets zusammen in die Wanne gesteckt, jeder saß an einem Ende auf zwei Ziegelsteinen, um über den Wasserspiegel hinauszuragen, der wiederum deshalb so hoch war, weil einer der Erwachsenen das Wasser nachher noch für sich benutzen wollte. Unsere Badetücher und Nachtröcke (hinten zuzuknöpfen) wurden am Badeofen angewärmt, und schließlich trugen uns Vater und Mutter warm eingewickelt über die eiskalten Flure in die Betten."

Wir überspringen einen längeren Absatz über die Schwierigkeit des Heizens im Winter – „mit Holz und Kohlen mußte sparsam umgegangen werden" – und lassen uns zum Schluß noch berichten, wie Mutter Caroline mit dem Haushaltsgeld auskam, und was es an Pastors Tafel zu essen gab: „Auch das Wirtschaften auf dem Dorf war für meine Mutter nicht einfach, besonders nachdem wir selbst keine Landwirtschaft mehr hatten. Butter, Milch und Eier bekam sie natürlich bei den Bauern (das Pfund Butter zu einer Mark, den Liter Milch und die Mandel Eier zu 10 Pfennigen), aber z. B. eine Drogerie gab es nicht und auch Fleisch mußte häufig aus Bärwalde besorgt werden. Aufschnitt wurde kaum jemals eingekauft. Schinken und Wurst vom eigenen Schlachten reichten eine ganze Weile, im übrigen ging es auch so. Morgens und nachmittags bekamen wir Pflaumenmus aufs Brot und abends eine Butter- oder Schmalzstulle. Mehr als eine Scheibe Wurst aufs Brot habe ich als Kind nie erhalten, und diese eine Scheibe wurde immer zum letzten Happen aufgespart. Häufig gab es zum Abend Milchsuppen, im Sommer dicke Milch mit geriebenem Brot und Zucker oder rote Grütze mit Milch. Am Sonntag waren ein weiches Ei und

Kakao eine begehrte Abendmahlzeit. Kuchen war eine Seltenheit und besonderen Ereignissen vorbehalten."

Also Sparsamkeit auch bei Tisch, aber doch nicht das, was uns als „Armut" erscheinen müßte. (Rote Grütze – für norddeutsche Kinder – war und ist eine Delikatesse!) Der Erzähler lamentiert nicht, auch beschwert er sich nicht über die Strenge eines häuslichen Regimes, das mit einem heute beliebten Trendwort wohl „autoritär" genannt werden könnte. Unausdrücklich bekennt er sich zu der Moral einer altpreußischen Genügsamkeit, Nüchternheit und Disziplin. Wir dürfen vermuten, daß unter Pastor Benns Dach das Altpreußische mit dem Biblischen, will sagen der nüchtern-realistischen Frömmigkeit des 90. Psalms – „und wenn's köstlich gewesen ist, so ist es Mühe und Arbeit gewesen" – als eng benachbart empfunden worden ist.

Wir haben diese Bruchstücke aus den Erinnerungen des Juristen Benn gewiß nicht zitiert, um durch eine offensichtlich zutreffende Darstellung des Color Elternhauses eine weniger glaubwürdige Version zu „widerlegen". Wenn der Dichter Benn die Dinge anders sieht als sein Bruder, so vor allem deshalb, weil ihm das fraglos gesicherte „Standes"-Bewußtsein des Jüngeren abgeht. Seine Beziehung zu den gesellschaftlichen Gegebenheiten, Herkunft, Umwelt, Staat und so weiter ist ein schwieriges, aus sozialem Interesse und Desinteresse widerspruchsvoll gemischtes Verhältnis, mit einem immer einmal wieder durchschlagenden Pathos der radikalen Distanz: „Unmöglich, noch in einer Gemeinschaft zu existieren, unmöglich, sich auf sie zu beziehen in Leben oder Beruf!" So die Bilanz, die er zur Zeit der fast mathematisch genauen Mitte seines Lebensweges zu Protokoll gibt: in dem spektakulären Schlußstück – *Epilog* – des spektakulären Bandes *Gesammelte Schriften* vom Mai 1922: „siebenunddreißig Jahre und total erledigt, ich schreibe nichts mehr – man müßte mit Spulwürmern schreiben und Koprolalien; ich lese nichts mehr – wen denn?..." Die Erfahrung, die hier zur Sprache kommen will, wird mit dem Vokabular der Psychiatrie zunächst als „Depersonalisation", als „Entfremdung der Wahrnehmungswelt", dann als „Nervenschwäche,

Ermüdbarkeit, Psychasthenie" angegangen, schließlich aber mit einem berühmt gewordenen Volltreffer von Definition auf den Nenner gebracht: als „die tiefe, schrankenlose, mythenalte Fremdheit zwischen dem Menschen und der Welt". Mythenalt? Vielleicht also eine Art „Ur-Erlebnis" des Menschen überhaupt? Bei Schiller – irgendwo im *Wallenstein* – heißt es die „Fremde des Lebens".

Wo dann aber das eigene Dazugehören zur Welt qua Gesellschaft ernstlich zur Diskussion steht, da sind die Stimmungen höchst wechselhaft, die Perspektiven veränderlich, das Selbstwertgefühl steht „gesellschaftlich" auf keinerlei festem Grund, es ist irritierbar und „ambivalent". Einerseits der Stolz auf die Herkunft aus dem protestantischen Pastorenhaus als einem Milieu mit erbbiologischer Spitzenqualität, dem die Nation die Mehrheit ihrer Hochbegabungen zu danken haben soll; andererseits das Gefühl, aus „kleinbürgerlichen" Verhältnissen zu stammen, wenn er sich konfrontiert sieht mit gesellschaftlichem Glanz und feudalem Lebensstil, wie zum Beispiel in Carl Sternheims in La Hulpe bei Brüssel gelegener Luxusvilla, die er im Februar 1917 zum erstenmal betritt: „Einige Unterhaltungen aus den beiden Tagen", so schreibt er im Rückblick (Jahrzehnte später) an Sternheims zweite Ehefrau Thea, „haben mich durch das ganze Leben begleitet und der Eindruck, daß man morgens sein Frühstück auf das Zimmer gebracht bekam, war mir als Rustikanem und Kleinbürgerlichem ganz neu." (12. VIII 49.) Die Earl-und-Paria-Dialektik läßt sich ad libitum variieren. Auch seine notorische Scheu oder Schüchternheit auf gesellschaftlichem Parkett – von F. W. Oelze, seinem langjährigen Freund und Briefpartner, als „diffidence" bezeichnet – hat ihre Kehrseite: in einer kaum zu erschütternden, ironisch gestimmten Souveränität, die einerseits weiß, daß ihr Reich „nicht von dieser Welt" ist, andererseits aber auch, daß ihre materielle Lebensbasis nicht auf den literarischen Honoraren, sondern auf den Einkünften aus der ärztlichen Praxis beruht.

In einer – der vierten – von elf essayistischen Miniaturen oder „Marginalien", wie Wellershoff sie nennt (GW I, S. 621), die in den frühen vierziger Jahren entstanden sind, hat Benn versucht, die Idee der „Ausdruckswelt", für ihn der Inbegriff seiner Lehre von der anthropologischen Bedeutung der Kunst, in drei Sätzen zu erklären: „Die Ausdruckswelt", so heißt es dort, „steht zwischen der geschichtlichen und der nihilistischen als eine gegen beide geistig erkämpfte menschliche Oberwelt, ist also eine Art Niemandsland..." Wir lesen das als eine soziale Standortbestimmung von grundsätzlichem Gewicht: als „Kunstträger" und Apostel der Ausdruckswelt ist man gesellschaftlich exterritorial, nicht „Kleinbürger", sondern Niemandsländer; die Rollen, die man in der jeweils gegebenen Gesellschaft zu spielen hat, haben etwas Scheinhaft-Ironisches: ein „Hinter-der-Maske"-Sein, jederzeit widerrufbar.

Hier nun bringt sich noch einmal der Alte Herr in Erinnerung, Gustav Benn, der Pastor, den wir schon als Freiplatzschnorrer, aber auch schon als eine „überirdische Erscheinung" kennengelernt haben. Auch in seinem Falle gab es den sozialen Status nicht, mit dem er sich *unbedingt* hätte identifizieren müssen. Das Prestige seines Amtes setzte Klassenschranken außer Kraft und läßt nun auch ihn gewissermaßen als einen Niemandsländer erscheinen. Der Landpfarrer als Gesprächspartner und Hausfreund des grundbesitzenden Standesherrn: das ist ein beinah schon stereotypes Genrebild ostelbischer Lebenskultur, wie wir es zum Beispiel aus Fontanes Romanen kennen, nicht zuletzt aus dem *Stechlin.* Sinnbild einer ideal gedachten Ebenbürtigkeit und Kooperation von Königsdiener und Gottesdiener – nach altpreußischer Auffassung. So also auch das Verhältnis zwischen Gustav Benn und den Herrschaften auf Trossin, wobei die faktische Abhängigkeit des Kirchenmannes von seinem „Kirchenpatron" immer doch stillschweigend mitzudenken wäre. Aber dieser Blumhardtanhänger war auch auf der untersten Stufe der sozialen Skala ohne Einschränkung willkommen. „Er war", so erinnert sich Ernst-Viktor, „in keiner Weise Parteigänger des adligen Großgrundbesitzers, sondern einem jeden Gliede seiner Gemeinde in gleicher Weise zugetan. Gerade die einfachen Leute hingen an ihm, weil sie empfanden, daß er auch sie und ihre Nöte ernst nahm. Wir Kinder hätten uns nie einfallen lassen dürfen, von einem Landarbeiter ohne den Zusatz ‚Herr' zu sprechen. Wenn der alte Vater Thunack kam, um unsern Schweinestall zu säubern, hatten wir ihm mit einem höflichen ‚Guten Morgen, Herr Thunack' die Hand zu geben und unsern Diener zu machen, nicht anders als wenn der Graf aus Trossin gekommen wäre."

Ein Wort noch über diesen Grafen von Trossin, der natürlich trotz sozialdemokratischer Zeitungslektüre und tadellosen Benehmens gegenüber „einfachen Leuten" die alles überragende Respektsperson in der Gemeinde war, nicht zuletzt für die Familie Benn. Ernst-Viktor spricht von „regen Beziehungen", die sich im Laufe der Jahre zwischen Schloß und Pfarrhaus entwickelt hätten, „zumal in beiden Häusern die Kinder umschichtig zur Welt kamen". Es müssen Beziehungen gewesen sein, die über das Gutnachbarliche noch hinausgegangen sind, eine Art von Lebensgemeinschaft muß es gewesen sein, ein für beide Seiten höchst ersprießliches Zusammenhalten aufgrund des gemeinsamen Honoratiorenstatus und der gemeinsamen Zugehörigkeit zum Blumhardtkreis, aber auch die Gleichaltrigkeit der beiderseits zahlreichen Kinderschar mag dazu beigetragen haben. Wir hören von der wechselseitigen Übernahme von Patenschaften und davon, daß Ruth Benn, die älteste unter den Geschwistern, eine Zeitlang im Trossiner Schloß „erzogen" worden ist. Auch in Bruder Gottfrieds spärlichen und nicht sehr genauen Mitteilungen zum Thema Trossin ist mehr als einmal davon die Rede, daß er „bei den Grafen Finckenstein aufgewachsen" sei, „zum Teil in gemeinsamer Erziehung" mit den (fünf) Söhnen der Familie.

In einem Brief vom 1 XII 55 gibt Benn in anekdotisch pointierter Form eine Erinnerung an den Grafen zum besten, die mit dem, was sein Bruder über denselben Herrn zu sagen hat, schlecht zusammenpaßt: „Eines Tages fuhren wir in einem kleinen Jagdwagen in den Wald u der alte Graf, ein ziemliches Rauhbein, entdeckte Holzsammler in seinem Wald, stieg ab, verdrosch sie feste, kam zurück u. sagte: ‚So muß man mit den Leuten umgehn, höflich, aber bestimmt.' Gute Maxime, sagte ich mir, auch für die

Literatur.“ Diese in der Sekundärliteratur gern zitierte Geschichte hat bei jüngeren Forschern, die im Dunstkreis des Neo-Marxismus und der Neuen Aufklärung aufgewachsen sind, viel böses Blut gemacht. Mit mühsam beherrschter Entrüstung wird sie als „entlarvend“, zynisch und brutal angeprangert, die „revoltierende Auflehnung“ des Erzählers wird vermißt, die „Solidarisierung mit den Herrschenden, der Aristokratie“ wird bedauert. So von dem Tübinger Germanisten Jürgen Schröder, der in dieser Briefstelle einen weiteren Beleg gefunden haben will für „die schwierige und scheiternde Suche nach seiner sozialen Identität, die den jungen Benn fast zwangsläufig aus der schizoiden gesellschaftlichen in die geistig-künstlerische Sphäre“, in das „scheinbar übergesellschaftliche Reich der Kunst“ geführt haben soll.

Es wird hier, so kommt es uns vor, mit sozialphilosophischen Kanonen auf Spatzen geschossen: ein zitatweise vorgebrachter Grobianismus aus einem Privatbrief an eine altvertraute Adresse (die Musikerinnen Schuster und Kraus) wird zu einem moralischen Skandal aufgeblasen, der textliche Zusammenhang aber kaum in Betracht gezogen. Benn hatte von einem öffentlichen Auftritt im Kölner Rundfunkhaus berichtet, wo er am 15. November mit dem katholischen Schriftsteller Reinhold Schneider vor einem zahlreichen Publikum über das Thema *Soll die Dichtung das Leben bessern?* diskutiert hatte. „Ich hatte mir“, schreibt er, „für die Pause von 15 Minuten zwischen den Referaten von mir und Schneider u der Diskussion eine Flasche Sekt beim N.WDR. bestellt u. fand eine Deinhard Lila im Eiskübel vor, Herr Schneider ebenso, u nun wurden wir munter u ich kam in Fahrt. Brachte das Publikum zum Lachen, auch die Fragesteller selbst über ihre blöden Fragen. Bin ziemlich abgebrüht, kenne diese Versuche, einem was ‚*nachzuweisen*‘, auf Widersprüche aufmerksam zu machen usw...“ Anschließend dann die Anekdote von dem Rauhbein aus Trossin.

Wer solche Diskussionen erlebt hat, der kann sich von dem offenbar denunziatorischen Tonfall der gestellten Fragen, die Benn als aggressiv empfunden haben muß, eine Vorstellung machen, und er wird es nicht ohne Genugtuung zur Kenntnis nehmen, daß der Angegriffene seine Widersacher durch überlegenen Witz – nicht etwa physisch oder auch nur moralisch „verdroschen", sondern *zum Lachen gebracht* hat. Was man gegen die Finckenstein-Anekdote vorbringen könnte, ist vor allem, daß die Pointe nicht recht „sitzt". Dadurch – aber nicht dadurch allein – kann allerdings der Eindruck entstehen, daß Benn ihre Komik überschätzt.

Im übrigen steht ja, was die Umgangsformen des Gutsherrn von Trossin betrifft, das Zeugnis des jüngeren Benn-Bruders noch aus. Ernst-Viktor weiß von einem Rauhbein nichts, er schildert den Grafen als einen wohltemperierten Charakter: beherrscht, pflichtbewußt, korrekt und alles andere als aggressiv soll er gewesen sein; letzteres ganz im Gegensatz zur Gräfin Ulrike, einer „Frau von starkem Adelsstolz und scharfer Zunge", die freilich als die „ausgeprägtere Persönlichkeit" angesehen wurde und schließlich als „die alte Eule" in die Bennsche Familienmythologie eingegangen ist. Der Graf soll ein „sehr würdiger Vertreter des märkischen Adels etwa von der Art, wie Fontane ihn schildert" gewesen sein: „solid, ein treuer Hausvater, interessiert an Fragen der Politik und an kirchlichen Problemen, von anständiger Gesinnung zu seinen Leuten, freilich auch durchdrungen von der besonderen Bedeutung seines Standes, wenn er ihn auch zugleich als Verpflichtung empfand. Ein guter Landwirt war er nicht."

So steht ein Zeugnis gegen das andere, das eine vielleicht ein wenig zu euphorisch ausgefallen, und allzu boshaft, wer weiß, das andere: das Bennsche Gesetz der Ambivalenz auch hier. Damit verabschieden wir uns von Trossin, von dem heute niemand im Westen weiß, ob und in welcher Gestalt es noch existiert. Der letzte Besitzer wurde 1945 von den Russen erschossen.

Sellin und das Frankfurt des Ostens

Heimat und Kindheit, dieser mythenalte Gemeinplatz (Locus communis) der Dichter, auch in Benns Lyrik ist er anzutreffen, und auch bei ihm erscheint er in klassischer Beleuchtung: als der idyllische Gegenstand in elegischer Perspektive. Darin unterscheidet er sich nicht wesentlich von Hölderlin („Im Arme der Götter wuchs ich groß"), den er gelegentlich zitiert. Ein häufig angeführtes Beispiel ist das vierte Gedicht aus dem fünfteiligen Zyklus *Epilog 1949*, das in dem Versband *Trunkene Flut* im Herbst 1949 zum ersten Male veröffentlicht wurde:

> Es ist ein Garten, den ich manchmal sehe
> östlich der Oder, wo die Ebenen weit,
> ein Graben, eine Brücke, und ich stehe
> an Fliederbüschen, blau und rauschbereit.
>
> Es ist ein Knabe, dem ich manchmal trauere,
> der sich am See in Schilf und Wogen ließ,
> noch strömte nicht der Fluß, vor dem ich schauere,
> der erst wie Glück und dann Vergessen hieß.

Auch hier das mythenalte Motiv: der Fluß als die Metapher des Zeitvergehens, dem die Kraft des Erinnerns sich beschwörend entgegenstellt. Das Thema wiederholt sich, und jeweils unter den gleichen Auspizien – „Kindheitserde, unendlich geliebtes Land" – und mit immer demselben Aufgebot von szenischen Grundgedanken: Ebene, Felder, Seen, Garten und Haus. So in *Spät*, einem Gedichtkreis aus dem Jahre 1951, und schon zwanzig Jahre früher, in dem von Paul Hindemith in Musik gesetzten Oratorium *Das Unaufhörliche*, ist es da. Diesmal als *Tenorsolo*, das mit „Lebe wohl den frühen Tagen“ beginnt und bis dahin schon beinah aus einer Mozartoper stammen könnte. Auffällig ist, daß solche „Soli“ (hier einfach *Lied* betitelt) nicht als eigenständige Einheiten für sich stehen, sondern immer in zyklische Zusammenhänge eingeordnet sind. Die zyklische Anlage erlaubt mehrfachen Wechsel der Perspektive und das Ineinanderblenden ganz verschiedener Bewußtseinshorizonte. So ergeben sich wirkungsvolle Kontraste zwischen Nah und Fern, Intim und Global: einerseits Welt-Raum, Schöpfungsfrühe, erdgeschichtliche Finalstimmung („Durchgekämpft/ durch Tier- und Vormenschmassen/ irrt die späte Art/ von Pol zu Pol“), andererseits die eigene lebensgeschichtliche Provinz. Kindheit erscheint als ein kurzes, schmerzlich-seliges Aufleuchten am Horizont der allerpersönlichsten Erinnerung. Das kleine, liedhaft gereimte Solo ist ein Abschiedsgruß an die verlorene Zeit-vor-der-Zeit… aber war sie denn „glücklich“, diese Zeit-vor-der-Zeit, so glücklich, wie sie in der bewußten Prosapassage von 1934 geschildert wird? „Glücklich“ (schlechthin) ist eine solche Zeit ja doch immer erst als die verlorene, in der Fernsicht des Gedenkenden wiedererstandene. So auch hier, im Falle Benn, wo die Perspektive von der alles überwiegenden, alles unterwandernden Grundstimmung des Spät, Vorbei und Nevermore beherrscht wird:

über allem steht die Doppelschwinge
einer zehrenden Unendlichkeit:
Welten – Werke – letzte Dinge –:
todgeweiht.

So die abschließenden Verse des Oratoriums von 1931.

Benns erster Lehrer war der eigene Vater, der ihn anfangs für einen rechten Dummkopf gehalten zu haben scheint. „Du bist so unbegabt“, soll er seinem Ältesten eröffnet haben, „du kannst noch nicht einmal Tischler werden.“ Ein anderer Hauslehrer, den sich die Benns vermutlich mit der gräflichen Familie geteilt haben, war ein gewisser Herr Wehner, der „früh an Lungenphtise verschied,/ nachdem er meinen jüngsten Bruder angesteckt hatte,/ der starb an meningitis tuberculosa". Das Zitat stammt aus einem eher nachlässig zusammengebastelten Parlandogedicht aus dem Jahre 1950, der erwähnte Bruder trug den Namen Hans Georg. Er war das einzige von den Geschwistern, das schon als Kind gestorben ist, am 4. März 1898, zwei Tage nach seinem dritten Geburtstag und etwa dreieinhalb Monate vor der Geburt des achten Kindes aus erster Ehe, Ernst-Viktor. Hans Georg ist also zur Zeit seines Todes in der Tat der „jüngste Bruder" gewesen. Ob Herr Wehner vor oder nach ihm gestorben ist, wissen wir nicht. Auch geht aus den Zeugnissen nicht hervor, welche von den Bennschen Kindern er unterrichtet hat, und ob Gottfried selbst sein Schüler war. Als der kleine Bruder starb, war er es jedenfalls nicht mehr, da er inzwischen, nach mehrjährigem Besuch der Selliner Dorfschule, zum Gymnasiasten in Frankfurt an der Oder avanciert war. Herr Wehner ist eine sehr beiläufige Erscheinung für Benn, keine Persönlichkeit, die irgendeinen Einfluß auf ihn genommen hätte. Und doch kann er mehr als fünfzig Jahre später unversehens wieder auftauchen wie ein Revenant. Schleicht sich ein ins lyrische Atelier und bewegt den Alten zu einer bescheidenen, aber Teilnahme wekkenden Aufzeichnung, etwas Quasi-Erzählerisches ist es mit östlicher Atmosphäre, das uns an Sudermann oder Eduard von Keyserling erinnern kann. Zweiter Abschnitt des Gedichts auf Herrn Wehner:

Stammte aus Lissa
Sohn eines Schmiedes
ging immer in Holzpantinen,
was bei uns unüblich war,
seine Braut Liska
war einen Pfingsten bei uns
Tochter eines Polizeimajors
also was Besseres
sie kicherten oft abends
wenn die Mücken summten
und wir schlafen gehn mußten

aber, wie ich später hörte,
war es wohl doch nichts Rechtes.

Und im dritten und letzten Abschnitt wird es dann unheimlich:

Dieser Herr Wehner
ist insofern meiner
als er irgendwo begraben liegt,
vermodert in polnischem Kombinat,
keiner der Gemeindemitglieder
wird seiner gedenken,
aber vor mir steigt er manchmal auf
grau und isoliert
unter geschichtlichen Aspekten.

Es sind eisige Wahrheiten, von denen hier – anläßlich einer Erscheinung, wie sie beiläufiger gar nicht sein könnte – die Rede ist. Es ist die Übermacht des Vergessens über unser bißchen Leben, es ist die schaudererregende Gleichgültigkeit, die X-beliebigkeit und Weltverlorenheit einer einzelnen Existenz im Verhältnis zum „großen Ganzen". Der Autor will nicht sagen, daß die „geschichtlichen Aspekte" (hier im Hinblick auf die katastrophischen Ereignisse, die in seiner Heimat die Grenzpfähle verrückt haben) ihm mehr bedeuten als der Herr Wehner. Sein Thema ist eben dieser Einzelne, der ihn heimsucht nach fünfzig Jahren, „grau und isoliert".

Das Frankfurt des Ostens, heute Grenzstadt gegenüber Polen, liegt etwa fünfzig Kilometer Luftlinie fast genau südlich von Sellin auf dem linken Ufer der Oder. Dort ist Heinrich von Kleist zur Welt gekommen, und dort befand sich mehr als dreihundert Jahre lang eine Universität, die älteste auf brandenburgischem Boden überhaupt, die sogenannte Viadrina, die im Jahre 1811 nach Breslau verlegt worden ist. Das Königliche Friedrichsgymnasium, das der junge Benn sieben Jahre lang besuchte, „zum Glück ein humanistisches", wie er selber in seinem *Lebensweg* hervorhebt, durfte sich rühmen, unter den Mitgliedern seines Lehrkörpers einst sieben Jahre lang einen gewissen Leopold (von) Ranke gehabt zu haben, ehe der 1825 als Professor an die damals noch junge Berliner Universität berufen wurde. Zur Zeit der Jahrhundertwende, anderswo auch Belle Epoque genannt, scheint dies Frankfurt mit seinen rund sechzigtausend Einwohnern eine stramm preußische Garnisons- und Beamtenstadt gewesen zu sein. Eine Memoirenschreiberin neueren Datums, die in Frankfurt aufgewachsen, später weit herumgekommen ist und mit zahllosen Berühmtheiten aus Kunst, Kultur und Zeitgeschichte zu tun gehabt hat, schildert es folgendermaßen:

„Frankfurt war Hauptstadt eines Regierungsbezirks und dazu Garnisonsstadt für drei Regimenter und ein Telegraphenbataillon. Die gesellschaftliche Kastenordnung war wie folgt: zuerst Landadel und Regierung (also auch der über das Schulwesen herrschende Papa); daneben das Militär, aber dieses schon in klar absteigender Rangordnung: a) Leibgrenadiere, b) Zwölfte Grenadiere, c) das achtzehnte Feldartillerieregiment, d) die ziemlich verachteten ‚Tipper', nämlich das Telegraphenbataillon, von dem wir erst im Krieg bemerkten, daß es eine gewisse Existenzberechtigung hatte. Dahinter rangierte die Justiz, Land- und Amtsgericht, und erst nach diesen kamen auch die städtischen Behörden. Ausschütten vor Lachen wollten sich die Damen der Regierung, weil die Frau des Oberbürgermeisters sich einmal als ‚erste Dame von Frankfurt' bezeichnet hatte. Die erste Dame aber war selbstverständlich Elko Schwerin, geb. Knigge, die Frau des R. P. (Regierungspräsidenten). Nach oder neben den städtischen Behörden folgten in zwangloserer Gruppierung die Gymnasialprofessoren und freien Berufe. Von der Kaufmannschaft wußten wir überhaupt nichts; die führenden Familien der sehr bedeutenden und wohlhabenden Papierindustrie traten erst nach dem Krieg aus ihrer selbstgenügsamen Isolation. Ausbrechen aus irgendeiner dieser Kasten, nach oben, unten, rechts oder links, war fast unmöglich.

Jedem war sein Plätzchen genauestens angewiesen, belustigenderweise vom R. P. hinab bis zu den Straßenmädchen, die als einzige Schminke trugen – gewissermaßen ihre Uniform – und strikt auf die Rosen- und parallele Tuchmacherstraße limitiert waren.

Von der vornehmsten Allee, der Halbestadt, nur durch die herrlichen Anlagen getrennt, lebten sie in romantischen kleinen Wohnungen in den Ruinen der alten Stadtmauer. Waren die Bäume kahl, dann leuchteten die roten Laternen bis hinüber zur Höheren Töchterschule von Fräulein Johanna Schulz, Halbestadt 7.

Auch beim Theater herrschte Ordnung. Der Bau Schinkels war bester Klassizismus, der Spielplan reichhaltig, von Schiller bis Strindberg, mit dem Schwergewicht auf Schiller. Die Schauspieler kannten ihren Platz. Fast wie in Wilhelm Meister spielten die Künstler ihre Rollen im täglichen Leben weiter; den Bonvivant oder den jugendlichen Helden erkannte man auf hundert Meter; Jutta Versen, die Salondame, war von teuflischer Eleganz; Erna Bonn jedoch, die Sentimentale, glitt tragisch durch die Straßen und hob die Augen in vorwurfsvoller Schwärmerei; ‚Sie sind mir noch Revanche auf dem Schachbrett schuldig, Herr von Walther...' – Wenn die Leutnants gerade junge Damen der Gesellschaft begleiteten, dann grüßten sie die Schauspielerinnen *nicht*."

Diese 1978 veröffentlichte Darstellung findet sich in dem Buch *Charaktere und Katastrophen* (mit dem etwas geschraubten Untertitel *Augenzeugenberichte einer reisenden Musikerin*) von der Cembalistin Eta Harich-Schneider (1897–1986), einer schönen, kapriziösen und vielseitig begabten Person, die während der dreißiger Jahre als international erfolgreicher Konzertstar Furore, nach ihrer Emigration (1940) nach Japan auch dort als Musikerin und Japanologin Karriere machte, mit einer *History of Japanese Music* berühmt und am Kaiserhof geehrt wurde, jahrelang auch in Amerika lebte und konzertierte, bis sie schließlich nach einem langen, bewegten Leben in Wien seßhaft wurde (1955).

Das alles ist naiv, aber nicht witzlos erzählt, „ichbezogen", gewiß, aber das versteht sich. Zeitgeschichtliches Welttheater in der Form eines autobiographischen Abenteuerromans, und in jeder Situation eine interessante, wenn nicht bedeutende Rolle für die Erzählerin. So sieht man sie als Backfisch mit ihrer Freundin Eva Mertens (der späteren Proust-Übersetzerin Rechel-Mertens) am Grabe der Kleistschwester Ulrike zusammentreffen, die Benn-Brüder, denn Gottfried war ja nur der erste, nicht der einzige von ihnen, der in Frankfurt die Schule besuchte, waren ihr wohlbekannt, einer von ihnen, der als „bildschön“ angeschwärmte Theodor, genannt Thede (1891–1981), der später durch ein spektakuläres politisches Verbrechen zu einer Art von finsterer Berühmtheit gelangen sollte, muß ihr viel bedeutet haben, als sie vierzehn war und in die Tanzstunde ging, und der Dichter Klabund (1890–1928), eigentlich Alfred Henschke, Apothekersohn aus Crossen an der Oder (ca. fünfzig Kilometer südöstlich von Frankfurt), war ein naher Freund und blieb es bis in die zwanziger Jahre hinein. Ihre Erinnerungen sind deshalb für den Benn-Biographen eine nicht zu verachtende Quelle.

Benn wohnte mit dem etwa gleichaltrigen Heinrich Graf Fink von Finckenstein, der später Pate seines Bruders Ernst-Viktor werden sollte, als Pensionsschüler in der Gubener Straße. Daß auch Klabund sein Mitschüler gewesen sei, ist immer wieder behauptet worden, es entspricht aber nicht den Tatsachen. Klabund ist erst im Herbst 1906, also genau drei Jahre, nachdem Benn die Schule verlassen hatte, vom Crossener Real-Progymnasium zum Frankfurter Friedrichsgymnasium übergewechselt. Auch er hat als Pensionsschüler in der Gubener Straße Quartier gefunden und dort als Stubengenossen einen Unterprimaner namens Stephan Benn (1889–1974) angetroffen, der ihn freundlich aufgenommen haben muß. Erst während eines gemeinsamen Ferienaufenthaltes in Sellin hat Stephan Benn seinem Bruder Gottfried von Klabund und dessen dichterischen Versuchen erzählt, und noch später, wahrscheinlich erst 1907 und in Frankfurt, ist es zwischen dem dichtenden Pennäler und dem vier Jahre älteren Medizinstudenten zu einer ersten, noch flüchtigen Begegnung gekommen, die zunächst keine Folgen hatte.

Vier Jahre sind ein erheblicher Altersunterschied unter jungen Leuten, und die Legende von der „Jugendfreundschaft“ zwischen Benn und Klabund ist nie sehr wahrscheinlich gewesen. Doch hat Benn selbst ihrer Entstehung Vorschub geleistet, wenn er sie nicht sogar erfunden hat. In seiner schönen, auf dem Crossener Bergfriedhof am 9. September 1928 gehaltenen *Totenrede für Klabund* heißt es: „Wir waren beide auf derselben Schule, dem Friedrichsgymnasium in Frankfurt an der Oder, auch in derselben Pension in der Gubener Straße, und wir dachten oft daran zurück." Nun hatten sie ja tatsächlich in derselben Pension gehaust, aber zu ganz verschiedenen Zeiten, und ob man gemeinsam an ganz verschiedene Zeiten zurückdenken kann, ist doch sehr die Frage. Genug, wir wissen es besser; seit dem Erscheinen der Klabund-Biographie von Guido von Kaulla (1971) sind wir über die Chronologie der Beziehungen zwischen Benn und Klabund genau unterrichtet. Noch während seines ersten Berliner Aufenthaltes (1910/11) war es nicht Gottfried, sondern der Theologiestudent Stephan Benn, mit dem der zwanzigjährige Klabund freundschaftlich verkehrte. Im Sommer 1914, als Benn gleichzeitig mit Klabund in München war, kam es wohl zu einem Wiedersehen, aber noch nicht zu einer freundschaftlichen Annäherung. Es gibt aus dieser Zeit ein „dem Dr. B." gewidmetes Gedicht von Klabund*, in dem man lesen kann: „Warum willst du mich nicht Bruder nennen?" Benn zeigte sich spröde, aus welchen Gründen auch immer, vielleicht war es das Literatenhaft-Bebrillte an Klabund, das Fiebrig-Dringliche, auch die allzu große „Fingerfertigkeit" seines Produzierens, was seine Zurückhaltung erklärt. (Benn wörtlich in einem Brief vom 4. 9. 1926 an Gertrud Zenzes: „Ich wollte, ich wäre so fingerfertig wie Klabund, der ja heute abend schon wieder einen ‚Cromwell' im Lessingtheater hervorkarnickelt.") Tatsache ist, daß es zwischen ihm und Klabund erst Anfang der zwanziger Jahre, als sie beide als namhafte Matadoren der neuen „Weimarer" Literatur in Berlin lebten, zu einem gegenseitig interessierten, wenn nicht freundschaftlichen Verhältnis gekommen ist. Als 1922 die *Gesammelten Schriften* bei Erich Reiss erschienen waren, schrieb Benn dem Jüngeren ein Gedicht in ein Widmungsexemplar, das ihn persönlich anredet und dadurch auszeichnet, freundlich im Ton, das ist

* Das Gedicht hat den Titel *Die Brüderschaft* (Klabund, *Die Himmelsleiter. Neue Gedichte,* Berlin 1916, S. 120).

wahr, doch nicht ohne einen Rest von distanzhaltender Förmlichkeit, die nicht du sagt, sondern Sie:

Nehmen Sie jene erste
tauende Nacht im Jahr
und die strömenden blauen
Streifen des Februar,

nehmen Sie jene Verse,
Reime, Strophen, Gedicht,
die unsere Jugend erhellten
und man vergaß sie dann nicht,

nehmen Sie von den Wesen,
die man liebte und so,
jenen Hauch des Erlöschens
und dann salut und Chapeau –

ach, diese spärlichen vollen
Schläge des Herzens und
über uns fallen die Schollen –
leben Sie wohl, Klabund!

Eine „Verbrüderung" zwischen beiden, die der zitierte Biograph irgendwann einmal ausgemacht haben will, hat es zu Lebzeiten Klabunds nicht gegeben. Erst in der Totenrede sind sie sich ganz nah. –

Benn als Gymnasiast: eine Glanznummer in den Annalen der Anstalt war er nicht, doch immer noch gut genug, um schon mit siebzehn die Reifeprüfung zu bestehen. Was er selbst über diesen Abschnitt seines Bildungsganges zu sagen hat, ist nicht viel mehr als jenes nüchtern-positive Resumé, das wir schon kennen: „zum Glück humanistisch"; an die damals in einem preußischen Gymnasium ziemlich rigorose Paukerei soll er sich, so wird berichtet, mit „respektvollem Abscheu" erinnert haben (Koch). Im übrigen sieht er seine Schulzeit vor allem vor dem Selliner Horizont: Große und verschiedene kleine Ferien auf dem Lande, von wo man dann mit

Pflaumenmustöpfen ausgerüstet wieder in die Stadt zurückkehrte. Ab und zu wohl auch ein Besuch des Vaters in Frankfurt, um nach dem Rechten zu sehen. Klabund berichtet aus *seiner* Zeit von solchen Besuchen und daß sie gefürchtet waren: „Wenn der in die Pension kam und nach seinen Bengels (sc. Stephan und Theodor) sah, dann waren wir immer in Angst, das Abendbrot könne nicht reichen. Was der an Kieler Sprotten verzehrte!"* Man kann sich das Laute und gebieterisch Naive seines Auftretens gut vorstellen und im Gegensatz dazu dann auch das Spröde, In-sich-Gekehrte, wenn nicht schon – in den Primanerjahren – ironisch Distanzierte im Gebaren seines Ältesten. „Und Jottfried lächelt im Hinterjrunde": das war die stehende Wendung, auf die man sich geeinigt hatte, um solche Absencen zu bezeichnen.

Ein Brief des Dreizehnjährigen an die ältere Schwester Ruth vom 9. Januar 1900, der einzige aus der Zeit vor 1913, der bisher ans Licht gekommen ist, hat noch kaum etwas in sich, das uns besonders „aufhorchen" ließe. Der Ton ist noch ganz „Kind des Hauses" in stockbürgerlichen Verhältnissen. „Da ich nicht weiß, ob Du schon weißt, was ich zu Weihnachten bekommen habe, so will ich es Dir sagen." Folgt eine treuherzige Aufzählung der Geschenke eins bis zwölf, darunter an Büchern: Hauffs *Lichtenstein* von Onkel Eugen, einem Freund der Familie aus Bad Boll, von der Frau Gräfin *30 Lebensbilder deutscher Männer*, von Papa „ein wunderschönes Buch, in dem 200 bunte Bilder von der ganzen Erde –".

Mit ein paar Sätzen, die noch nicht alles erfassen, was möglicherweise zu sagen gewesen wäre, versucht dann der Briefschreiber auch den neun Tage zurückliegenden Jahreswechsel, der ja der Übertritt in ein neues Jahrhundert gewesen war, zu würdigen. „Am Silvesterabend blieben ‚wir' Großen bis 12 auf, die Kleinen wurden auch geweckt, sie schliefen deshalb schon unten, sie kamen nun mit blassen, verschlafenen Gesichtern an; bekoberten (= ermunterten, H. E. H.) sich aber beim Punsch sehr bald wieder. Papa, Onkel Eugen und ich gingen dann auf den Turm, wo geläu-

* Eta Harich-Schneider, *Charaktere und Katastrophen,* Berlin 1978, S. 46.

tet wurde und läuteten auch mit. Um 1 gingen wir dann zu Bett." So der Bericht des Dreizehnjährigen über das kalendarische Säkularereignis, dem Benn dann viel später, nur wenige Monate vor seinem Tode – in einer Art kulturkritischer Neujahrsbetrachtung für das Jahr 1956 – eine „zweite Fassung" hat folgen lassen: „Ich erinnere mich der Silvesternacht, in der das jetzige Jahrhundert sich erhob. Diese Nacht lag über einem Dorf jenseits der Oder-Neiße-Linie. Es war für die damalige so glückliche Welt eine Sensation, daß ein neues Jahrhundert begann. Alles wachte, alles feierte, die Kirchenglocken läuteten um Mitternacht, man erwartete irgend etwas ganz Besonderes, eine Art Anbruch des Paradieses innen und außen. Mein Vater trat aus seinem Pfarrhaus und umarmte den Dorfschulzen, einen großen reichen Bauern, alles umarmte sich, es war eine schnee- und regenlose Nacht, es war ein großes Ereignis."

Was hier als vollständig entfaltete Erinnerung zur Sprache kommt, es muß sich ja damals schon, in jener schnee- und regenlosen Silvesternacht des Jahres 1899, in ihm gespeichert haben; nur es an Ort und Stelle auch schon zu artikulieren, das wäre ein Ding der Unmöglichkeit gewesen. Was damals eben erst möglich war, zeigt ein loses Heftchen voller Verse, die in biederer Konfirmandenhandschrift erhalten geblieben sind, aus dem darauffolgenden Winter. Kein Zyklus, sondern ein fortlaufender Text über eine kreuzbrave Tanzstundenaffaire, ein provinzbürgerliches Epyllion, wenn man so sagen darf, in vierfüßigen Trochäen, stellenweise gereimt, und mit einem klassisch gehaltenen Musenanruf in Distichen, der merkwürdigerweise das Ganze nicht eröffnet, sondern beschließt. Worum es geht? Ein Mitschüler, der namentlich schon gleich auf der Titelseite erscheint – „Joachim Trowitzsch – zur Erinnerung an die gemeinsame Tanzstunde Winter 1900–1901 – gewidmet von Gottfried Benn – Frankfurt, den 21. Februar 1901" – dieser Joachim also ist verliebt in eine gewisse Lotte, die „süße Lotte", die der Star des Kurses gewesen sein muß; aber da gibt es einen Rivalen, dem er sie abjagen muß, indem er seinerseits einer anderen den Laufpaß gibt... Der sprachliche Duktus stimmt mit dem Tenor einer launig-konventionellen Widmungs- und Gelegenheitspoeterei, wie sie damals in bürgerlichen Familien, nicht zuletzt bei Pastorsleuten, noch gang und gäbe war, weitgehend überein, ist von den stilistischen Mustern der zeitgenössischen Literatur noch ganz unberührt. Auffallend ist die schon überdurchschnittliche Geschicklichkeit in der Handhabung des Verses, auch ein gewissermaßen „objektivierendes" Interesse an den Eigentümlichkeiten des gegebenen Milieus und der scharfe Blick für das linkische Verhalten der jungen Leute, die man heute Teenager nennen würde, auf dem für sie ungewohnten Tanzparkett.

Was uns aber recht eigentlich zu denken gibt, das ist die unverblümte Parteinahme, menschlich und – jawohl – „politisch", des Verseschreibers für den „schönen dunkeläugjen Jochen", seinen Freund, und gegen den Rivalen, der als Neffe eines Grafen und als Vetter von diversen Herrschaften,

> welche „von" vorm Namen haben
> und daher bei vielen Menschen
> ja an erster Stelle stehen,

rundheraus denunziert wird. Er wird als Großmaul und Dummkopf beschimpft und als „ganz verbotene visage" lächerlich gemacht. Das muß uns ja unvermeidlich erinnern an jene Idealvorstellung von einem problemlos freundschaftlichen Umgang mit den „Arbeiterjungen" sowohl als auch mit den Adelssöhnen von Sellin, Trossin und Umgebung, wie sie uns in *Lebensweg eines Intellektualisten* nahegebracht werden soll, und wir fragen uns nun allerdings, ob man nicht die antiaristokratischen Sottisen aus der Joachim-Trowitzsch-Ballade des Vierzehnjährigen heranziehen sollte, um das reichlich euphorische Schaubild von 1934 ein wenig zu korrigieren. Das Frankfuter Friedrichsgymnasium kann kein soziales Utopia gewesen sein, Standesdünkel auf der einen, ein leidendes Selbstgefühl in heikler Verbindung mit dem Bewußtsein der eigenen intellektuellen Überlegenheit auf der anderen Seite, also das Earl-und-Paria-Problem schon auf der Schulbank, das ist es, was wir aus der kleinen Verserzählung herauslesen können.

Schließlich ist es ein stock-„wilhelminisches“ Preußen, mit dem wir es zu tun haben, ein Land, in dem das ominöse Dreiklassenwahlrecht erst im Oktober 1918 zu den Akten gelegt werden sollte. –

Was Benn seiner Schule zu verdanken hatte, war eine gründliche Beschlagenheit in den klassischen Sprachen und an Kenntnis der europäischen Antike so viel, wie von einem guten Gymnasium vermittelt werden kann. Zu den Stärken der Frankfurter Anstalt gehörte auch die Mathematik; auf dem Felde der neueren Sprachen sah es weniger glänzend aus. Benn lernte im Nebenfach Französisch, die Sprache seiner Mutter, ist darin aber über eine verhältnismäßig bescheidene Stufe der Verständigung nicht hinausgelangt. Das Englische hat er, obwohl er ab und zu englische Brocken in seinen Gedichten vorkommen läßt, als Terra incognita betrachtet, und er hat diese Unkenntnis als Manko empfunden und bedauert, hat sie einmal sogar – im Ton eines halb scherzhaften Seufzers – als „schlimm“ bezeichnet. Man findet die Stelle in einem lyrisch organisierten Text aus dem Mai 1953, der unter dem Titel *Was schlimm ist* eine Reihe von Beispielen aufzählt. Erstes Beispiel:

> Wenn man kein Englisch kann,
> von einem guten englischen Kriminalroman zu hören,
> der nicht ins Deutsche übersetzt ist.

Das ist – à propos – für den Anfang nicht viel. Eine Banalität, um es deutlich zu sagen, und für den Leser eher irritierend. Auch keine der noch folgenden Unannehmlichkeiten und Ärgerlichkeiten wäre in einem wirklich gravierenden Sinne „schlimm“ zu nennen; und doch können sie, aneinandergereiht, ein wunderlich vielsagendes Grundgefühl vermitteln – was für ein Gefühl? Schwer zu sagen, es sei denn mit den Worten, die den Text abschließen und damit das Gefühl zwar auch nicht definieren, aber sehr deutlich werden lassen:

> Am schlimmsten:
> nicht im Sommer sterben,

wenn alles hell ist
und die Erde für Spaten leicht. –

So weit, so gut – oder schlimm. Was immer doch bleibt, ist das „Glück" des Humanisten. Wo immer man sich in Benns Schriften vertieft, man wird unweigerlich zum Archäologen, denn die antike Tradition, insbesondere die griechische Kultur in allen ihren Erscheinungsweisen, als Mythologie und Geschichte, als Kunstgebilde, Dichtung und Philosophie, ist ihm selbstverständlicher, durch die Jahre und Jahrzehnte hindurch immer wieder aufgefrischter und vermehrter Besitz. Sie gehört zum thematischen Grundbestand seines Denkens und Dichtens, ein Arsenal von Motiven, Zitaten, ikonographischen Möglichkeiten. Gelegentlich zitiert er einen griechischen Autor, mit Vorliebe Heraklit, im Original, anderswo nutzt er die Melodik griechischer Vokabeln – Phäaken, Megalithen, lernäische Gebiete –, die Strahlkraft griechisch gebildeter Begriffe – Theogonien – zur Steigerung und koloristischen Bereicherung der eigenen Ausdrucksleistung, das heißt er zitiert nicht nur, er *schreibt* Griechisch.

Und doch stellt die „humanistische" Erbschaft innerhalb des Bennschen Bildungshaushalts nur eine von mehreren Komponenten dar, deren jede für ihn von essentieller Bedeutung gewesen ist. Man könnte von einer Dreizahl der Substanzen sprechen, indem man eine antike von einer (in der Kritik oft unterschätzten) biblischen Tradition unterschiede und beiden dann ein drittes, mit revolutionären Antrieben geladenes Element entgegensetzte: die Welt der modernen Naturwissenschaft. Man kann aber das Verhältnis der verschiedenen in Benns Bewußtsein koexistierenden Bildungsbereiche auch anders und einfacher deuten, nämlich als den paradigmatischen Gegensatz von humanistischer Kultur (im weitesten Sinne) und naturwissenschaftlicher Kultur. Es gibt eine in den angelsächsischen Ländern sehr geläufige, vor Jahren schon von dem britischen Physiker und Romanschreiber Charles Percy Snow vorgetragene These, die diesen Gegensatz reflektiert und das meist völlig beziehungslose Nebeneinander der „zwei Kulturen" in der modernen Gesellschaft in hohem Grade problematisch findet. (*The Two Cultures and the Scientific Revolution*, 1959.) Für den Benn-Leser liegt hier ein faszinierendes Problem, und er fragt sich, ob es nicht in dieser Sache einmal sinnvoll sein könnte, auf eine englisch gestellte Frage eine deutsche Antwort zu geben. In Benns Autorschaft ist ja die Synthese der beiden bewußten Kulturen auf beispielhafte Weise zum Ereignis geworden. Daher denn auch das unerhört Komplexe seiner Thematik, daher die perspektivische Vielseitigkeit seines Erkennens, das Weitausgreifende und Widerspruchsvoll-Gespannte seiner die „Lage“ betreffenden Diagnosen.

Student in Marburg und Berlin

Als Angehöriger einer sogenannten „Michaelis-Klasse" machte Benn sein Abitur im Herbst, und schon wenige Wochen später bezog er die Universität. Das Studium der Medizin, das er sich schon damals in den Kopf gesetzt hatte, wurde ihm nicht erlaubt; es wäre in den Augen des Vaters viel zu langwierig gewesen und hätte die finanziellen Möglichkeiten der Familie weit überfordert. In Betracht kam nur eine wenig kostspielige und möglichst „naheliegende" Lösung, und so wurde denn über den Kopf des Siebzehnjährigen hinweg beschlossen, daß er Theologie und Philologie zu studieren habe, und zwar in Marburg an der Lahn. Dort konnte ihn der Vater mit Hilfe seiner alten Korporation, der „Turnerschaft" (die in seiner eigenen Berliner Studentenzeit noch „Cartell-Verband der Akademischen Turnvereine" geheißen hatte) bei einer Familie Reinhard in der Wilhelmstraße 10 billig unterbringen. Die Wohnung lag im südlichen Teil der Stadt, also außerhalb des berühmten historischen Stadtkerns, und doch nicht viel mehr als zehn Gehminuten von der sogenannten Alten Universität oberhalb der Weidenhäuser Lahnbrücke, dem in neugotischem Stil errichteten Hauptgebäude der Marburger Alma mater, entfernt.

Die Philipps-Universität, eine Gründung der Reformationszeit (1527) und nach dem Willen ihres Stifters, des Landgrafen Philipp des Großmütigen, den Prinzipien einer reformatorisch-humanistischen Geistigkeit (mit dem Akzent auf einer emanzipatorisch-liberalen Tendenz) verpflichtet, war zu Beginn des Jahrhunderts eine der angesehensten Hochschulen des Reiches. Berühmt war die „Marburger Schule" als das Zentrum einer philosophischen Bewegung, die sich Neukantianismus nannte, in Marburg selbst von Hermann Cohen (1842–1918) und Paul Natorp (1854–1924), in

Heidelberg von Windelband und Rickert vertreten wurde und die auf den deutschen Universitäten jahrzehntelang eine bedeutende, wenn nicht tonangebende Rolle gespielt hat. Ein weiteres Ruhmesblatt war das Ordinariat des Serologen Emil von Behring, des Entdeckers der Antitoxine gegen Diphterie und Tetanus, der im Jahre 1895 nach Marburg berufen und 1901 als erster Mediziner überhaupt mit dem Nobelpreis ausgezeichnet worden war. Auch in anderen Disziplinen gab es Begabungen ersten Ranges, es gab den Historiker Johannes Haller, den Theologen Carl Mirbt, und es gab – die Stadt. Zwischen dem mächtig thronenden Landgrafenschloß, ihrer Akropolis, und der Elisabethkirche, ihrem berühmtesten Heiligtum, diese altertümlich verwinkelte Kleinstadt (mit ihren damals noch nicht viel mehr als eintausend Studenten), deren Zauber im Laufe der Jahrhunderte schon so viele empfängliche Gemüter bezwungen und zum Schwärmen gebracht hat. Wir nennen nur eine einzige Stimme aus neuerer Zeit, den spanischen Philosophen Ortega y Gasset (1883–1955), einen Generationsgenossen, den Benn bewundert und in seinen Schriften öfters zitiert hat, und der zwei Jahre später als er selber nach Marburg kam, um Philosophie zu studieren. Ortega formuliert seine Huldigung, indem er zwei völlig verschiedene historische „Landschaften" zusammendenkt: das Spanien Philipps II., wie es sich in der riesigen, imperial gedachten Palast- und Klosteranlage des Escorial am Südhang der Sierra Guadarrama präsentiert, und den Ort seiner Wahl am Rande der letzten Ausläufer des südwestfälischen Berglandes: „Ich kann die Landschaft von El Escorial nicht betrachten, ohne daß sich unbestimmt, wie ein feines Gewebe, die Landschaft eines anderen Ortes darüber legt, der den genauen Gegensatz zum spanischen darstellt. Es ist eine kleine gotische Stadt, an einem dunklen, schwerfälligen Fluß, dessen Hänge von schwärzlichen Tannen und Kiefern und hellen Buchen bestanden sind. In dieser Stadt habe ich die Tag- und Nachtgleiche meiner Jugend erlebt. Ich verdanke ihr wenigstens die Hälfte meiner Hoffnungen und vielleicht meine ganze denkerische Zucht (disciplina). Der Ort ist Marburg an der Lahn." (1915)

Von Benn hat man Vergleichbares über Marburg niemals gehört; in *Lebensweg eines Intellektualisten* wird nicht einmal der Name der Stadt erwähnt: „studierte dann auf Wunsch meines Vaters Theologie und Philologie zwei Jahre lang entgegen meiner Neigung;" heißt es dort knapp und sehr beiläufig, „endlich konnte ich meinem Wunsch folgen ..." Als der alte Benn 1951 von der Marburger Universität eingeladen wurde, einen Vortrag über sein lyrisches Handwerk zu halten, da lag es natürlich nahe, die frühe Bindung an die Gastgeberin zu erwähnen und etwas Freundliches darüber zu sagen. Er nannte den Vortrag *Probleme der Lyrik*, ging gleich mit dem ersten Satz medias in res, verzichtete also darauf, mit einer „persönlichen" Reminiszenz zu beginnen, und kam erst ganz zum Schluß auf den bewußten Punkt: „Ich war achtzehn Jahre, als ich hier in Marburg zu studieren anfing. Ich studierte damals Philologie und hörte ein Kolleg bei Professor Ernst Elster, dem Herausgeber der ersten großen Heine-Ausgabe, sein Kolleg hieß: Poetik und literarhistorische Methodenlehre. Es war ein anregendes und nach damaligen Maßstäben wohl auch modernes Kolleg. Heute allerdings sind die Methoden der Literaturwissenschaft sublimer, sie sind sogar äußerst sublim, namentlich in bezug auf die Prosa in Richtung von Stilanalyse und Sprachexegese, wenn man persönlich von ihr betroffen wird, wie es mir gerade in einer Doktorarbeit aus Bonn geschieht, die meine frühe Prosa analysiert, dann wirkt sie sogar wie eine Vivisektion. Also ich hörte bei Elster, bei Professor Wrede über mittelalterliche Lyrik, und bei vielen anderen hatte ich belegt, und meinen Dank für die für mich grundlegenden zwei Semester an dieser Alma mater Philippina wollte ich versuchen durch diesen heutigen Vortrag abzustatten."

Das ist höflich, ist einigermaßen freundlich gesagt, aber besonders persönlich und erwärmend klingt es nicht, auch ist es nur wie nebenbei gesagt, ein Einschiebsel, das einer Hauptsache untergeordnet ist. Hauptsache ist die Entwicklung eines Schlußgedankens, der, alles Vorgetragene resümierend, den Bogen schlägt: von der verzweifelten Schwierigkeit, wenn nicht Ausweglosigkeit des Verseschreibens zu einem großmütigen Appell an die Nachgeborenen, die den Speer da aufnehmen sollen, „wo wir ihn liegen ließen“. Angenommen, es säße ein heimlich dichtender Jüngling unter den Zuhörern, der sich durch die rigorose Härte der Bennschen Ausführungen vernichtet fühlen würde, was kann man ihm sagen? „Also ich war hier, wohnte in der Wilhelmstraße 10, und in Berlin-Lichterfelde gab es eine Zeitschrift mit dem Titel ‚Romanzeitung‘. Die hatte eine Rubrik, in der anonym eingesandte Gedichte rezensiert wurden. Dorthin schickte ich damals Gedichte und wartete nun zitternd einige Wochen auf das Urteil. Es kam und lautete: ‚G. B. – freundlich in der Gesinnung, schwach im Ausdruck. Senden Sie gelegentlich wieder ein.‘ Das ist lange her, und nun sehen Sie, daß ich nach einigen Jahrzehnten Arbeit doch unter die sogenannten Ausdrucksdichter gerechnet werde, während im Gegensatz dazu meine Gesinnung jetzt vielfach als unfreundlich bezeichnet wird. Ein Talent kann sich durch Arbeit ausbreiten, und ein Talent kann enden …“ Dann das Finale, der Appell an die Dichter von morgen, großmütig, aber illusionslos, skeptisch mit Pathos, dem Pathos des Einzelkämpfers usque ad finem, und „als Abschied und Aufrichtung ein großartiges Hegelwort“. Ende.

Benn blieb nur zwei Semester in der „kleinen gotischen Stadt“ an der Lahn, schon zu Anfang des Wintersemesters 1904/05 finden wir ihn in Berlin, wo er ungern, aber gewiß nicht ohne Gewinn fortsetzte, was er in Marburg ungern begonnen hatte. Die Liste der in Marburg belegten Vorlesungen und Übungen ist lang und vielseitig; sie umfaßt unter anderen Themen wie „Das deutsche Drama der Gegenwart“ und „Die Geschichte der deutschen Literatur von Opitz bis Gottsched“ (beides bei Elster), sodann eine „Geschichte der neueren Philosophie“ (bei Hermann Cohen), eine „Kirchengeschichte der Neuzeit“ (bei Carl Mirbt) und eine Darstellung der Geschichte des Papsttums von Johannes Haller. Auch finden wir die „neuhochdeutsche Grammatik“, „hebräische Übungen für Anfänger“ und eine „Erklärung des Römerbriefes“ auf seinem Programm. An der Berliner Friedrich-Wilhelms-Universität sind es so berühmte Kathederfürsten wie Erich Schmidt und Gustav Roethe, mit denen er sich ins Benehmen setzen muß, beides Schüler von Wilhelm Scherer, dem germanistischen Großmeister der achtziger Jahre in Berlin und Begründer eines geistesgeschichtlichen „Positivismus“ strenger Observanz, der jahrzehntelang die methodischen Richtlinien bestimmt hat. Im Sommer 1905 hörte er die Nietzsche-Vorlesung von Richard M. Meyer, einem weiteren Star der in Berlin so üppig besetzten Literaturwissenschaft, der ein vielfach produktiver Buchautor war und der sich einst, am Ende eines nicht sehr langen Lebens (1860–1914) mit einem Werk über diesen Gegenstand – *Nietzsche* (1913) – verabschieden würde. Möglich, daß es schon diese Vorlesung gewesen ist, die in dem inzwischen Neunzehnjährigen so etwas wie Epoche gemacht hat, oder doch daß er hier ahnungsweise zum ersten Male jenes „Willkommen aus Sils Maria“ (*Summa summarum*, GW IV, S. 18) vernommen hat, das einmal zu einem Leitmotiv seines intellektuellen Lebens werden sollte. Genaueres wissen wir nicht darüber; wie denn überhaupt diese Jahre zwischen dem Verlassen des Gymnasiums und dem Eintreten in den zweiten, den naturwissenschaftlich orientierten Abschnitt seines Bildungsweges mehr oder weniger im Dunkeln liegen. Keinerlei Briefe oder sonstige Aufzeichnungen, auch keine Zeugnisse von dritter Seite. Der ganze Mensch, so scheint es, hält sich eigensinnig zurück, befindet sich im Wartestand, speichert Gedanken und Erfahrungen und schweigt.

Immerhin hat er schon jetzt „seine Stadt“ gefunden: Berlin, von nun an die geographische Mitte seines Lebens. Nicht mehr Polis im alt-griechischen Sinne des Wortes, sondern City, Millionenstadt, Berlin als *Bewußtseinslage*, Inbegriff der modernen Welt. In Werken und Briefen immer wieder Berlin! Hier ein Passus aus einem Brief des Sechsundfünfzigjährigen an F. W. Oelze vom 14. Oktober 1942, wo er zunächst nicht ohne Sehnen und Seufzen auf das ganz andere verweist: Garten- und Kulturlandschaften des erreichbaren Südens, „Genfer See oder Meran oder in Österreich dort, wo das Habsburgische sich mit dem Altslawischen und Italienischen mischte“. Trauben und Narzissen, Fässer und Kelter … Dagegen nun also dieses Berlin, zu dem man irgendwie verurteilt worden ist. „Dieser harte Norden! Dies Nebel- u. Niflheim! ... Aber – hélas – Berlin ist meine Stadt – seit 1904 – und wird es bleiben. Von ihr aus versuchte ich mit Hilfe von Bildern u. Steinen in den Museen und den Büchern aus den Leih- und Staatsbibliotheken hinüberzuäugen in die beschenkteren Reiche mit Marmor, Öl u. Orangen u. jene Eroberungen zu betreiben, die dem lädierten Gehirne allein gegeben sind." Für einen Augenblick erscheint hier die Hauptstadt des Reiches in einem sehr sonderbaren Licht: als weitläufige Gehirnanlage und abstraktes Musée imaginaire. Berlin als der Standort, wo ein hochgetrimmtes Bewußtsein durch Leistung kompensiert, was ihm an Weltbesitz fehlt. Ein altes deutschklassisches Begriffspaar scheint hier anzuklingen: der Schillersche Gegensatz von naiv und sentimental.

Nach zwei Jahren provisorischer Studiererei gelang es endlich, den Widerstand des Vaters gegen das inständig gewünschte Medizinstudium zu überwinden. Die Mutter hatte für ihren Gottfried geworben, und höchstwahrscheinlich hat auch der alte Blumhardt, der in lebenswichtigen Angelegenheiten hin und wieder um Rat gefragt wurde, mit einem freundschaftlichen Orakel nachgeholfen. (Das Gästebuch von Bad Boll verzeichnet Besuche von Gottfried Benn im Februar 1904, vom Vater Benn Ende November 1904.) Zur glücklichen Entscheidung gesellte sich die finanzielle Patentlösung: es gelang Benn offenbar ohne große Schwierigkeiten – von protektionistischer Vermittlung wissen wir nichts – zum nächsten Wintersemester in die Kaiser-Wilhelm-Akademie für das militärärztliche Bildungswesen in Berlin aufgenommen zu werden, ein Institut, das schon 1795 unter König Friedrich Wilhelm II. unter dem Namen Pépinière (= Pflanzschule) gegründet worden war, mit dem Zweck, namentlich Söhne von Offizieren und Beamten zu Sanitätsoffizieren heranzubilden. Das geschah im Oktober 1905.

Benn hat als Sechsundvierzigjähriger in *Lebensweg* ein geradezu begeistertes Loblied auf diese Akademie gesungen und sie als den „alles" entscheidenden Glücksfall seiner beruflichen Laufbahn gefeiert: „Eine vorzügliche Hochschule, alles verdanke ich ihr! Virchow, Helmholtz, Leyden, Behring waren aus ihr hervorgegangen, ihr Geist herrschte dort mehr als der militärische, und die Führung der Anstalt war mustergültig. Ohne den Vater stark zu belasten, wurden für uns all die sehr teuren Kollegs und Kliniken belegt, die die Zivilstudenten hören mußten, dazu bekamen wir die besten Plätze, nämlich vorn, und das ist wichtig bei den naturwissenschaftlichen Fächern, bei denen man sein Wissen mit Hilfe von Experimenten, Demonstrationen, Krankenvorstellungen in sich aufnehmen muß. Dazu hatten wir aber noch eine Fülle von besonderen Kursen, Repetitorien, hatten Sammlungen zur Verfügung, Modelle, Bibliothek, bekamen Bücher und Instrumente vom Staat geliefert. Dazu bekamen wir eine Reihe von Vorträgen und Vorlesungen über Philosophie und Kunst und allgemeine Fragen und die gesellschaftliche Bildung des alten Offizierkorps. Für jedes Semester, das man studierte, mußte man ein Jahr aktiver Militärarzt sein. Im übrigen war das Leben dort das vollkommen freier Studenten, wir hatten keine Uniform."

Der in dieser Akademie herrschende „Geist" soll also der Geist der Virchow, Helmholtz, Leyden und Behring gewesen sein. Es ist ein „unerbittlich kritischer" und selbstkritischer Geist, sachlich, nüchtern, unbestechlich, mit einem Unterton von „preußisch". Das hiermit abgelegte Bekenntnis zu methodischer Strenge und wissenschaftlicher Moral ist vielleicht nicht ganz ohne einen ironischen Hintergedanken an das ideologische Gedünst und Gepluster, das damals, 1934, die Atmosphäre beherrschte, zu Papier gebracht worden. Andererseits wird aber auch wieder kein Zweifel daran gelassen, daß die methodischen Prinzipien von damals, die heiligen Kühe sozusagen der klassischen Naturwissenschaft des neunzehnten Jahrhunderts, für den Schreiber nicht mehr der Weisheit allerletzten Schluß darstellen; schon hat er ja in neueren Arbeiten, zum Beispiel in dem großen Aufsatz *Goethe und die Naturwissenschaften* von 1932, Perspektiven entwickelt, die mit den Grundsätzen der „induktiven Epoche" nicht mehr zu vereinbaren sind. Hier das abschließende Zitat aus Benns Liebeserklärung an die Pépinière: „Rückblickend scheint mir meine Existenz ohne diese Wendung zur Medizin und Biologie völlig undenkbar. Es sammelte sich noch einmal in diesen Jahren die ganze Summe der induktiven Epoche, ihre Methoden, Gesinnungen, ihr Jargon, alles stand in vollster Blüte, es waren die Jahre ihres höchsten Triumphes, ihrer folgenreichsten Resultate, ihrer wahrhaft olympischen Größe. Und eines lehrte sie die Jugend, da sie noch ganz unbestritten herrschte: Kälte des Denkens, Nüchternheit, letzte Schärfe des Begriffs, Bereithalten von Belegen für jedes Urteil, unerbittliche Kritik, Selbstkritik, mit einem Wort die *schöpferische Seite des Objektiven.* Die kommenden Jahrzehnte konnte man ohne sie nicht verstehen, wer nicht durch die naturwissenschaftliche Epoche hindurchgegangen war, konnte nie zu einem bedeutenden Urteil gelangen, konnte gar nicht mitreifen mit dem Jahrhundert –: Härte des Gedankens, Verantwortung im Urteil, Sicherheit im Unterscheiden von Zufälligem und Gesetzlichem, vor allem aber die tiefe Skepsis, die Stil schafft, das wuchs hier."

Benn brauchte etwa fünf Jahre, um diesen zweiten Abschnitt seines Bildungsganges zurückzulegen; wenn man das am 24. Februar 1912 bestandene medizinische Staatsexamen und die zwei Tage später erfolgte Promotion zum Dr. med. – mit einer Dissertation über *Die Häufigkeit des Diabetes mellitus im Heer* (*Medizinische Schriften*, Wiesbaden 1965) – als Endstation ansehen will, waren es genau sechseinhalb Jahre. Aus dem im Anhang zur Dissertation abgedruckten Curriculum vitae erfahren wir, daß Benn in der Zeit vom 1. April bis zum 30. September 1906 beim zweiten Garde-Regiment zu Fuß „mit der Waffe gedient" und daß er zu Ostern 1908 sein Physikum bestanden hatte. Am 1. Oktober 1910 war er als Unterarzt beim Infanterie-Regiment vierundsechzig (Standort Prenzlau in der Uckermark) eingestellt worden. Er war also schon Unterarzt und gleichzeitig noch Student; ein Jahr lang, vom 1. Oktober 1910 bis zum 1. Oktober 1911, ließ man ihn in der von dem als Arzt und Philosoph berühmten Professor Theodor Ziehen (1862–1950) geleiteten psychiatrischen Abteilung der Berliner Universitätsklinik, genannt Charité, hospitieren.

Zweifellos war es damals seine Absicht, die Psychiatrie zu seiner „Spezialität" zu machen. Das Thema faszinierte ihn wie kein anderes: in drei kleinen Aufsätzen, die 1910 und 1911 in einer wöchentlich erscheinenden Berliner *Zeitschrift für Politik, Literatur und Kunst*, genannt *Die Grenzboten*, veröffentlicht wurden, sieht man ihn darum bemüht, innerhalb eines immer noch ziemlich wolkigen, vieldeutigen und „umstrittenen" Problembereichs zu klaren Vorstellungen zu gelangen. Es hungert ihn nach Definiton, es beschäftigt ihn vor allem die Frage: wie hat sich ein seit Jahrtausenden bestehendes therapeutisches Interesse im Laufe des neunzehnten Jahrhunderts entwickelt und konkretisiert? Die Titel dieser Arbeiten sind: *Beitrag zur Geschichte der Psychiatrie*, *Zur Geschichte der Naturwissenschaften* und *Medizinische Psychologie*; geschrieben sind sie nicht im Stile „wissenschaftlicher" Abhandlungen, also ohne Apparat, Statistik, technische Details, in einer großzügig schaltenden, aufs Ganze gehenden literarisch-kulturgeschichtlichen Manier. Ausgehend von den beiden als „Schöpfer des modernen Experiments" geltenden Franzosen Magendie (1783–1855) und Flourens (1794–1867), die sich als erste auf experimentell-physiologische Weise mit den Problemen des menschlichen Nervensystems befaßt hatten, versucht er mit wenigen knappen Sätzen die in der ersten Hälfte des neunzehnten Jahrhunderts, vor allem in Frankreich, Deutschland und England, erarbeiteten Ergebnisse auf einen Nenner zu bringen. Er kommt dabei zu dem folgenden Ergebnis: „Man hatte an Geweben des Körpers experimentiert und hatte Reaktionen bekommen aus dem Gebiet des Seelischen; man hatte sich während der Arbeit mitten im Bereich der Physiologie dem Psychischen gegenübergesehen; man war an eine Stelle gekommen, da waren die beiden Lebensreiche zusammengeknotet und man konnte von hier aus sich in das dunkle rätselhafte Reich des Psychischen tasten. Und damit stand man vor etwas unerhört Neuem in der Geschichte der Wissenschaften: das Psychische, das πνεῦμα, das Über- und Außerhalb der Dinge, das Unfaßbare schlechthin ward Fleisch und wohnete unter uns ..." (GW IV, S. 417.)

Benn hat gelegentlich in aller Unbefangenheit zugegeben, wie sehr etwas Selbstgeschriebenes ihn – schon während des Schreibens – „erschüttert" habe*; auch dies hier, der Passus über die beiden Lebensreiche, die als „zusammengeknotet" erkannt worden sind, muß ihn „erschüttert" haben. Ein Gefühl von offenbarender Großartigkeit muß es gewesen sein, das ihn veranlassen konnte, das grandiose Zitat aus dem Johannes-Evangelium (Kapitel 1, Vers 14) im altertümlich-lutherischen Tonfall als die einzig angemessene Metapher zu verwenden. In dieser Metapher verbinden sich die beiden Systeme des Wissens, denen er das Ganze seiner Bildung verdankt: die humanistisch-biblische Tradition und die moderne Naturwissenschaft. Pneuma und Fleisch, Logos und Bios erkennen sich ineinander. Ein Stichwort von größter Tragweite ist gefallen, ein Kardinalthema seines Lebenswerkes, das ihn unter immer neuen, immer wieder andersartigen Auspizien bis ans Ende beschäftigen wird, ist hier zum Bewußtsein seiner selbst und mit einem über den gegebenen Anlaß weit hinausgehenden Geltungsanspruch zu Wort gekommen.

Was nun aber den gegebenen Anlaß, die im *Beitrag zur Geschichte der Psychiatrie* erörterte Entwicklung angeht, so schlägt sich der junge Benn mit Entschiedenheit auf die Seite derjenigen Forscher, die man die „Somatiker" genannt hat, weil sie die Diskussion über Wohl und Wehe der menschlichen Psyche, um es mit einem berühmten Marx-Wort zu sagen, „vom Kopf auf die Füße gestellt", das heißt aus der körperfernen Sphäre des „Philosophischen" heraus- und ganz nah an die physiologische Basis alles seelischen Lebens herangeführt haben. „Nemo psychologus nisi physiologus": so der Schlachtruf, mit dem einer der bedeutendsten Wortführer der nachromantischen Medizin, der Anatom und Physiologe Johannes Müller (1801–1858), seit 1833 in Berlin, Lehrer von solchen Größen wie Virchow und Helmholtz, schon in seiner Doktorarbeit den Anbruch eines neuen, „realistisch" denkenden Zeitalters signalisiert hatte. Was man „Seele" nennt, sollte radikal neu definiert werden. Seele war nichts anderes als Großhirnrinde und

* Vgl. *Ausgewählte Briefe*, Wiesbaden 1957, S. 313, Brief vom 5. 5. 1956 an H. E. Holthusen.

Seelenerkrankung: Großhirnerkrankung –, „das war", so schreibt der junge Benn, „die neue Erkenntnis". (Auf eine derartig brutal vereinfachende Erklärung würde sich heute gewiß niemand mehr einlassen wollen, aber als ungefähre Orientierungshilfe dürfen wir es vielleicht einmal so stehen lassen. Eine fachmedizinisch kompetente Erörterung der hier angesprochenen Problematik kann nicht unsere Sache sein.) Was Benn darstellen will, ist die Schritt für Schritt vollzogene Überwindung dessen, was er das „Mittelalter der Medizin" nennt. Als 1865 dem Berliner Ordinarius Wilhelm Griesinger (1817–1868) der überhaupt erste Lehrauftrag für Psychiatrie an der Berliner Universität erteilt wurde, hatte die medizinische Neuzeit sich, so schien es, endgültig durchgesetzt.

Gab es nicht eine Krankheit, die Benn besonders stark interessieren mußte, die aufgrund ihrer unheimlichen Symptomatik, ihrer legendären „Rätselhaftigkeit", nicht zuletzt auch um ihrer kulturgeschichtlichen Bedeutung willen zur Favoritin seiner psychosomatischen Leidenschaft werden konnte? Es war eine Krankheit „von ausgesprochen ubiquitärem Charakter", von altersher bekannt und in allen Zeiten und Zonen verbreitet, eine Krankheit mit der Aura sowohl des Heiligen als auch des Verbrecherischen um sich herum, als Morbus sacer verehrt und schon von Hippokrates um 400 vor Christus theoretisch ins Visier genommen und gedeutet, irreführend, versteht sich, aber mit so großer Autorität, daß noch im Jahre 1799 unserer Zeitrechnung ein namhafter Pariser Mediziner schreiben konnte: „Hippokrates, der die wahre Ursache der fallenden Sucht am besten gefaßt hatte."

Diese Krankheit also war es, die als geradezu mustergültiges Demonstrationsobjekt zur Verfügung stand, wo es darum ging, die Errungenschaften der modernen Medizin zu verdeutlichen. Erst bestimmte „Fundamentalarbeiten", dann die ungezählten Untersuchungen (viele Tierversuche!) ganzer Scharen von Spezialisten, schließlich das Ergebnis: „daß heute die Epilepsie in Hinsicht auf Wesen und Ursachen als ergründet gelten darf – soweit sich etwas ergründen läßt, wo der irrationale Faktor des Lebens mit in Rechnung steht." So Benn gegen Ende seines *Beitrags zur Geschichte der*

Psychiatrie. Er zitiert einen märkischen Landsmann namens Hermann Nothnagel, seinerzeit hochrenommierter Internist in Wien, der im Hinblick auf diese paradigmatische Krankheit schon 1875 geäußert habe: „Die letzten zwanzig Jahre haben uns mit einemmal weiter befördert als die vorhergegangenen zwanzig Jahrhunderte zusammengenommen." So äußert sich das notorische Fortschrittspathos jener Epoche, das später so sehr in Verruf geraten sollte. Um 1910, wie Figura zeigt, war es noch ziemlich virulent.

Benn hat seine Absicht, Psychiater zu werden, nicht verwirklichen können, und zwar aus Gründen, die ihrerseits als ein Gegenstand psychiatrischer Analyse verstanden werden können, und die später im literarischen Werk ihren Niederschlag gefunden haben. In dem schon mehrfach zitierten Prosa-*Epilog*, dem Schlußstück der *Gesammelten Schriften* von 1922, kann man lesen: „Ich war ursprünglich Psychiater gewesen, bis sich das merkwürdige Phänomen einstellte, das immer kritischer wurde und darauf hinauslief, daß ich mich nicht mehr für einen Einzelfall interessieren konnte.

Es war mir körperlich nicht mehr möglich, meine Aufmerksamkeit, mein Interesse auf einen neueingelieferten Fall zu sammeln oder die alten Kranken fortlaufend individualisierend zu beobachten. Die Fragen nach der Vorgeschichte ihres Leidens, die Feststellungen über ihre Herkunft und Lebensweise, die Prüfungen, die sich auf des einzelnen Intelligenz und moralisches Quivive bezogen, schufen mir Qualen, die nicht beschreiblich sind ..."

Als Benn seinen *Beitrag zur Geschichte der Psychiatrie* veröffentlichte, waren diese qualvollen Erfahrungen freilich noch nicht aktuell. Denkt man an das Jahr 1910/11, sein fünfundzwanzigstes Lebensjahr, zurück, so hat man einen eher erfreulichen Eindruck. Es war ein Jahr, das ihn vorwärtsbrachte, aus sich herausgehen ließ, ihn in gewisse Rechte einsetzte, ihm seine Autorschaft bestätigte, seinen Lebensmut bestärkte. Niemand schrieb: „Senden Sie gelegentlich wieder ein." Nein, er wurde gedruckt, und gleich unter ganz verschiedenen Rubriken. So brachten die *Grenzboten* nicht nur – in ihrer Nummer vom 12. Oktober 1910 – jenen essayistischen *Beitrag zur Geschichte der Psychiatrie*, sie brachten, in ihrem ersten

Juniheft, auch eine *Gespräch* überschriebene, auf zwei Stimmen verteilte Diskussion über bestimmte Probleme der zeitgenössischen Literatur, und im siebenten Heft des Jahrgangs, Ende Februar, hatten sie zwei (noch ganz „vor-expressionistische") Gedichte von Benn gedruckt, Titel: *Rauhreif* und *Gefilde der Unseligen.*

Aber das war noch keineswegs alles, was aus diesem Jahr an Erfolgen zu berichten ist. Den großen Wurf, den eigentlichen Volltreffer erzielte Benn nicht mit einer literarischen, sondern mit einer wissenschaftlichen Leistung. Ein „Königlicher Preis der medizinischen Fakultät der Universität Berlin" war zu vergeben, und die Preisaufgabe für das Jahr 1910 hatte zum Thema *die Ätiologie der Pubertätsepilepsie.* Für den jungen Benn und sein brennendes Interesse an der heiligen Krankheit wahrhaftig ein gefundenes Fressen! Rasch entschlossen nimmt er die Aufgabe in Angriff, das Beobachtungsgut verschafft er sich aus der Städtischen Anstalt für Epileptische in Berlin-Wuhlheide, wo er vom Leiter des Hauses wohlwollend unterstützt wird. Er beschäftigt sich mit zweiundneunzig männlichen und zweiundneunzig weiblichen Patienten, vertieft sich in ihre Krankengeschichten, fertigt Statistiken an, trifft kritische Unterscheidungen und reicht seine Ergebnisse in Form eines rund zehn Seiten langen Aufsatzes ein. (*Medizinische Schriften*, S. 7–18.) Die Gutachter sind beeindruckt vor allem durch das, was sie die methodische Originalität (oder „Neuartigkeit") der Arbeit nennen, und Benn wird mit dem ersten Preis, einer „Goldenen Medaille der Universität Berlin", ausgezeichnet. Da es ihm freistand, den Preis nach Belieben auch in Gestalt einer Kupfermedaille, verbunden mit einer Summe von baren zweihundert Goldmark, entgegenzunehmen, entschied er sich, wir wissen, warum, für das Geld. Daß ihn diese Ehrung mit Genugtuung, ja mit Stolz erfüllt hat, läßt sich denken. Noch in der grimmig-desperaten Lebensabrechnung des *Epilogs* von 1922 erwähnt er sie im Tone eines Menschen, der weiß, was er wert ist: „Ich approbierte, promovierte, doktorierte, schrieb über Zuckerkrankheit im Heer, Impfungen bei Tripper, Bauchfellücken, Krebsstatistiken, erhielt die Goldene Medaille der Universität Berlin für eine Arbeit über Epilepsie …"

Freilich sollte man – auch das muß wohl noch einmal betont werden – eine Äußerung wie diese nicht isolieren. Man liest sie nicht richtig, wenn man das ironische Spannungsverhältnis, das zwischen Äußerung und Gegenäußerung besteht, nicht mitliest: zwischen einer solchen an erzbürgerlichen Standards orientierten Leistungsschau (mit „tadellosen Zeugnissen") und jenem den ganzen Text beherrschenden Aussteigerpathos eines „Erledigten", der nichts mehr schreiben und nichts mehr lesen will: „Unmöglich, noch in einer Gemeinschaft zu existieren, unmöglich, sich auf sie zu beziehen in Leben oder Beruf." Äußerung und Gegenäußerung: das stolze Selbstwertgefühl, das sich augenblicksweise mit dem sozialen Prestige eines Gewinners der Goldenen Medaille der Universität Berlin identifizieren kann, auf der einen Seite – und auf der anderen: das Erlebnis „Armut", das zähe, nie ganz auszutreibende Bewußtsein gesellschaftlicher Benachteiligung durch die rustikale und „kleinbürgerliche" Herkunft. In der schon erwähnten Novelle *Die Phimose*, die 1918 in der von René Schickele in Zürich herausgegebenen Zeitschrift *Die weißen Blätter* erschien, finden wir eine die Berliner Studentenzeit betreffende Passage, die den Aufenthalt an der Pépinière in eine melancholisch-düstere Beleuchtung rückt, weil „man" eben doch kein fröhlich mitspielender Kommilitone unter Kommilitonen war, sondern Außenseiter und Sonderling aus dürftigen Verhältnissen und mit der Gabe, die Dinge schwerzunehmen, „selbstbesinnlich" und kummervoll, mehr geschlagen als „begabt". Die Erzählung, wenn es eine ist, denn es handelt sich immer nur andeutungsweise um etwas wie ein zusammenhängendes Geschehen – „versunken nähte er weiter" –, vor allem aber um das in wildwuchernden Assoziationen geschriebene Protokoll einer „Depersonalisation" – die Erzählung also hat als mittebildendes Subjekt einen abwechselnd als „er" und als „ich" bezeichneten jungen Arzt, der mit einem operativen Eingriff einen Fall von Phimose zu behandeln hat, dabei aber mehr und mehr den Kontakt zur Sache und sich selbst in einen „Rausch der Zusammenhangsentfernung" verliert. Endlich der Satz: „Weil ich kein Ich mehr bin, sind meine Arme schwer geworden."

Anschließend an diesen Satz dann die „Rückblende" mit der unverkennbar autobiographischen Erinnerung an Sellin und an die Kaiser-Wilhelm-Akademie, die in der späteren, unter dem Titel *Querschnitt* mehrfach gedruckten Version der Novelle weggelassen worden ist: „Wann fing es an? Sehr weit zurück. Denn dunkel war der Garten meiner Jugend, morsch die kleinen Brücken und die Bretter fielen ein. Von Anfang an war alles Schwere da, aller Kummer so von selbst, so vorbereitet war ich früh, daß es galt, eine kleine Weile zu bestehen, wo es keine Hoffnung gab.

Kam man nach den langen Ferien dann zurück in das ärztliche Institut, wo man erzogen wurde, dann kam man selbstbesinnlich aus dem Dorf. Aber die andern, die auch zurückkamen, die kamen aus Baden oder Düsseldorf, freie, helle Städte. Sie hatten Sängerinnen gehört und waren auf die Promenade gegangen mit ihren Müttern, welche schöne Frauen waren. Auf, hebe die funkelnde Schale, sang einer, still, zwischen den Lippen, als habe er etwas erlebt, des Sommers Wert, in der Ferne und entzückend.

Wie seine Mutter ein Herr ins Auto hob, zeigte einer Bilder, und man sah Schleier und Chauffeure, kurz etwas, das nach Nizza ging. Väter, noch rasch und verwegen um Frauen; Familien von allgemeinerer Bedeutung; helle Selbstverständlichkeiten des Lebens; Weingüter mit des Ahnen kleinem Haus, ehrerbietig unberührt; Terrassen in das Land hinein und Stimmen die klangen. Dem gegenüber: man: angewiesen sich auf das Unangreifbarste zurückzuziehen, Lächerlichkeiten oder Verzicht ..."

Schleier und Chauffeure – und dann dieser naiv bewundernde Aufblick zur akademischen Jeunesse dorée, der gegenüber „man" selber sich bis zur „Lächerlichkeit" unterlegen und zurückgesetzt findet! Wir haben es hier, so scheint es, mit einem außerordentlich wetterwendischen Selbstgefühl zu tun: eben noch der auftrumpfende Stolz auf die Goldene Medaille der Universität Berlin – und hier nun dieses leidende Ressentiment des Ausgeschlossenen, dem nichts mehr bleibt als der Rückzug auf das „Unangreifbarste", das „an sich" ja ohne gesellschaftliches Interesse ist. Was aber die an dieser Stelle so deutlich eingestandene Schwäche für elegante

Milieus und weltmännisches Auftreten angeht, so ist da viel mehr im Spiel als eine bloß jugendlich-provinzielle Schwärmerei für die sogenannte „große Welt“. Es handelt sich da um einen tiefwurzelnden Affekt, um nicht zu sagen Komplex, ohne den gewisse Persönlichkeiten im Register von Benns Freunden und Briefpartnern viel weniger wahrscheinlich wären. Diese Vorliebe für das Gutangezogene, das gesellschaftlich Distinguierte und Kultivierte ist für ihn um keinen Deut weniger charakteristisch als jene tabuzertrümmernde Passion für die Welt der Leichenhäuser und Krebsbaracken, die seinen Ruhm als Lyriker begründet hat.

Opus eins

Der Zyklus *Morgue und andere Gedichte*, veröffentlicht im März 1912 in der Reihe Lyrische Flugblätter des Verlegers Alfred Richard Meyer in Berlin-Wilmersdorf, gilt nach allgemeiner Auffassung als das Opus eins des Lyrikers Gottfried Benn. Natürlich hat Benn auch vorher schon zahlreiche Gedichte geschrieben, wir wissen es nicht nur aus dem Marburger Vortrag von 1951. Die beiden schon erwähnten Produkte aus der Vor-Morgue-Zeit, die im Februar 1910 in den *Grenzboten* erschienen waren, sind in einer Sprache verfaßt, die noch weitgehend im impressionistisch-„neuromantischen" Stilgefühl der Jahrhundertwende befangen ist. So ist in dem nur zwei Strophen langen Gedicht *Rauhreif* die Nähe zu Liliencron, zu George, aber auch zum frühen Rilke nicht zu verkennen:

Etwas aus den nebelsatten
Lüften löste sich und wuchs
über Nacht als weißer Schatten
eng um Tanne, Baum und Buchs.

Und erglänzte wie das Weiche
Weiße, das aus Wolken fällt,
und erlöste stumm in bleiche
Schönheit eine dunkle Welt.

Noch in dem Gedicht *Herbst*, das am 1. Dezember 1912, also fast neun Monate nach *Morgue*, in einer Sonntagsbeilage der *Königsberger Hartungschen Zeitung* abgedruckt wurde, haben wir diese schönselige, zärtlich-schummrige Stimmungsmusik eines Liliencron- und Rilke-Epigonen:

Todstumme Felder an mein Dorf gelehnt.
Vereinzelt trösten Wegwart und Skabiose.
Indes am Zaune sich zur Erde dehnt
blütenverwaist, rankenden Zweigs die Rose.
...

Was aber das ebenfalls noch in den *Grenzboten* veröffentlichte Literatur-*Gespräch* zwischen zwei fiktiven jungen Leuten namens Gert und Thom betrifft, so geht es darin um die Frage, wie denn überhaupt eine gegebene Situation, zum Beispiel eine Frühlingslandschaft mit See und Wäldern, in der es Abend wird, von einem literarischen Autor zeitgemäß darzustellen sei. Ein Theoretiker des künstlerischen Ausdrucks meldet sich zu Wort, geht zu allem, was nur „Stimmungswert" und herkömmlicher Poetenzauber ist, auf ironische Distanz und erklärt es für wünschenswert, „die Dinge und Geschehnisse auf ihren rein tatsächlichen Bestand zurückzuführen, sie auf eine wissenschaftliche Basis zu stellen". Als Vorbild gerühmt wird vor allem der Däne Jens Peter Jacobsen (1847–1885), der nicht nur ein großer Erzähler, sondern auch ein leidenschaftlicher Naturwissenschaftler und bekennender Darwinist gewesen war und die Hauptwerke Darwins ins Dänische übersetzt hatte. Auch Flaubert und Maupassant werden als musterhaft genannt, und am Ende des Dialogs überrascht uns Thom, der eigentliche Wortführer in dieser Auseinandersetzung, mit einem knappen, aber energischen Hinweis auf den französischen Bildhauer Rodin und sein „hartes Wort, daß es überhaupt keine Kunst gibt, sondern nur ein Handwerk".

Wieder werden wir hier an Rilke erinnert: Was Benn ein wenig vereinfachend in die Formel „Keine Kunst – nur Handwerk" zusammendrängt, in Rilkes Rodin-Buch von 1903 war es zum ersten Male in brillant argumentierender Sprache entwickelt worden: das Pathos des „Dinge-machens", die von dem großen alten Mann aus Meudon übernommene Moral des „Toujours travailler!" Im freundschaftlich verehrenden Umgang mit Rodin hatte Rilke für sich selber entdeckt, was als erster schon sechzig Jahre vor ihm der

Amerikaner Edgar Allan Poe gelehrt und an die französischen Symbolisten vererbt hatte. Sieben Jahre nach Rilke entdeckt es nun auch der junge Benn und schlägt damit einen Weg ein, der dann in dem Marburger Vortrag über *Probleme der Lyrik* zu einer Art von kurzgefaßter theoretischer „Summe" führen wird. „Ein Gedicht", so heißt es in Marburg, „entsteht überhaupt sehr selten – *ein Gedicht wird gemacht* (Hervorhebung vom Verf.)."

Werfen wir von hier aus einen Blick auf das berühmte „lyrische Flugblatt" vom März 1912, so werden wir uns sagen müssen, daß wir es in ihm mit einem der „sehr seltenen" Fälle zu tun haben, die auch Benn in der Marburger Rede gelten lassen will: dieser Zyklus ist nicht „gemacht", sondern „entstanden". Wir wissen nicht genau, *wann*, aber *wie* er entstanden ist (oder sein soll), das hat der Autor uns selbst mitgeteilt: „Als ich die ‚Morgue' schrieb, mit der ich begann und die später in so viele Sprachen übersetzt wurde, war es abends, ich wohnte im Nordwesten von Berlin und hatte im Moabiter Krankenhaus einen Sektionskurs gehabt. Es war ein Zyklus von sechs Gedichten, die alle in der gleichen Stunde aufstiegen, sich heraufwarfen, da waren, vorher war nichts von ihnen da; als der Dämmerzustand endete, war ich leer, hungernd, taumelnd und stieg schwierig hervor aus dem großen Verfall." (Eine vielzitierte Passage aus *Lebensweg eines Intellektualisten.*)

Morgue, so wird uns hier bedeutet, war der Anfang, war ein Ereignis von *absoluter* Anfänglichkeit, *Morgue* hat mit dem, was an lyrischen Versuchen vorausgegangen war, „nichts zu tun". Die persönliche Erfahrung, von der hier berichtet wird, läßt implicite freilich auch ein theoretisches Interesse erkennen: Interesse an der Frage, was Entwicklung – zunächst im engeren Sinne als künstlerische Entwicklung – eigentlich ist. Aufgewachsen in einem naturwissenschaftlichen Milieu, das im Denkstil der Darwinschen Evolutionslehre sein unabänderliches „Paradigma" gefunden haben wollte, eingeschworen – durch den Zeitgeist seiner Jugendjahre – auf einen kausalgenetischen Monismus, der sich auch in den „Geisteswissenschaften" weitgehend durchgesetzt hatte – wir erinnern nur an die zählebige Vorherrschaft der Scherer-Schule in der Literaturwissenschaft –, war Benn in den produktiven Erschütterungen, aus denen sein gültiges, mit *Morgue* beginnendes Werk hervorgegangen war, zu der Einsicht gelangt, daß der naturwissenschaftliche Begriff der Entwicklung auf künstlerische Schaffensprozesse nicht anzuwenden war. Was hier galt, war das ganz andere: das Nicht-Kausale, die „Zusammenhangsdurchstoßung“, das Plötzliche, das Schock- und Sprunghafte. In dem als Vortrag vor jungen Medizinstudenten angelegten Essay *Das moderne Ich*, dem ersten, zeitlich frühesten Text des Bandes *Essays, Reden, Vorträge*, befaßt sich Benn mit der Darwinschen Lehre und wendet sich zunächst gegen die Übertragung darwinistischer Prinzipien auf den Bereich des Politischen und Sozialen, also gegen den sogenannten „Sozialdarwinismus“. Der Zusammenhang zwischen Krieg und Sozialdarwinismus wird nicht eigentlich erörtert, aber angedeutet. Benn nennt zeitgenössische Autoren mit einschlägiger Thematik, darunter den Verfasser einer radikal pazifistischen Kampfschrift, die unter dem Titel *Biologie des Krieges. Betrachtungen eines Naturforschers den Deutschen zur Besinnung* im Jahre 1917 gegen das Verbot der kaiserlichen Behörden in Zürich erschienen und in viele Sprachen übersetzt worden war. Es handelt sich um den einstigen Berliner Medizinprofessor Georg Friedrich Nicolai (1874–1964), der während des Krieges wegen seiner „antinationalen“ Gesinnung zum einfachen Krankenwärter degradiert worden war, eine faszinierende, vielseitig begabte Persönlichkeit, befreundet mit Geistern wie Alfred Einstein, Romain Rolland, auch Leonhard Frank und Franz Pfemfert, dem Herausgeber der expressionistischen Zeitschrift *Die Aktion*. Ein Mann, der auch nach dem Kriege zwischen sich und der deutschen Gesellschaft einen dauerhaften Modus vivendi nicht herzustellen vermochte, so daß er schon 1922 das Land verließ, um nach Südamerika zu emigrieren*. In seinem Buch, schreibt Benn, werde darauf hingewiesen, „daß die Russen besonders früh an der Gültigkeit der Darwinschen Gesetze zweifelten“. Die Russen? Benn denkt vor allem an den Fürsten Peter

* Näheres bei Wolf Zuelzer, *Der Fall Nicolai*, Frankfurt/Main 1981.

Kropotkin (1842–1921), den neben Bakunin berühmtesten unter den russischen Anarchisten des neunzehnten Jahrhunderts, Verfasser des Buches *Von der gegenseitigen Hilfe in der Entwicklung* (1904), dem er viele Jahre später, in dem nachgelassenen Aufsatz *Zum Thema Geschichte*, noch einmal seine Reverenz erweisen wird.

Wir finden hier den Vierunddreißigjährigen in einer Gesellschaft, die man verwunderlich finden muß, wenn man von Benn nicht viel mehr weiß, als daß er sich Anfang der dreißiger Jahre durch seine grimmige Abneigung gegen die linken Literaten in seine fatale Affaire mit der äußersten Rechten hat hineintreiben lassen. Freilich geht es hier, in dem Essay über das *Moderne Ich*, nicht wesentlich um politische Motive, es geht um ein wissenschaftliches Thema: Darwin und seine Lehre. Ein Autor namens Semi Meyer wird genannt, ein „nicht habilitierter, unbekannter Arzt aus Danzig", der unter dem Titel *Probleme der Entwicklung des Geistes* ein Buch veröffentlicht hat, „von dem ich nie gehört habe, daß jemals ein Naturwissenschaftler es gelesen hätte". Sein Hauptverdienst, so scheint es, ist die Formulierung eines nicht-darwinistischen Begriffs der Entwicklung: „*Meyer* aber stellt die Entwicklung dar als das Prinzip, das nicht abläuft oder entfaltet, sondern auf den vorhandenen Grundlagen schöpferisch das Unberechenbare erbaut." Fast gleichzeitig mit Benn hat Karl Jaspers, damals noch in seiner Eigenschaft als Professor der Psychologie, in seiner 1919 erschienenen *Psychologie der Weltanschauungen* die Eigenart geistig produktiver Prozesse im Bennschen Sinne interpretiert: „Im Schaffen entsteht etwas *qualitativ Neues*, nicht in Kontinuität, sondern durch einen Sprung."*

Apropos „Entwicklung": Benn hat später die hier, in seinem ersten bedeutenden Essay, noch halbwegs anerkannte Unterscheidung zwischen geistig-produktiven Prozessen einerseits und natur-

---

* Diesen Hinweis auf Jaspers verdanken wir einem höchst lesenswerten Aufsatz über *Goethes Naturwissenschaft im Verständnis Gottfried Benns* von Walter Müller-Seidel, veröffentlicht in *Zeit der Moderne. Festschrift für Bernhard Zeller zum 65. Geburtstag*, Stuttgart 1984.

geschichtlichen Abläufen andererseits nicht mehr wahrhaben wollen. Traf es denn wirklich zu, daß die Natur, wie schon bei Aristoteles zu lesen ist, „keine Sprünge macht"? Auch im Naturreich gibt es doch das Akausale, die Diskontinuität, gibt es, mit einem in der Biologie geläufigen Begriff gesprochen, die Mutation. Dieser Begriff hat für Benn im Laufe der zwanziger Jahre einen geradezu „paradigmatischen" Stellenwert angenommen, und je mehr an Bedeutung er ihm einräumen mußte, desto weiter hat er sich von Darwin entfernt. Desto mehr aber auch verstärkt sich beim Leser der Eindruck, daß es das „Entwicklungsgesetz des Geistes" war, das er nun auch in das Naturgeschehen hineinlesen wollte. So in einem Brief aus dem Jahre 1949 an Erna Pinner, eine ehemals in Berlin lebende, 1935 nach England emigrierte Freundin, die ihm die Vollendung ihres (selbstillustrierten) Tierbuches *Curious Creatures* gemeldet hatte: „Diese Kuriositäten des Tierreichs sind so interessant, weil sie so sehr die Spielereien und Entwürfe der Natur dartun, ihre Ansätze und Einfälle, die man manchmal vergessen könnte, wenn man nur immer die paar stabilen Grundelemente besieht, die wir oder die im allgemeinen zugängliche Zoologie uns vor Augen führt ..." (*Ausgewählte Briefe*, S. 163). Diese Entwürfe, Ansätze und Einfälle der Natur sind es, in denen gewissermaßen vorweggenommen wird, was das kunstmachende Subjekt im produktiven Raptus erlebt. Gleichnis oder Analogie: „Mutation" wird zum Schlüsselbegriff, durch den ganz verschiedene Problemkreise miteinander verbunden sind. Auch in der politischen Geschichte des Genus humanum soll es Mutationen gegeben haben, so zum Beispiel – Achtung: Kurzschluß! – jene „tiefe anthropologische Verwandlung", die durch die unselige Jahreszahl 1933 bezeichnet wird. „Es erscheint mir nun nicht zweifelhaft", so heißt es in dem damals veröffentlichten Aufsatz *Züchtung* (I), „daß aus dieser Verwandlung noch einmal ein neuer Mensch in Europa hervorgehen wird, halb aus Mutation, halb aus Züchtung: der deutsche Mensch." Das war die Sonnenfinsternis über dem Lebensweg einer hochentwickelten, hochsensiblen, aber eben keineswegs unfehlbaren Intelligenz.

Ein Mann namens Adolf Petrenz, Redakteur an der Berliner *Täglichen Rundschau*, war es gewesen, der die Verbindung zwischen Benn und seinem ersten Verleger hergestellt hatte. Dieser Petrenz (1873–1915), von dem wir nicht viel mehr wissen, als daß er aus Ostpreußen stammte, selber Gedichte schrieb, 1905 ein *Ostdeutsches Dichterbuch* herausgegeben hatte, und daß er mit dem jungen Benn persönlich bekannt, wenn nicht befreundet war, er hatte die neuen Texte beim Herausgeber der LYRISCHEN FLUGBLÄTTER gewissermaßen eingeschmuggelt, indem er sie einer anderen für Meyer bestimmten Sendung stillschweigend beigefügt hatte. In Meyers 1948 erschienenen Erinnerungsbuch *die maer von der musa expressionistica* wird davon erzählt: „Gottfried Benn? Noch bis zum März 1912 wußte niemand von ihm. Bis auf wenige seiner Freunde. So auch Adolf Petrenz, der Redakteur, der mir ein wirres Manuskript zugehen ließ, dessen Lektüre mich mißmutig machte und schon zu hastigerem Weiterblättern und Zuklappen veranlassen wollte, bis ich dann zu einem angehängten Zyklus, der mit den bisherigen Versen schier unvereinbar schien, gelangte und – aufschrie. Der das geschrieben hatte, kam nicht von der Theorie, sondern aus den Erlebnissen des ärztlichen Berufes. ‚Morgue' hieß der Zyklus, die einzelnen Gedichte hatten die Überschriften: Kleine Aster – Schöne Jugend – Kreislauf – Negerbraut – Requiem – Saal der kreißenden Frauen – Blinddarm – Mann und Frau gehn durch die Krebsbaracke – Nachtcafé. Das Flugblatt war in acht Tagen abgesetzt und gedruckt, es trägt das Datum: März 1912."

Man sollte vielleicht daran erinnern, daß das Thema „Morgue" im Jahre 1912 keine absolute Neuigkeit mehr war. Es gehörte zu den charakteristischen Sujets der Zeit vor dem Ersten Weltkrieg, schon Rilke (1906) und Heym hatten es behandelt; in der 1955 vom Limes Verlag veranstalteten, vom alten Benn eingeleiteten Anthologie *Lyrik des expressionistischen Jahrzehnts* erscheint unter den „Wegbereitern" der Bewegung der aus Prag stammende, früh verstorbene Autor Victor Hadwiger (1879–1911) mit einem Morgue-Gedicht aus dem Jahre 1903. Neu und äußerst schockierend war nicht das Thema, sondern der Ton, die rabiate, auf alle „poetisierenden“ Mittel verzichtende Drastik, mit der es bei Benn zur Sprache gebracht wurde. Als Beispiel ist hier der erste Text des Zyklus, überschrieben *Kleine Aster*:

> Ein ersoffener Bierfahrer wurde auf den Tisch gestemmt.
> Irgendeiner hatte ihm eine dunkelhellila Aster
> zwischen die Zähne geklemmt.
> Als ich von der Brust aus
> unter der Haut
> mit einem langen Messer
> Zunge und Gaumen herausschnitt,
> muß ich sie angestoßen haben, denn sie glitt
> in das nebenliegende Gehirn.
> Ich packte sie ihm in die Brusthöhle
> zwischen die Holzwolle,
> als man zunähte.
> Trinke dich satt in deiner Vase!
> Ruhe sanft,
> kleine Aster!

Ein Gedicht wie dieses hatte es bis dahin in unserer Literatur noch nicht gegeben. „Wohl nie in Deutschland“, so erinnert sich Alfred Richard Meyer, „hat die Presse in so expressiver, explodierender Weise auf Lyrik reagiert wie damals bei Benn. Sogleich katalogisierte ihn Richard M. Meyer in seiner Literaturgeschichte als den ‚Höllenbreughel‘. Die Augsburger Abendzeitung zeterte also los: ‚Pfui Teufel! Welch eine zügellose, von jeglicher geistiger Sauberkeit bare Phantasie entblößt sich da; welche abstoßende Lust am abgründig Häßlichen, welches hämische Vergnügen, Dinge, die nun einmal nicht zu ändern sind, ans Licht zu ziehen ... Eine Zuchtlosigkeit des Geschmacks, wie sie kaum von den bekannten Scheußlichkeiten der Schwarzen Messe und den Pariser Montmartre-Tollheiten überboten worden ist.‘ Der gute, mir stets zugetane Hans von Weber in München, der mich später (1922) als den ‚vielleicht an originellen Einfällen reichsten Verleger Deutschlands‘ genannt hat, stöhnte in seinem ‚Zwiebelfisch‘ statt einer

Kritik also los: ‚Wer sie aber lesen will, diese … Gedichte, der stelle sich einen sehr steifen Grog zurecht – Einen sehr steifen!!‘ Der Münchner ‚Janus‘ überlegte nicht lange, welche Gesichtshälfte er uns zeigen solle, sondern bescheinigte uns: ‚Wenn früher jemand verrückt war, so sah er nur weiße Mäuse tanzen. Jungberlin hat hierin entschieden einen Fortschritt gemacht, es sieht Ratten. Über die Perversität dieser Gedichte zu schreiben, ist als Lyrikkritiker nicht meine Sache. Ich überlasse diesen interessanten Fall den Psychiatern.‘ …“

Was Meyer leider nicht erwähnt, ist die im Novemberheft 1912 der Straßburger Zeitschrift *Cahiers Alsaciens* erschienene *Morgue*-Besprechung von dem damals neunundzwanzigjährigen Lyriker und Literarhistoriker Ernst Stadler (1883–1914). Diese im Rahmen einer Sammelrezension lyrischer Neuerscheinungen veröffentlichte Würdigung von Benns Debüt läßt eine kritische Treffsicherheit erkennen, die man noch heute bewundern muß. Stadler, selbst Autor eines dichterischen Œuvres, das zu den Standardwerken des frühen Expressionismus gerechnet wird, rückt en passant die Perspektiven zurecht, indem er die Entgeisterung der Feld-, Wald- und Wiesenkritiker als das bezeichnet, was sie ist: philiströs. „Am meisten“, so schreibt er, „interessieren die Verse eines jungen Arztes, Gottfried Benns ‚Morgue‘. Schon äußerlich durch die Stoffwahl, die nun freilich gründlich mit dem lyrischen Ideal der Blaublümeleinritter aufräumt. Eine Blinddarmoperation als Gegenstand dichterischer Emotion hat immerhin den Reiz der Neuheit für sich. Aber nur der Philister wird etwas Existierendes, etwas, das in unser Leben eingreift, von dem Erschütterungen ausgehen, prinzipiell aus dem Bereich der Kunst ausschließen. Entscheidend ist einzig die Leben weckende Kraft des Dichters. Und durch sie sind Gottfried Benns Verse gerechtfertigt. Mit einer unheimlichen Schärfe und Sachlichkeit läßt Benn den Vorgang aufleben, erst mit ein paar Meisterstrichen die Situation andeutend, dann in Rede und Gegenrede überspringend, ohne alles Sentiment, fast brutal, als handele es sich um nichts als einen nackten ärztlichen Operationsbericht, aber in jeder Zeile, in der Gedrängtheit der Folge, der

Verteilung der Kräfte, der Macht der Vergegenständlichung den Künstler verratend."

Es ist ein Kenner von Rang, ein geschulter Interpret literarischer Texte, der so spricht, und es ist ein passionierter Zeit- und Generationsgenosse, der das menschlich Glühende hinter der scheinbar so kalten, schnoddrigen Diktion erkennt und sich zu ihm bekennt. „Überall", so fährt er fort, „herrscht jene wie unbeteiligte Sachlichkeit, die nur Tatsächlichkeiten aufzureihen scheint und doch, auch ohne die zuweilen ins Allgemeine überleitenden Schlußzeilen, schon durch die gleichsam lautlos mitschwingende Musik der inneren Erschütterung verrät, daß hinter dieser schroffen Zugeschlossenheit ein starkes mitleidendes Gefühl steht, eine fast weibliche Empfindsamkeit und eine verzweifelte Auflehnung gegen die Tragik des Lebens und die ungeheure Gefühllosigkeit der Natur. Man lese, wie in dem Gedicht ‚Saal der kreißenden Frauen' dieses tragische Lebensgefühl ganz organisch aus dem Stofflichen aufsteigt, aus der Elendsschilderung, der dumpfen Krankenluft und dem Gewinsel der Gebärenden. Gefühl ist hier ganz Gegenstand geworden, Realität, Tatsachenwucht." Schließlich hebt Stadler noch ein weiteres Gedicht besonders hervor, er nennt es das „stärkste Stück des ganzen Heftes", und wieder haben wir noch heute, mehr als siebzig Jahre später, allen Grund, sein Urteil zu bestätigen: es handelt sich um *Mann und Frau gehn durch die Krebsbaracke*.

So der Beginn der Wirkungsgeschichte eines Autors, von dem einundzwanzig Jahre später – in einem Zusammenhang, der uns noch beschäftigen wird – ein kompetenter Bewunderer sagen konnte, sein Name sei ihm („für uns") stets der „Inbegriff des höchsten Niveaus und einer geradezu fanatischen Reinheit" gewesen (Klaus Mann). Sieht man von der Stimme eines Einzelgängers wie Stadler einmal ab, so war das Urteil der rezensierenden Öffentlichkeit von 1912 einhellig negativ. Doch glaubt man am Tonfall dieser literarischen Sittenrichter, an ihrer lästerlich schnaubenden, hilflos verbiesterten Un-Sprache zu erkennen, daß es eine absterbende Öffentlichkeit war, die hier noch einmal von sich hören ließ, und daß eine neue, für den Augenblick nur erst durch drei Personen: den Autor, den Verleger und den einzig vernünftigen Kritiker repräsentierte Öffentlichkeit im Kommen war. *Morgue* war ein Skandal, aber ein Skandal von der Art, die Grenzen überschreitet, Landnahme signalisiert, Zukunft herausfordert. Man muß den *Morgue*-Zyklus nicht unbedingt für das bedeutendste literarische Ereignis des Jahres 1912 halten, aber als Modellfall einer „avantgardistischen" Initiative im „klassischen" Sinne des Begriffs ist er besonders einleuchtend. Er unterbricht Kontinuität, indem er, wie es in der Auseinandersetzung mit Darwin heißt, „auf der vorhandenen Grundlage schöpferisch das Unberechenbare erbaut", er riskiert, was Zeitgenosse T. S. Eliot den „Angriff auf das Unartikulierte" genannt hat: „a raid on the inarticulate". Fast gleichzeitig mit Benn hatte ja auch er ein lyrisches Opus von äußerster Befremdlichkeit geschrieben, das später als Durchbruchsleistung, als epochemachend gefeiert worden ist: *The Love Song of J. Alfred Prufrock* (vollendet 1911, veröffentlicht erst 1915). Mit diesem Gedicht, so liest man in der jüngsten Ausgabe der *Encyclopedia Britannica*, habe die „poetische Revolution des zwanzigsten Jahrhunderts" ihr erstes reifes Meisterstück zustande gebracht. Mit dem Wort „Revolution" ist hier so ziemlich dasselbe gemeint, was Benn im Sinne hatte, wenn er den biologischen Begriff der Mutation verwendete.

„Visionärer Advent“
Die expressionistische Revolution

Was war es denn, das sich damals, als Benn in Berlin mit *Morgue und andere Gedichte* auf skandalerregende Weise debütierte, in ganz verschiedenen Ländern des Kulturkreises und in ganz verschiedenen Disziplinen des künstlerischen Ausdrucks – von der Lyrik bis zur Malerei, von der Baukunst bis zur Musik – mehr oder weniger gleichzeitig ereignete? Von den Zeitgenossen wurde es als epochemachend erlebt, und die Nachwelt hat diesen Anspruch vollauf bestätigt. Es war „die Moderne“ des frühen zwanzigsten Jahrhunderts, die damals ihr Pathos artikuliert, ihre Formensprache gefunden hat. Es war – mit einem Ausdruck, der in den angelsächsischen Ländern seit Jahrzehnten geläufig ist – die für uns „klassische“ Moderne, eine Moderne, die eine lange Reihe von Vorgängerinnen, bisher aber keine Nachfolgerin gehabt hat.

Das Wort „modern“ ist ja uralt, es stammt, abgeleitet von „modo“ (=gleich, soeben), aus dem sechsten Jahrhundert nach Christus. Ernst Robert Curtius – in seinem Opus maximum *Europäische Literatur und lateinisches Mittelalter* (1948) – nennt es eine „glückliche Neubildung“ und „eines der letzten Vermächtnisse spätlateinischer Sprache an die neuere Welt“. Epochen, die sich als spezifisch „modern“ empfunden haben, vom Bewußtsein ihrer Modernität besonders stark durchdrungen waren, hat es seitdem immer wieder gegeben, so im neunten, im zwölften, im frühen sechzehnten Jahrhundert (Renaissance und Reformation). Gegen Ende des achtzehnten Jahrhunderts ist es die deutsche Frühromantik, die sich als die Moderne definiert, in der Unterscheidung von „antik“ und „modern“ das grundlegende, ihr aktuelles Kulturbewußtsein und Geschichtsverständnis dominierende Prinzip gefunden haben will. In neuerer Zeit jagen sich dann die Modernitäten:

bei Baudelaire, den man den ersten Dichter der City genannt hat, artikuliert sich der Elan einer „vie moderne“ zum Beispiel schon im Titel seiner brillanten Studie über den Zeichner Constantin Guys, in Deutschland sind es zwanzig Jahre später die jungen Verfechter des Naturalismus, die im Kampf gegen einen obsoleten Klassizismus eine literarische Vita nuova verkünden, so der Zola-Bewunderer Michael Georg Conrad, Gründer der Münchner Zeitschrift *Die Gesellschaft* (1885) oder der noch jüngere Anro Holz aus Ostpreußen mit seinem im gleichen Jahr herausgekommenen ersten Lyrikband *Buch der Zeit*, Untertitel *Lieder eines Modernen*; und schon fünf Jahre später, um 1890, haben wir es mit einer wieder anderen, jüngeren Modernität zu tun, wenn zum Beispiel ein Wiener Gymnasiast namens Hugo von Hofmannsthal, genannt Loris, sich mit einer kapriziösen Wendung wie „Modern sind alte Möbel und junge Nervositäten“ zu Worte meldet.

Modern ist nicht modern. Die Themen wechseln, die Horizonte ändern sich, und in jeder Situation hat das ihr zugeordnete Moderne-Bewußtsein einen neuen, eigentümlichen Sinn. Was die Entwicklung in artibus et litteris angeht, so hat sich im Laufe des neunzehnten Jahrhunderts der Begriff der Moderne unter den Auspizien sozialemanzipatorischer Fortschrittsideen mit radikal politischen Zielvorstellungen verbunden, von denen schon die Romantik mindestens eine Ahnung hatte: „Die Französische Revolution“, so heißt es in den *Athenäum*-Fragmenten von Friedrich Schlegel, „Fichtes Wissenschaftslehre und Goethes Meister sind die größten Tendenzen des Zeitalters.“ Eine Generation später, und die Interdependenz zwischen Kunst und Gesellschaft, man hat sie entdeckt und zum Thema gemacht, nun hatte der Künstler Partei zu ergreifen: für den Fortschritt, für die Befreiung der Völker, für die Revolution; eine Tendenz, die natürlich eo ipso schon den strikten Widerspruch zu sich selbst herausfordern mußte. Das galt für die Epoche, die in Deutschland Biedermeier, auch Vormärz heißt; um wieviel mehr noch galt es in Frankreich, dem Frankreich kurz vor der Februarrevolution, wo damals der Begriff „Avantgarde“ in Umlauf kam. Avantgarde? Eine Metapher aus dem Wortschatz des militärischen Denkens, die den jeweils modernen Künstlern die Rolle einer Vorausabteilung der Menschheit auf ihrem Marsch in eine bessere, eine „menschenwürdigere" Zukunft zuschreiben will. So nachzulesen beispielsweise in einer Schrift über *die Mission der Kunst und die Rolle der Künstler* aus dem Jahre 1845, die von einem gewissen Gabriel-Désiré Laverdant, einem Anhänger des 1837 verstorbenen Sozialutopisten Charles Fourier, verfaßt wurde.* Dieser Laverdant nennt die Kunst kurz und bündig einen „Ausdruck der Gesellschaft", sie ist sozusagen „dazu da", die jeweils fortschrittlichsten sozialen Tendenzen zu propagieren. „Mit brutalem Pinsel", sagte er, habe sie alle Brutalitäten, alle Schmutzigkeiten, die „auf dem Grunde unserer Gesellschaft" zu finden sind, bloßzulegen. Aus solchen Sätzen spricht die Pathosformel einer Epoche, die eine große Revolution schon geerbt hat und sich ihre Zukunft nicht anders denken kann als revolutionär.

Das Wort „Avantgarde" hat internationalen Konsens gefunden. Es ist zu einem Leitbegriff der kunstkritischen Diskussion und zum Schlachtruf fortschrittswilliger Bewegungen geworden, auch die gebildete Umgangssprache hat es gerne in sich aufgenommen. Doch ist es, was seine kunstbezügliche Bedeutung angeht, bei der von Laverdant und anderen befürworteten Festlegung auf die strikt sozialkritische Fortschrittlichkeit nicht geblieben. Schon Baudelaire spricht in seinem intimen Tagebuch *Mon cœur mis à nu* (1862–1864) von den „Literaten der Avantgarde" in einem Ton von ironischer Herablassung und bemerkt, der Ausdruck verrate nur „die Vorliebe der Franzosen für militärische Metaphern". Er selbst, Baudelaire, war in seinen reifen Jahren alles andere als „fortschrittlich" im Sinne der sozialrevolutionären Linken seiner Zeit; er war, was die Laverdants einen blutigen Reaktionär genannt hätten. Andererseits war er innerhalb des Bereichs seiner ureigenen Zuständigkeit – Kunst nicht als „fait social", sondern als autonom begriffen – ein revolutionärer Bahnbrecher allerersten Ranges, er war ein Avantgardist par excellence. Die hiermit be-

---

* Vgl. Renato Poggioli, *Teoria dell'arte d'avanguardia*, Bologna 1962, S. 21 ff.

zeichnete Doppeldeutigkeit, wenn nicht innere Widersprüchlichkeit ist dem Wort „Avantgarde" eigentümlich gewesen, solange es sich glaubwürdig behaupten konnte; sie gilt auch für die verschiedenen Kunstbegriffe und künstlerischen Temperamente innerhalb der „klassischen Moderne" des zwanzigsten Jahrhunderts, also auch für die Autoren der expressionistischen Literatur.

Man darf hinzufügen, daß der avantgardistische Elan einer jungen Generation kaum je zuvor so stürmisch, radikal und avantgardistisch gewesen ist wie in den entscheidenden Jahren der „klassischen Moderne", und daß in ihr die Geschichte des Begriffs kulminiert hat. Merkwürdig ist, daß ein solcher Triumph der Avantgarde-Idee, wie er damals in allen Künsten erlebt worden ist, sich seitdem nicht mehr wiederholt hat. Das Wort selbst ist nicht ganz verschwunden, es wird immer einmal wieder verwendet, aber es hat seine historische Triftigkeit und seine Konsensfähigkeit eingebüßt, und zwar schon seit langem. Wenn im Jahre 1950 der vierundsechzigjährige Benn nach seiner Rückkehr in die literarische Öffentlichkeit von einer „Phase II des expressionistischen Stils" spricht – gegen Ende des Bandes *Doppelleben* –, so gibt er damit zu verstehen, daß sein Moderne-Bewußtsein sich nach wie vor mit dem Aufbruchspathos von 1912 identifizieren kann. Der Engländer Wystan Hugh Auden (1907–1973), seinerzeit der führende Lyriker und Essayist seiner Generation, auch er in Benns Augen ein Dichter der „Phase II", hat, ein paar Jahre nach *Doppelleben*, einer ganz ähnlichen Lagebestimmung das Wort geredet. 1955, in einem Vortrag für die British Broadcasting Company, hat er sich dahingehend erklärt, „daß wir, wenigstens was die Kunst angeht, trotz zweier Weltkriege, sozialer Revolutionen, wirtschaftlicher Katastrophen und Thermonuklearbomben nicht am Beginn, sondern eher in der Mitte eines neuen Zeitalters leben. Die Dichter meiner Generation und der nächsten", so die Diagnose, „finden sich daher, ob sie wollen oder nicht, in die Lage versetzt, weit mehr Kolonisatoren als Entdecker zu sein. Für uns wäre der Versuch, mit dem Stil unserer unmittelbaren Vorgänger zu brechen, durchaus verfehlt, ja man kann sagen, genauso verfehlt, wie es für diese richtig und notwendig war, sich von ihren viktorianischen Vorfahren abzuwenden."*

Niemand wird behaupten wollen, daß sich seitdem in den Literaturen des Kulturkreises „nichts Neues" ereignet habe, aber auch niemand wird sich erinnern, eine so allgemeine, die nationalen ebenso wie die disziplinären Grenzen überflutende Grundwelle avantgardistischen Denkens, Fühlens und Wollens, wie sie sich in den Jahren vor 1914 erhoben hat, jemals wieder erlebt zu haben. Was man erlebt hat, war die internationale Jugendrevolte, auch antiautoritäre oder „anti-imperialistische" Bewegung genannt, der sechziger und siebziger Jahre, ein Aufruhr, der sich auch als „Kulturrevolution" definiert, aber keine neue „Moderne", vergleichbar mit früheren Ausdruckswelten dieses Namens, hervorgebracht hat. Was man erlebt hat, war die Demobilisierung der kunstinternen Avantgarde-Idee im Sinne der „klassischen Moderne" und ihre Inanspruchnahme durch das politische Fortschrittspathos und Fahrplandenken der (neomarxistisch eingefärbten) Neuen Aufklärung. (Schon 1962 hatte der vielleicht brillanteste unter den Wortführern der Neuen Aufklärung in Deutschland, der damals dreiunddreißigjährige Lyriker und Kritiker Hans Magnus Enzensberger, erklärt: „Jede heutige Avantgarde ist Betrug oder Selbstbetrug.") Seither ist das Alt- und Älterwerden der „Klassischen Moderne" zu einem Problem geworden, das bei uns und anderswo, vor allem in Frankreich und Amerika, die kritischen Köpfe beschäftigt. Es ist das Stagnieren einer Entwicklung, die man seit Gott weiß wie lange immer nur als fortschreitende, wenn nicht „fortschrittliche" Bewegung anzusehen gewohnt war, was dem interessierten Zeitgenossen zu denken gibt, es ist das Erlahmen der vertrauten Dialektik von Akademie und Sezession, Establishment und Avantgarde. Um neuere und neueste Erscheinungen zu kennzeichnen, hat man den sonderbaren und logisch kaum überzeugenden Begriff „postmodern" in die Welt gesetzt, auf den

* Zitiert nach *Merkur*, Heft 93, November 1955, S. 1010.

wir uns aber im Augenblick nicht einlassen können. Die „klassische Moderne“, wie schon gesagt, hat bisher keine Nachfolgerin gefunden.

Als Benn mit seinem Opus eins in der literarischen Öffentlichkeit von Berlin zum ersten Male von sich reden machte – die fünfhundert Exemplare, die Meyer hatte drucken lassen, waren rasch vergriffen –, da tat er das nicht als ein Autor, der sich einer schon bestehenden Gruppe anschließen, ein schon erklärtes Programm namens „Expressionismus“ übernehmen will. Was der Expressionismus „eigentlich ist“, und welche Autoren „dazu gehört“ haben, welche nicht, das hat sich noch nie ohne weiteres und „von selbst“ verstanden, noch heute gibt es Leute vom Bau, die der Meinung sind, daß „man sich darüber, was Expressionismus sein mag, noch längst nicht im klaren ist“. (Walter Huder in einem Essay über *Else Lasker-Schüler und Theodor Däubler, zwei tragische Monster des poetischen Expressionismus*, erschienen in den *Neuen deutschen Heften*, Jahrgang 31, 1984, Heft 4.) Nicht eindeutig zu beantworten ist auch heute noch die Frage nach der Entstehung des Namens, den man der Bewegung gegeben hat. In einer Reihe von deutschen Nachschlagewerken der jüngsten Zeit wird Herwarth Walden, der Gründer (1910) und langjährige Herausgeber der Zeitschrift *Der Sturm*, als der Erfinder des Begriffs „Expressionismus“ genannt, eine These, die den Sachverhalt allzu sehr versimpelt und so nicht akzeptiert werden kann. Eine international verbreitete *Encyclopedia of World Art* weist in ihrem Expressionismus-Artikel (1961) mit Recht darauf hin, daß schon bei van Gogh, in den berühmten Briefen an den Bruder aus dem Jahre 1888, das subjektive Ausdruckspathos der expressionistischen Malerei, auch ihr revolutionäres Verhältnis zur Farbe, in faszinierenden Formulierungen vorwegnehmend zur Sprache gebracht worden ist. Wir erfahren, daß ein französischer Maler namens Julien Hervé (der aus den Kunstgeschichten und Nachschlagewerken wieder verschwunden ist) schon 1901 eine bestimmte Gruppe seiner eigenen Werke als „expressionistisch“ verstanden wissen wollte, daß das Wort seine heutige Bedeutung aber erst 1910 angenommen habe, als die Jury der Berliner Neuen Sezession über ein Bild des Brücke-Malers Pechstein zu befinden hatte. „Ist das noch Impressionismus?“ soll ein Mitglied der Jury gefragt haben, und „Nein, das ist Expressionismus“, sei die Antwort gewesen.*

Eine solche Antwort auf eine solche Frage zu geben, kann nicht schwer gewesen sein, sie versteht sich gewissermaßen von selbst. Sie ist so einfach und einleuchtend wie das Ei des Kolumbus, und sie erinnert an den von Viktor Schklowski, dem bedeutendsten Literatur- und Filmtheoretiker des russischen Formalismus, in einem Buch über Rosanow (1921) formulierten Satz von der „dialektischen Selbsterzeugung neuer Formen“ als dem eigentlichen Movens einer literarischen Entwicklung. Die zitierte Antwort ist so naheliegend, daß sie, so möchte man meinen, auch jedem anderen hätte einfallen können; und in der Tat wird man sie, wenn man die einschlägige Zeitschriften- und Memoirenliteratur zu Rate zieht, nach Art einer „Wanderanekdote“ an ganz verschiedenen Stellen wiederfinden. So bei Kurt Hiller (1885–1972), einem literarisch-politischen Publizisten mit polemischem Temperament und mit linken, schließlich sogar extrem linken Überzeugungen, der 1909 als Gründer einer Vereinigung von unruhigen Geistern an der Berliner Universität namens „Neuer Club“, 1910 als Initiator des legendären Vortragsforums „Neopathetisches Cabaret“ hervortrat und zu den Berliner Expressionisten der ersten Stunde gezählt werden muß. Auch er hat sich als alter Herr über den Ursprung des Begriffs „Expressionismus“ ausgelassen und seine Entstehung aus einem „provokatorischen Caféhaus- oder Atelierwitz“ behauptet. „Es dürfte“, sagt er, „im ersten Jahrzehnt unseres Jahrhunderts gewesen sein, und zwar mehr an 1900 denn an 1910 heran, als in Paris eine Gruppe jüngerer und jüngster Maler, böse über eine gewisse Süßlichkeit, Fadheit, Monotonie, Langweiligkeit der damals allmächtigen, längst durchgesetzten, fraglos exrevolutionären Malerschule, die sich Impressionisten nannte ... eines Tages lachend beschloß, nicht mehr Impressionisten sein zu wollen, son-

* *Encyclopedia of World Art*, New York, Toronto, London 1961, Bd. V, Sp. 312.

dern, haha, im Gegenteil Expressionisten." Zitiert aus einem Vortrag, der im August 1960 – fünf Jahre nach Hillers Rückkehr aus dem englischen Exil – im Schiller-National-Museum zu Marbach, aus Anlaß der dort gezeigten ersten großen *literarisch* akzentuierten Expressionismus-Ausstellung nach dem Zweiten Weltkrieg, gehalten wurde.

Hiller nennt keine Namen, trotzdem klingt seine Erinnerung nicht unglaubwürdig. Sie trifft einen seinerzeit allgemein fühlbaren Übergang oder Umschlag von der Eindruckskunst zur Ausdruckskunst, der spätestens 1910 denn auch terminologisch zu Buche schlagen mußte, nicht nur in Frankreich und Deutschland. Als im Dezember 1910 in London das Thema „Manet und die Post-Impressionisten" (gemeint waren vor allem van Gogh, Cézanne und Gauguin) in einer großen Ausstellung zur Diskussion gestellt wurde, kam es auch dort zu kritischen, den Begriff „Post-Impressionismus" betreffenden Überlegungen. Der Mann, der in London den Expressionismus in der Zeitschrift *The Burlington Magazine* aus der Taufe hob, hieß Clutton-Brock. Die Impressionisten, so argumentierte er, hätten niemals erkannt, was er ganz einfach eine „Wahrheit" nennt: daß für die Malerei, wie für die Poesie, „Fakten" nicht an und für sich wesentlich (essential) sind, daß sie alle dem „Ausdruck" (expression) untergeordnet und zu Diensten (subsidiary) sein müßten. „Dies ist die Wahrheit", sagt er, „auf welche die Kunst der Post-Impressionisten sich gründet, und um sie von den Impressionisten zu unterscheiden, sollte man sie vielleicht doch besser Expressionisten nennen. Das ist ein häßliches Wort, aber es ist weniger häßlich als Post-Impressionisten."* Das war also schon Anfang 1911.

In Berlin war es damals der *Sturm*, der für solche Diskussionen vor allem zuständig war, eine großformatige Wochenschrift, die in einer ärmlichen, verqualmten, mit Büchern, Zeitungen, Manuskripten vollgestopften Arbeitszelle im Stadtteil Halensee (Kathari-

* A. Clutton-Brock, *The Post-Impressionists*. In: *The Burlington Magazine*, Bd. XVIII, S. 216.

nenstraße 5) redigiert wurde, und deren erste Nummer am 3. März 1910 herausgekommen war. Der Herausgeber, Sohn eines jüdischen Arztes, geboren 1878 als Georg Lewin, hatte ursprünglich die Laufbahn eines Musikers – als Pianist und Komponist – eingeschlagen, war dann aber ab 1908 vorwiegend als Redakteur und Mitherausgeber an verschiedenen musik- und theaterbezogenen Publikationen beschäftigt gewesen. Als er sich, um unabhängig zu sein, entschloß, ein eigenes Periodikum zu gründen, da war das ein Ereignis von kulturhistorischer Bedeutung, weit über die Grenzen der Berliner Szene hinaus. Er war nicht nur eine enorm vielseitig begabte Künstler- und Kritikernatur, ausübender Musiker und Schriftsteller und Kenner der bildenden Künste mit kongenialem Gespür für alles, was gut, neu, kühn, progressiv war, er war auch ein Redakteur von unerschöpflicher Energie, ein Organisationstalent von hohen Graden, ein charismatischer Menschenfischer; Oskar Kokoschka, einer seiner frühesten und beständigsten Mitarbeiter, nennt ihn einen „Mahdi" und „Prediger einer exaltierten Lehre als Weg zu einer höheren geistigen Existenz in einer besseren und neuen Welt" und einen „Fanatiker des Expressionismus". „Die rasche Verbreitung des ‚Sturm'", so urteilt Kokoschka über seine Leistung, „hatte wirklich etwas von einer Schnellfeuerwirkung an sich; das war natürlich in erster Linie Herwarth Waldens Fähigkeit als eines tüchtigen Propagandachefs zu verdanken. Fast alle deutschen und ausländischen Künstler, die später einen Namen bekamen, sind in der Sturmzeit entdeckt worden."* Den überaus treffenden, die Zeitstimmung genau erfassenden Namen der Zeitschrift hatte die Dichterin Else Lasker-Schüler, mit der Walden in erster Ehe zehn Jahre lang, von 1901 bis 1910, verheiratet war, sich einfallen lassen; sie war es auch, die seinen allerdings ziemlich „ausgedacht" klingenden Nom de guerre erfunden hatte.

Die Formensprache der Pioniere des Expressionismus hatte sich im *Sturm* längst durchgesetzt, bevor man sich auch auf den entsprechenden Begriff hat einigen können; das gilt vor allem für die

* Oskar Kokoschka, *Mein Leben*, München 1971, S. 110.

Handschrift der „Illustratoren“ und erst in zweiter Linie für die literarischen Beiträger. Als in der Ausgabe vom 19. Mai 1910 (Nr. 12) das heute weltberühmte Bildnis Karl Kraus von dem vierundzwanzigjährigen Kokoschka veröffentlicht wurde, lag es vor aller Augen zutage, was die Stunde geschlagen hatte. Kokoschka war aus Wien, wo man ihn „nicht verstand“ und ihm „die Existenz so schwer gemacht“ hatte, geflohen und war nach einem kurzen Aufenthalt in München im März 1910 völlig mittellos in Berlin eingetroffen, um sein Glück zu machen. Walden, der ihn von einer frühen Wien-Reise her kannte, ihn und seine Freunde Kraus und Adolf Loos, den Architekten, gab ihm die Chance seines Lebens. In kurzen Abständen veröffentlichte der junge Österreicher seine genialen Porträts von Freunden und bekannten Zeitgenossen – von Loos und Walden bis zu Paul Scheerbart, dem massigen Dichter, Rudolf Blümner, dem Schauspieler und Rezitator expressionistischer Gedichte, und Yvette Guilbert, der legendären Pariser Diseuse, die einst das Starmodell von Toulouse-Lautrec gewesen war. Kokoschka, das „Auge Gottes“, wie Adolf Loos ihn genannt hatte (und Karl Kraus hatte ihm zugestimmt), denn seine „Menschenköpfe“ waren mit einer derartig divinatorischen Hellsicht erfaßt und begriffen, daß man das Gesicht hinter dem Gesicht erkennen konnte, die verborgenen Leiden, die Fatalität der Person, wenn nicht sogar schon das künftige Gesicht in der endgültigen Fassung seiner letzten Stunde. (Auch das ist bezeugt.) Im Juni 1910 (Nr. 18) druckte Walden seinen dramatischen Text *Mörder, Hoffnung der Frauen* (der schon im Juli 1909 in Wien einmal aufgeführt worden war) zusammen mit einer Zeichnung, die von ihrer schreckhaft faszinierenden Ausdruckskraft bis heute nichts eingebüßt hat, und weitere „Mörder“-Zeichnungen folgten. Unter den bildenden Künstlern des ersten Jahrgangs war er ohne Zweifel der Protagonist, erst ab Januar 1911 hatte er mit ebenbürtigen Rivalen zu rechnen, da es Walden gelungen war, die Künstler des (schon 1905 gegründeten) „Brücke“-Kreises, die von Dresden nach Berlin gegangen waren, für sein Unternehmen zu gewinnen. Pechstein, Kirchner, Heckel, Schmitt-Rottluff und der schon seit 1902 mit

Berlin verbundene Emil Nolde, sie alle wurden Mitarbeiter des *Sturm*.

Wie war die Lage? Die Vorausabteilung war in Bewegung. Fortschritte, Durchbrüche, Provokationen noch und noch. Nur im Theoretischen, Terminologischen, wie gesagt, tat man sich schwer. In der achtundsechzigsten Ausgabe des *Sturm* (Juli 1911) äußert sich der Kritiker Walter Heymann über die „Berliner Sezession 1911" und stellt fest: „Um Verklärung, Steigerung, Ausdruckskraft, Expression geht das allgemeine Ringen. Eine französisch-belgische Malerverbindung nennt sich ‚Expressionisten'. Wäre das durchaus im Gegensatz des Zieles, nicht des Weges zum Impressionismus gemeint, so müßte man widersprechen. Wieviel ‚Expressionistisches' ist etwa in Manet und Renoir zu finden ..." Der Kritiker, das sieht man, ist verwirrt, unschlüssig und voller Bedenken, und er kommt am Ende zu einem eher lustlosen und ziemlich abschätzigen Resümee: „Alles Talente von gut durchschnittlicher Begabung, alle etwas durch Fanatismus der Theorien verwildert."

Aber nur wenige Wochen später meldete sich ein Autor zu Wort, dem man trotz seiner Jugend den Rang einer Autorität zuerkennen mußte, und der die Streitfrage – „Expressionismus" oder nicht – auf überzeugende Weise entschieden hat. Es war der Kunsthistoriker Wilhelm Worringer (1881–1965), der schon als Siebenundzwanzigjähriger unter dem Titel *Abstraktion und Einfühlung* (1908, jüngste Neuausgabe 1981) ein theoretisches Meisterwerk veröffentlicht hatte. Worringers Beitrag – in Nr. 75 (August 1911) von Waldens Zeitschrift – war die Antwort auf ein bei Eugen Diederichs erschienenes polemisches Pamphlet von einem gewissen Carl Vinnen, der von der Redaktion als „ein in Cuxhaven lebender mittelmäßiger Maler" vorgestellt wird. Dieser Herr von der Wasserkante, gewissermaßen ein Vorläufer der „Säuberer des Kunsttempels" von 1933, war unter der Parole *Ein Protest deutscher Künstler* gegen die Überfremdung des Vaterlandes durch die Kunst der französischen Moderne (Gauguin, van Gogh, Cézanne, Matisse u. a.) und die damit verbundenen korrumpierenden Folgen für die deutsche Seele zu Felde gezogen und hatte damit einigen Beifall gefunden, selbst bei so namhaften Kollegen wie Franz von Stuck und Thomas Theodor Heine, dem Mitbegründer und führenden Mitarbeiter des Münchner *Simplizissimus*. Worringer vermeidet es, in den sarkastischen Ton der Redaktion – „Die Vinnen gegen den Erbfeind“ – einzustimmen, ein paar trockene Bemerkungen sind ihm genug, um das patriotische Brimborium aus Cuxhaven vom Tisch zu fegen. Was ihn vornehmlich interessiert, ist allein „die Sache selbst“. Es ist die Definition des „Grundcharakters“ der avantgardistischen Malerei seiner Zeit, es ist vor allem die Offenlegung ihrer höchst wesentlichen Beziehung zur sogenannten primitiven Kunst, es ist die Analogie von „Ursprünglichkeit“ und „Moderne“.* „Mit diesem unverkennbaren Drang zum Objektiven“, sagt Worringer, „zur zwingenden Vereinfachung der Form, zu einer elementaren Vorurteilslosigkeit der künstlerischen Wiedergabe, hängt jener Grundcharakter der neuen Kunst zusammen, den man als sinnlose Primitivitäts- und Kindlichkeitskomödie vor dem erwachsenen Europa lächerlich machen zu können glaubt.“

Worringers Eintreten für die Avantgarde ist eo ipso auch schon ein Plädoyer für die „primitive“ Kunst der exotischen Völker, die in jenen Jahren, beginnend mit Gauguins Entdeckungen auf Tahiti und auf den Marquesas-Inseln (schon Anfang der neunziger Jahre), von einer ganzen Generation von Malern und Plastikern begriffen, begeistert gefeiert und produktiv verarbeitet worden ist. „Dieser Erwachsenenhochmut der europäischen Kulturmenschen“, so Worringers Befund, „beginnt heute wankend zu werden und der Einsicht in die elementare Großartigkeit primitiver Lebens- und Kunstäußerung zu weichen. Aus derselben Notwendigkeit heraus, aus der wir den jungpariser Synthetisten und Expressionisten ein williges Verstehen entgegenbringen, ist in uns ein neues Organ lebendig geworden für die primitive Kunst.“ Hier zum ersten Male in den Annalen des *Sturm* wird der Begriff Expres-

* Dies Analogieverhältnis war das Thema einer höchst instruktiven, von den Berliner Festwochen und der Akademie der Künste Berlin veranstalteten Ausstellung, die vom 23. 8. bis zum 27. 9. 1964 in den Räumen der Akademie gezeigt wurde. Vgl. Katalog *Das Ursprüngliche und die Moderne*, Berlin 1964.

sionismus ohne Anführungszeichen und mit ruhiger Bestimmtheit verwendet: von einem Kenner, der genau weiß, wovon er spricht. Von nun an wird es ein durchgesetzter Begriff sein, der keiner weiteren Erklärung mehr bedarf.

Diese von Worringer bezeichnete Hinwendung zum „Primitiven“ oder Ursprünglichen, die als eine revolutionäre Grenzüberschreitung erlebt worden ist, es gab sie beileibe nicht nur in den bildenden Künsten. Es gab genau Entsprechendes sowohl in der Musik als auch in der Poesie. En passant erinnern wir an die triumphal-skandalöse Pariser Uraufführung von Strawinskijs *Sacre du Printemps* und an die im gleichen Jahr 1913 in Berlin erfolgte Veröffentlichung von Benns zweiteiligem Gedicht *Gesänge*, das mit den Worten „O daß wir unsere Ururahnen wären“ beginnt. Wir gehen aber im Augenblick auf diesen Text, einen der großartigsten, die Benn geschrieben hat, nicht weiter ein, sondern richten den Blick noch einmal auf ein Ereignis aus dem Bereich der bildenden Künste, das zu den glanzvollsten in der stürmischen Geschichte des frühen Expressionismus gehört und deshalb auch in einer sehr knappen Skizzierung der deutschen Kunst-Szene von 1911/12 nicht fehlen sollte. Es handelt sich um den berühmten Almanach *Der Blaue Reiter*, herausgegeben von Wassili Kandinsky und Franz Marc und erschienen Anfang 1912 in München.

Es war eine Veröffentlichung, von der der Berliner Kunstprofessor Will Grohmann, seinerzeit (nach 1945) eine kritische Autorität ersten Ranges, glaubwürdig versichert hat, sie sei „in der europäischen Kunstliteratur ein Unicum geblieben, in keinem Land ist ein Werk erschienen, das wie dieses die ganze Erregtheit und Spannung der Vorkriegsjahre einfinge“. Hervorgegangen aus der avantgardistischen Stimmung der schon 1909 gegründeten „Neuen Künstlervereinigung München“, sollte dieser Almanach nach Kandinskys eigenen Worten „ein Sammelplatz derjenigen Bestrebungen sein, die heute auf allen Gebieten sich so kräftig bemerkbar machen und deren Grundtendenz ist: die bisherigen Grenzen des künstlerischen Ausdrucksvermögens zu erweitern“. Er sollte aber auch das Alte und Älteste, mit zeitgenössischen Augen gesehen, vergegenwärtigen: „In diesem Buche muß sich das ganze Jahr spiegeln, und eine Kette zur Vergangenheit und ein Strahl in die Zukunft müssen diesem Spiegel das volle Leben geben“: Kandinsky in einem Brief an Franz Marc vom Juni 1911, den man als die „Geburtsurkunde des Blauen Reiters“ bezeichnet hat (Klaus Lankheit). Drittens sollte mit diesem Almanach ein Gedanke, der schon von den genialen Dichterkritikern der deutschen Frühromantik erörtert worden ist, ad oculos demonstriert werden: die inneren Korrespondenzen zwischen den verschiedenen Künsten, will sagen die Vereinigung von Literatur und Musik und bildender Kunst unter ein und demselben Ideenhimmel. Wenn auch die Literatur in diesem ersten und einzigen „Jahrbuch“ der Gruppe (dem weitere folgen sollten) noch kaum in Erscheinung tritt, die moderne Musik kommt mit Kompositionen (auf lyrische Texte) von Arnold Schönberg und von seinen Schülern Alban Berg und Anton von Webern auf höchst eindrucksvolle Weise zu Wort.

So ist mit diesem Buch – nicht zuletzt dank der persönlichen Freundschaft zwischen Schönberg und Kandinsky, die man mit Recht „eine der erstaunlichsten Konjunktionen am Firmament des zwanzigsten Jahrhunderts“ genannt hat (H. H. Stuckenschmidt) – ein überwältigend polyphones und perspektivenreiches Gebilde, eine Art programmatisches Gesamtkunstwerk entstanden, das in der Tat seinesgleichen nicht hat. Der von Worringer erkannte Zusammenhang von „primitiv“ und „modern“ wird uns hier so anschaulich wie nur möglich demonstriert: in mehr als einhundertvierzig Abbildungen, vor einem buchstäblich weltweiten Horizont, wird dem Betrachter nach dem Prinzip einer vergleichenden Gegenüberstellung von ganz verschiedenen, zeitlich, ethnisch, kulturgeschichtlich weit auseinanderliegenden Ausdruckswelten eine Art gesamtmenschliches Musée imaginaire (wie es André Malraux später formulieren wird) vor Augen gebracht. Das Neueste von Picasso, Matisse, Kandinsky und Nolde, andererseits Plastiken aus Alt-Mexiko, Neukaledonien, ein „Häuptlingskragen aus Alaska“, Holzfiguren aus Kamerun und von den Osterinseln. Einerseits Cézanne, van Gogh und Gauguin (die schon als Klassiker gesehen werden), andererseits russische „Volksblätter“, japanische Masken und Schattenspielfiguren aus Ägypten. Einerseits Kubin, Macke, Kokoschka, Heckel, Kirchner und Pechstein, gleich daneben aber Votivbilder aus Bayern, Kinderzeichnungen von irgendwo, bayerische Hinterglasmalerei in faszinierend reicher Auswahl (ein Genre, das von nun an als Gegenstand der Kunstwissenschaft ernst genommen wird). Rousseau, der Zöllner – reichlich – Delaunay – und eine niederländische Seidenstickerei aus dem vierzehnten Jahrhundert, auf der die Enthauptung des heiligen Johannes dargestellt ist, eine malaiische Holzplastik und ein Holzschnitt – Thema: Ulysses und Circe – aus Hartmann Schedels *Liber cronicarum*, Nürnberg 1493.

Alles in allem: ein „visionärer Advent“. So der spätere Mitbegründer des dadaistischen „Cabaret Voltaire“ in Zürich, Hugo Ball aus Pirmasens, damals, 1912, Dramaturg an den Münchner Kammerspielen, über die Aufruhr- und Aufbruchstimmung unter den progressiven Künstlern in der bayerischen Hauptstadt. Es herrschte ein hymnisch-beschwörender Ton unter den jungen oder, wie Kandinsky, schon nicht mehr ganz jungen Talenten, die sich um das Sinnbild des Blauen Reiters versammelt hatten. Man sprach vom *Geistigen in der Kunst* – ein Buchtitel von Kandinsky aus dem Jahre 1910, veröffentlicht erst Anfang 1912 –, von der „mystisch innerlichen Konstruktion, die das große Problem der heutigen Generation ist“ und mit allem Nachdruck davon, „daß die Erneuerung nicht formal sein darf, sondern eine Neugeburt des Denkens“ sein müsse (Franz Marc). Hugo Ball, der in Kandinsky den eigentlichen „Propheten“ der Erneuerung sah, erwartete nicht mehr und nicht weniger als „die Wiedergeburt der Gesellschaft aus der Vereinigung aller artistischen Mittel und Mächte“.

Schon ein paar Monate vor dem Erscheinen des Almanachs hatten die Herausgeber die Münchner Galerie Thannhauser für eine Ausstellung gewonnen, die unter dem Namen „Erste Ausstellung der Redaktion Der Blaue Reiter“ am 18. Dezember 1911 eröffnet wurde. Sie konnte schon im März 1912 auch in Berlin gezeigt werden, Veranstalter war niemand anders als Herwarth

Walden, ein Mann, wenn irgend einer, der die Augen offen, die Nase im Wind hatte. Eben erst hatte er sich eine zum Abbruch bestimmte Villa an der Tiergartenstraße gesichert und in ihr eine Galerie eingerichtet, ein zweites Forum für seine kulturmissionarische Pionierarbeit. In Nr. 103 seiner Zeitschrift findet man nun also die Anzeige einer „Gemälde-Ausstellung Zeitschrift Der Sturm", es ist sein Debüt als Galerist; unter den Themen findet man außer dem Blauen Reiter auch seinen Freund Oskar Kokoschka, dem eine „Sonderschau" gewidmet ist, und einen Posten „Expressionisten" ohne nähere Angaben. Schon die zweite *Sturm*-Ausstellung, im April 1912, geht womöglich noch einen Schritt weiter, sie stellt italienische Avantgarde vor, es ist die erste Futuristen-Ausstellung in Deutschland überhaupt. Nell Walden, die zweite, aus Schweden stammende Ehefrau (ab 1912) hat uns in einer 1963 erschienenen Walden-Biographie darüber berichtet. Sie sei, erinnert sie sich, ein „spektakulärer Erfolg" gewesen, diese Veranstaltung, an manchen Tagen habe sie mehr als tausend Besucher angezogen.

Die Italiener traten nicht nur mit ihren Bildern, sondern auch mit verbalen Manifesten, die im *Sturm* gedruckt wurden, vor die Berliner Öffentlichkeit, und sie schlugen einen Ton an, wie man ihn in Deutschland noch kaum vernommen hatte, einen Tabula-rasa-Ton, der dem berühmten, schon 1909 im Pariser *Figaro* erschienenen Futuristischen Ur-Manifest des Dichters Marinetti an rhetorischer Lautstärke und exaltierter Radikalität nichts schuldig blieb. So erklärten sie zum Beispiel, „daß man sich gegen die Tyrannei der Worte ‚Harmonie' und ‚Guter Geschmack' empören" müsse, „daß die Kunstkritiker unnütz und schädlich" seien, „daß man alle schon benutzten Sujets wegkehren muß, um unser wirbelndes Leben von Stahl, Stolz, Fieber und Schnelligkeit auszudrücken", und „daß man es als Ehre ansehen muß, ‚verrückt' genannt zu werden, denn damit bemüht man sich die Neuerer zu knebeln", und dergleichen. Unter den Unterzeichnern dieser Erklärung findet man so namhafte Künstler wie Umberto Boccioni, Carlo D. Carrà, Luigi Russolo und Gino Severini.

Schon acht Tage später aber, in der 104. Ausgabe des *Sturm*, haben wir die Ehre mit Filippo Tommaso Marinetti persönlich, dem literarischen Wortführer der futuristischen Kunst, den Benn so sehr bewundert und mehr als einmal gefeiert hat, und wir finden eine deutsche Übersetzung seines Manifests vom 20. Februar 1909, das in Benns Augen zu den kanonischen Schriften der expressionistischen Ära gehört, weshalb es denn auch wiederholt mit Gusto zitiert wird. „Wir erklären", so war da zu lesen, „daß der Glanz der Welt sich um eine neue Schönheit bereichert hat: um die Schönheit der Schnelligkeit. Ein Rennautomobil, dessen Wagenkasten mit großen Rohren bepackt sind, die Schlangen mit explosivem Atem gleichen, ein heulendes Automobil, das auf Kartätschen zu laufen scheint, ist schöner als –" und nun passiert dem Übersetzer ein kleines Malheur, das den Eindruck entstehen lassen könnte, es habe irgendwann einmal eine Seeschlacht bei der nordägäischen Insel Samothrake gegeben –: „ist schöner als der ‚Sieg bei Samothrake' ..." Es versteht sich, daß wir die Marinettische Vittoria (oder Victoire) in die griechische Nike zurückübersetzen müssen, denn sie ist natürlich gemeint: die Nike von Samothrake, die weniger schön sein soll als das heulende, bei Benn einmal „rasende", einmal „brüllende" Automobil. Der Satz ist durch Benn bei uns besonders berühmt geworden, denn er hat in seinen späten Schriften, wenn er den Geist seiner expressionistischen Jugendjahre beschwören wollte, gern an ihn erinnert, nicht nur in dem Marburger Vortrag über *Probleme der Lyrik*.

„Nur im Kampf ist Schönheit", rief Marinetti. „Kein Meisterwerk ohne ein aggressives Moment –" und: „Wir sind auf dem äußersten Vorgebirge der Jahrhunderte! ... Wozu hinter uns blikken, da wir gerade die geheimnisvollen Tore des Unmöglichen brechen? Zeit und Raum sind gestern dahingegangen. Wir leben schon im Absoluten, denn wir haben schon die ewige, allgegenwärtige Schnelligkeit geschaffen." Man wird solchen Sätzen eine Art von exzentrischer Großartigkeit nicht ganz absprechen können. Um so erschreckender dann aber das unmittelbar Folgende, diese freilich auch wieder zeitgemäße, aber *wie* ahnungslos frevelhafte

Verherrlichung des Krieges: „Wir wollen den Krieg preisen, diese einzige Hygiene der Welt – den Militarismus, den Patriotismus, die zerstörende Geste des Anarchismus, die schönen Gedanken, die töten, und die Verachtung des Weibes." Schon hier, mehr als fünf Jahre vor Sarajewo, in den intellektuellen Exzessen eines dreiunddreißigjährigen Belle-Epoque-Menschen, haben wir vor uns das vollendete Miniaturmodell einer moralisch-politischen Katastrophe namens Faschismus. Marinettis Weg zu Mussolini, seine spätere Rolle, in den dreißiger Jahren, als Kulturbotschafter des Duce, sein bis zuletzt unbeirrbarer Militarismus – noch als Sechziger und Mittsechziger war er am Abessinienkrieg und am Zweiten Weltkrieg aktiv beteiligt (er starb Ende 1944 im Alter von achtundsechzig Jahren): dies alles ist hier in aphoristischer Form schon „programmatisch" vorweggenommen.

Walter Benjamin hat im Nachwort zu seinem Essay über *Das Kunstwerk im Zeitalter seiner technischen Reproduzierbarkeit* (1936) aus einem zur Propagierung des abessinischen Kolonialkrieges in einer Turiner Zeitung veröffentlichten Manifest von Marinetti zitiert, um seine eigenen Ausführungen über die Ästhetisierung der Politik und die Glorifizierung des Krieges durch den Faschismus zu belegen. In diesem wahrhaft grauenerregenden Text liest man folgendes: „Seit siebenundzwanzig Jahren erheben wir Futuristen uns dagegen, daß der Krieg als antiästhetisch bezeichnet wird ... Demgemäß stellen wir fest: Der Krieg ist schön, weil er dank der Gasmasken, der schreckenerregenden Megaphone, der Flammenwerfer und der kleinen Tanks die Herrschaft des Menschen über die unterjochte Maschine begründet. Der Krieg ist schön, weil er die erträumte Metallisierung des menschlichen Körpers inauguriert. Der Krieg ist schön, weil er eine blühende Wiese um die feurigen Orchideen der Mitrailleusen bereichert. Der Krieg ist schön, weil er das Gewehrfeuer, die Kanonaden, die Feuerpausen, die Parfums und Verwesungsgerüche zu einer Symphonie vereinigt. Der Krieg ist schön, weil er neue Architekturen, wie die der großen Tanks, der geometrischen Fliegergeschwader, der Rauchspiralen aus brennenden Dörfern und vieles andere schafft ... Dichter und

Künstler des Futurismus ... erinnert euch dieser Grundsätze einer Ästhetik des Krieges, damit euer Ringen um eine neue Poesie und eine neue Plastik von ihnen erleuchtet werde!"

Marinetti kam im April 1912 zur Eröffnung der Futuristen-Ausstellung in Waldens Galerie zum ersten Male nach Berlin und knüpfte die ersten Beziehungen zu den dortigen Künstlern und Literaten an; schon im November brachte Alfred Richard Meyer in der Reihe seiner LYRISCHEN FLUGBLÄTTER ein Heft von ihm heraus: *Futuristische Dichtungen*, übersetzt von Else Hadwiger. Im Frühjahr 1913 kam er zum zweitenmal, diesmal zu einer Lesung, die von einem jungen Zuhörer, der selbst noch am Anfang seiner Laufbahn stand, mit leicht amüsiertem Staunen, aber nicht ohne Skepsis besprochen wurde: „Im Choralionsaal ließ ein feuersprühender Vortrag F.-T. Marinettis, des Erfinders, Begründers und Führers des Futurismus, ein beifallsfreudiges und überhaupt sehr heiteres Publikum wieder erkennen, daß jede, aber auch jede künstlerische Theorie richtig ist: für den, der sie aufstellt ..."* Zeitgenosse Rudolf Leonhard (1889–1953), der Schreiber dieser Zeilen, ist kurz vor seinem Tode noch einmal im Memoirenton auf diesen Marinetti-Besuch zu sprechen gekommen. Er hatte sich nach expressionistischen Anfängen zum linksradikalen Publizisten und Liebknecht-Anhänger entwickelt, war 1927 nach Frankreich gezogen, dort 1939 interniert worden, schließlich im französischen Untergrund aktiv gewesen, die letzten Lebensjahre hatte er in Ost-Berlin verbracht. Sein 1955 (in *Rudolf Leonhard erzählt*, herausgegeben von Maximilian Scheer) veröffentlichter Bericht rückt die Figur des Italieners, was niemanden verwundern kann, in eine ziemlich kritische Beleuchtung, weiß uns nebenher aber auch einen Eindruck von dem Stil und der Atmosphäre derartiger Abende im Walden-Kreis zu vermitteln. Er nennt seinen Marinetti den „General der Futuristen, Abgesandten der antiklassizistischen Jugend Italiens, die, verstanden und glaubten wir, ein lebendiges, regsames Land

* Zitiert nach: *Expressionismus. Aufzeichnungen und Erinnerungen der Zeitgenossen.* Hrsg. von Paul Raabe, Olten und Freiburg 1965, S. 333.

an die Stelle eines musealen, ein Land von Schöpfern und Schaffenden an die Stelle eines von Touristenhoteliers setzen wollte. Die Sitzung", so fährt er fort, „präsidierte gelbmähnig, elfenbeingesichtig, spitznäsig, intelligenten Blicks und wachsam Herwarth Walden, eifersüchtig und klug klassifizierender Herbergsvater jeder neuen ‚Richtung'. Marinetti schnellte südländisch, aber mit berechneter Elastizität auf seinem Stuhle hin und her; glatzköpfig schon, mit weiter Eleganz, mit weiten, aber präzisen Gesten, mit sehr viel genau drainiertem – ja, und trainiertem – Überschwang ... Er blickte schnell überall herum, mit raschen, funkelnden, vielleicht mißtrauischen, aufgeregten Augen in einem weichen, sich immer wieder spannenden und festigenden blassen Gesicht. Er war überall im Gespräch, er sprach sehr viel, Berlin gefiel ihm enorm, und es war, als wäre das ein besondres Berlin, sein Berlin, seine Domäne, als wäre Berlin für ihn vorbereitet, als wäre es plötzlich voll von ihm. Das war, heute weiß ich das, kein Dichter, kein Künstler, das war ein Gesandter, einer, der mit Lärm verdeckte, daß er nur ein inoffizieller Gesandter war, ohne andres Beglaubigungsschreiben als die Signatur der Bilder von anderen, ohne andres Agrément als unser wahlloses Interesse im Café Josty; und das war, heute ist es klar, kein Organisator, sondern ein Unternehmer ..."*

Am 29. März 1934, rund fünfundzwanzig Jahre nach der Herausgabe des *Futuristischen Manifests*, erschien Marinetti noch einmal in Berlin, diesmal war es fast ein Staatsbesuch, er kam als Präsident des Italienischen Schriftstellerverbandes und oberster Repräsentant der faschistischen Literatur in die Hauptstadt des „Neuen Deutschland", und Gottfried Benn hatte, stellvertretend für Hanns Johst in dessen Eigenschaft als Präsident einer „Union nationaler Schriftsteller" die Ehre, die Begrüßungsrede zu halten. Er nannte den hohen Gast „Testa di ferro: Kopf aus Eisen" und „großer Marinetti". Die vorgeschriebene Anrede war „Exzellenz".

* Vgl. *Expressionismus*, a.a.O., S. 122f.

„Meine Generation“

Wir haben uns verhältnismäßig eingehend mit einer Zeitschrift beschäftigt, in der Gottfried Benn erst ziemlich spät, im Januar 1913, zum ersten Male gedruckt worden ist, und zwar mit dem kurzen Prosastück *Nocturno*, und danach, als Lyriker, nur noch ein einziges Mal mit zwei Gedichten, *Kurkonzert* und *Untergrundbahn*, zu Wort gekommen ist, im Mai 1913. War Waldens Verhältnis zur expressionistischen Literatur weniger intensiv oder weniger treffsicher als sein Geschmack für die gleichzeitige Malerei? Oder hat es sich nur eben einfach so ergeben, „zufällig“ oder aufgrund persönlicher Sympathien, daß im Falle Benn nicht Walden, sondern der andere, der Rivale in der Berliner Szene, den Zuschlag erhielt, Franz Pfemfert, der Herausgeber der *Aktion*? Wer die ersten zwei, drei Jahrgänge des *Sturm* durchblättert, der wird sich sagen müssen, daß in der Tat das bildnerische Element den literarischen Teil an Effektivität, Einhelligkeit und avantgardistischem Elan übertrifft. Die Literatur, durch Autoren wie Alfred Döblin und Kurt Hiller, durch Scheerbart und Schickele, nicht zuletzt durch Else Lasker-Schüler und Jakob van Hoddis, gelegentlich auch Mombert und Paul Zech gewiß nicht unbedeutend vertreten, wirkt doch im ganzen diffuser, weniger zielbewußt, auch weniger „expressionistisch“ als das Aufgebot an bildender Kunst. Jedenfalls scheint sich in der Sicht des Publikums die Sachlage so dargestellt zu haben, daß der *Sturm*-Herausgeber in erster Linie für die bildende Kunst, der Mann der *Aktion* dagegen vor allem für die Wort-Künstler zuständig gewesen ist. Der Zeitgenosse Heinrich Eduard Jacob (1889–1967), geborener Berliner, gestorben in New York, Romanschreiber und Zeitungsmann, hat im Hinblick auf das expressionistische Berlin sogar von einem „Kriegszustand zwischen

Bild und Wort“ gesprochen: „Also zwischen der Zeitschrift der Maler, Herwarth Waldens ‚Sturm‘, und Franz Pfemferts ‚Aktion‘. Die ‚Aktion‘ war die Zeitschrift des tätigen oder Tat werden wollenden Wortes, auch des politisch geladenen Wortes. (Daß sie ausgezeichnete Holzschnitte hatte, war eher eine Beigabe.) Und der ‚Sturm‘ – obwohl darin auch Else Lasker-Schülers Gedichte, Glossen und Sprachscherze erschienen – brach doch hauptsächlich Bahn für die Maler. Das schloß sich damals geradezu aus!“*

Diese Darstellung ist offensichtlich übertrieben (zahlreiche Autoren, auch Jacob selbst, waren gleichzeitig dem *Sturm* und der *Aktion* als Mitarbeiter verbunden), zutreffend ist aber der Hinweis auf das stark ausgeprägte politische Bewußtsein von Waldens Gegenspieler. So hatte er gleich in der ersten Nummer seiner Zeitschrift erklärt: „Die Aktion tritt, ohne sich auf den Boden einer bestimmten politischen Partei zu stellen, für die Idee der großen deutschen Linken ein. Die Aktion will den imposanten Gedanken einer ‚Organisation der Intelligenz‘ fördern und dem lange verpönten Wort Kulturkampf (in einem freilich nicht bloß kirchenpolitischen Sinn) wieder zu seinem alten Glanz verhelfen. In den Dingen der Kunst und Literatur sucht die Aktion ein Gegengewicht zu bilden zu der traurigen Gewohnheit der pseudoliberalen Presse, neuere Regungen lediglich vom Geschäftsstandpunkt aus zu bewerten, also sie totzuschweigen.“ Pfemfert (1879–1954), gebürtiger Ostpreuße, hatte nach mehrjäriger Mitarbeit an der Anarchistenzeitschrift *Kampf* Anfang 1910 die Redaktion der Berliner Wochenschrift *Der Demokrat* übernommen, doch war er schon ein Jahr später wegen eines Beitrags von Kurt Hiller mit dem Herausgeber und Besitzer in Konflikt geraten und hatte sich von ihr getrennt. Eine ganze Anzahl von wichtigen Mitarbeitern hatte sich mit ihm solidarisch erklärt und dem Exodus angeschlossen. Man beschloß eine neue unabhängige Zeitschrift zu gründen, und man brauchte ganze drei Wochen, um den Plan zu verwirklichen. Am 20. Februar 1911 erschien die erste Ausgabe der *Aktion*. Sie hat mehr als

* Vgl. *Expressionismus*, a.a.O., S. 15f.

einundzwanzig Jahre lang existiert, mußte 1932 eingestellt werden. Für den Herausgeber und seine Frau, eine geborene Russin, kam nach Hitlers Machtergreifung nichts anderes in Frage als die sofortige Emigration. Endstation (1940) war Mexico City.

Zu den Beiträgern der *Aktion* gehörten radikale Politiker wie Karl Liebknecht, Rosa Luxemburg und, wie schon erwähnt, der militante Pazifist Georg Friedrich Nicolai. Aber auch die Blüte der literarischen Jugend des frühen Expressionismus gehörte dazu, Benn und Becher, Georg Heym und Else Lasker-Schüler, Jakob van Hoddis, Alfred Wolfenstein, Ernst Stadler, Ludwig Rubiner, Iwan Goll, Erwin Piscator und andere. „Der Expressionismus", so schrieb Zeitgenosse Franz Jung in seinen Erinnerungen an Pfemfert und die *Aktion*, „war bereits Teil einer revolutionären Bewegung mit starken Akzenten der Sozialkritik." Dieser Franz Jung (1888–1963), aus dessen Selbstbiographie *Der Weg nach unten* (1961) der Satz zitiert ist, war eine mehr als abenteuerliche Figur, ein „Expressionist" von der extrovertiertesten Art. Mitarbeiter der *Aktion*, vielfacher Buchautor, Journalist, Improvisator in allen möglichen Branchen, auch Kriegsfreiwilliger, Zuchthäusler, Pennbruder, Dadaist und Kommunist und auch wieder kritischer Apostat des Kommunismus, Organisator einer spektakulären Schiffsentführung auf hoher See im April 1920, die Schlagzeilen machte und den Zweck hatte, ihn selbst und ein paar Kumpels illegal nach Leningrad zu expedieren und zum Genossen Wladimir Iljitsch persönlich vorzudringen: ein Chaotiker und tragikomischer Berufsrebell, der es irgendwie fertiggebracht hat, aus seiner prinzipiellen Querköpfigkeit eine Art von Karriere zu machen. Was er über die sozialkritischen „Akzente" des Expressionismus sagt, ist durchaus nicht falsch, aber wahr ist auch, daß Pfemfert bei all seiner politischen „Geladenheit" der schieren poetischen Qualität um ihrer selbst willen den denkbar weitesten Spielraum konzedierte. So ist es zu erklären, daß ein im Sinne Pfemferts eher un-, ja antipolitischer Dichter wie Benn in der *Aktion* so eindrucksvoll reüssieren konnte. Kaum ist *Morgue* erschienen und hat sich ein wenig herumgesprochen, da findet man schon in der Ausgabe vom

26. Juni 1912 das erste Benn-Gedicht – *Mann* –, und eine lange Reihe von Geschwistern wird folgen, darunter zum Beispiel, in der Ausgabe vom 20. Februar 1913, *Gesänge*. Andere Zeitschriften, die sich für Benn interessieren, sind außer dem *Sturm* der von Wilhelm Herzog und dem Kunsthändler Paul Cassirer herausgegebene *Pan* (Berlin) und die 1913 in Leipzig gegründeten und ab Ende 1914 in Zürich erscheinenden, von dem Elsässer René Schickele redigierten *Weißen Blätter*.

Man war natürlich, wenn man in der *Aktion* einen sicheren Platz hatte, alles andere als „arriviert". (Die „Aktion", erinnert sich Franz Jung, zahlte keine Honorare.) Man war ein Skandal, man war äußerste Linke, man zählte – analog zu den „Fauves" in Paris – zu den Wilden von Berlin. Von den Malern unterschied man sich vor allem dadurch, daß man über sich selbst, stilkritisch gesprochen, viel weniger genau Bescheid wußte als sie. Den Worringer für Autoren, der ihren Lesern und womöglich auch ihnen selbst mit präzisen Begriffen hätte darlegen können, welchen Weg sie eingeschlagen hatten, den gab es eben nicht. H. E. Jacob vereinfacht die Sachlage, aber er trifft etwas Richtiges, wenn er sagt: „Was Expressionisten sind, wußte 1920 ein jeder, 1910 aber, als der Expressionsimus begann, wußte es eigentlich noch niemand ... Und vor allem die Expressionisten selbst nicht! Höchstens die Maler wußten es, weil sie – und ja sehr bewußt! – Anti-Impressionisten waren." Man muß hinzufügen, daß noch um 1920 auf die Frage, was denn an den „expressionistisch" genannten Autoren das Gemeinsame und eigentlich Kennzeichnende sein sollte, ganz verschiedene Antworten möglich waren, und daß es äußerst schwierig gewesen wäre, die verschiedenen Spielarten expressionistischer Autorschaft auf einen theoretischen Nenner zu bringen.

Benn selbst hat noch ein Jahr vor seinem Tode ein Gefühl von Unsicherheit gegenüber der Frage, was denn unter dem berühmten Begriff genau zu verstehen war, öffentlich ausgesprochen. Für die von Max Niedermayer, seinem letzten Verleger bei Lebzeiten, vorbereitete Anthologie expressionistischer Lyrik, die 1955 erscheinen sollte, hatte er sich, wie erwähnt, bereit erklärt, eine Einleitung zu verfassen. Er hat es sich, was man verdienstvoll nennen muß, nicht leicht gemacht; gleich anfangs hat er ein Problem ins Visier genommen, das bis dahin offenbar noch niemand problematisch gefunden hatte: die Titelfrage. „Der Titel“, sagt er, „sollte ursprünglich lauten: ‚Lyrik des Expressionismus‘. In dieser Form erhielt ich Einblick in das Manuskript, und nun begannen die Schwierigkeiten. Ich fand, daß eine große Zahl von den ausgesuchten Gedichten mit Expressionismus nichts zu tun hatten, ja ich wußte selbst bei den aus meiner Produktion ausgesuchten Versen nicht, warum sie expressionistisch sein sollten. ‚Der Arzt‘, ‚Englisches Café‘, ‚Der junge Hebbel‘ – wieso expressionistisch? Hatzfeld, Kasack, Klabund, Lichnowsky, Loerke, Vagts – wieso Expressionisten? Und nun begannen die Schwierigkeiten zu einem Problem zu werden, das den Verleger und mich wochenlang beschäftigte. Der Verleger sagte: Der und der sind in der und der literarhistorischen Abhandlung von dem und dem als Expressionisten bezeichnet. Das und das Gedicht ist von dem und dem Essayisten als typisches expressionistisches Gebilde angeführt. Ich sagte, wissen Sie nun aber daraufhin, was ein expressionistisches Gedicht eigentlich ist? Ich meinerseits weiß es nicht, wäre es nicht vielleicht angebracht, von einem namhaften Experten der modernen Literatur etwa sechs der von Ihnen ausgesuchten Gedichte analysieren zu lassen, um den spezifisch expressionistischen Stil dem Publikum darzustellen? Diese könnten dann als Test gelten. Alles schon geschehen, sagte der Verleger, siehe oben, eine einheitliche Auffassung liegt nicht vor, lassen Sie uns beide weiterstudieren.“

Die Titelfrage wurde schließlich gelöst, indem man – eine überzeugende Entscheidung – das Buch unter dem Namen *Lyrik des expressionistischen Jahrzehnts* hinausgehen ließ. („Daß dies das Jahrzehnt von 1910 bis 1920 war“, sagt Benn dazu, „ist wohl allgemein bekannt.“) Man hatte sich also unter dem Druck der eingangs dargestellten „Schwierigkeiten“ entschlossen, auf stil- und motivgeschichtlichen Kriterien nicht zu bestehen und statt dessen für den Zeitbegriff zu optieren: das Jahrzehnt – und damit schon im Titel das Außerliterarische, das Welt- und Zeitgeschichtliche, nicht zuletzt das Biographische anzusprechen, den allgemeinen historischen Horizont. Das war keine Verlegenheitslösung, es bezeichnet, was zu bezeichnen war, so treffend wie möglich. Auch der Verfasser der Einleitung, nachdem er allerlei Denkwürdiges, Witziges, Brillantes zum Thema Literarischer Expressionismus zum besten gegeben hat, am Ende seiner Ausführungen schiebt er einen zeit-, geschichte- und personbezogenen Begriff in den Vordergrund: den der Generation. „Noch aber steht sie da: 1910–1920. Meine Generation! Hämmert das Absolute in abstrakte, harte Formen: Bild, Vers, Flötenlied. Arm und rein, nie am bürgerlichen Erfolg beteiligt, am Ruhm, am Fett des schlürfenden Gesindes. Lebt von Schatten, macht Kunst. Meine Generation – und heute fast alle tot – nur in den bildenden Künsten sind noch einige große Alte da ..."

Expressionismus: das war das Erlebnis der „reißenden Zeit", um es mit einer Formel des späten Hölderlin, der eben damals, um 1910, entdeckt wurde, zu sagen. Es war nicht Schule oder Gruppe, sondern „Bewegung". Kein klar definierter Stilwille, sondern Stimmung, Lagegefühl, divinatorisch witterndes Vorgefühl kommender Katastrophen von ungeheuerlichen Dimensionen. Es war der Sturm-und-Drang-Elan einer jungen Generation, die in einer gewittrig-schwülen, mit explosiver Zukunft geladenen Weltstunde, einer Stunde ohnegleichen, zum Bewußtsein ihrer Mündigkeit erwachte.

Expressionismus: das war der prinzipielle, von Anfang an programmierte Doppelsinn des Avantgarde-Modells der (bisher immer noch jüngsten) Moderne in (immer noch) mustergültiger Entfaltung. Einerseits die von Kandinsky im Namen der jungen Münchner Maler erhobene Forderung, „die bisherigen Grenzen des künstlerischen Ausdrucksvermögens zu erweitern"; andererseits der von Johannes R. Becher, einem der jüngsten Lyriker der Bewegung, recht effektvoll formulierte Schlachtruf: „Laßt uns die Schlagwetter-Atmosphäre verbreiten!" aus einem oft, unter verschiedenen Titeln, nachgedruckten Gedicht, mit dem Kurt Pinthus den dritten Abschnitt seiner *Menschheitsdämmerung – Aufruhr und Em-*

pörung – beginnen läßt. Ein – grob gesprochen – „ästhetisches" und ein „gesellschaftliches" Programm. Für beide gilt das Stichwort *Revolution*: Titel einer Zweiwochenschrift, die 1913 von Heinrich Franz Bachmair, Bechers Freund und erstem Verleger, in München herausgebracht wurde, ihre fünfte Nummer aber nicht überlebt hat.

Zur Verdeutlichung des expressionistischen Milieus, wie es beispielsweise zur Zeit der ersten *Sturm*-Ausstellungen in Berlin gegeben war, zitieren wir einige Passagen aus den Erinnerungen eines Mannes, der 1912 noch zu jung war, um als Autor gezählt zu werden, aber schon aufgeweckt genug, um zu verstehen, was vor sich ging, des gebürtigen Berliners Walter Mehring (1896–1981): „Ich war ein Sechzehnjähriger, also in meiner frischesten Pubertät, als ich mit einem ähnlichen Lustgefühl wie zu anderen Lasterstätten in das ‚Sturm'- und ‚Aktions'-Milieu hineingeriet und somit in die Bohème, die in Berlin im alten Café des Westens – Café Größenwahn – und in allen Metropolen Europas ihre Verschwörerstammtische hatte, mit ihren kanonisierten Genies, dem Marquis de Sade, Walt Whitman, Rimbaud, Laforgue, Dostojewskij und Strindberg, mit ihren Geheimtalenten, die nur Eingeweihten bekannt waren (Apollinaire, Franz Kafka, Franz Werfel), mit ihren Märtyrern: dem Vaganten Peter Hille, der sich zu Tode hungerte, dem russischen Sozialrevolutionär Senna Hoy, dessen ‚Briefe aus der sibirischen Gefangenschaft' an die ‚Aktion' von einer Sympathiekundgebung einer damals noch solidarischen Intelligenz beantwortet wurden.*

Das Jahrzehnt nach der Jahrhundertwende bis zum Weltkrieg

* Einen „russischen Sozialrevolutionär" dieses Namens hat es nicht gegeben. Der Name „Senna Hoy" ist nichts anderes als der von rückwärts gelesene deutsche Vorname Johannes; gemeint ist der junge Berliner Intellektuelle Holzmann, der mit der Erfinderin dieses „Pseudonyms", Else Lasker-Schüler, zeitweise liiert war und in ihren *Gesammelten Gedichten* (1917) mit zehn schwärmerischen Gedichten gefeiert wird. Er war als Zwanzigjähriger mit hochherzigen Reformideen nach Rußland gegangen und während der Revolution von 1905 der zaristischen Polizei ins Garn gegangen. Nach jahrelanger Gefangenschaft hat er schließlich zu einem nicht genau bekannten Zeitpunkt während des Ersten Weltkrieges in der Haft den Tod gefunden.

wurde die entscheidende Epoche jener letzten großen Revolution, die keine Fahne hochhielt, in keiner Landesfarbe, die nicht auf Barrikaden stattfand, sondern auf Staffeleien und Paletten, gleichzeitig in einer Pariser Montmartre-Baracke, dem ‚Bateau Lavoir', wo auf Leinwandwindeln der Kubismus zur Welt kam (gezeugt von Braque und Picasso, getauft von Matisse), gleichzeitig in einem bayerischen Wirtshaus zu Sindelsdorf, dem der ‚Blaue Reiter' entsprang: Kandinskys und Franz Marcs Almanach 1911*, des Heilsjahres eins unseres Kunstzeitalters. ‚Es handelt sich um eine echte Revolte, um eine völlige Umwälzung unseres Geschmacksbegriffs, deren Folgen noch nicht abzusehen sind!' hatte Franz Marc, der Legendenmaler der ‚Tierschicksale', prophezeit."

Dann der erste Auftritt der Futuristen in Berlin: ‚Auf meinem Schulweg ins Wilhelmsgymnasium in der Bellevuestraße hatte ich (ihn) miterlebt, als der glatzköpfige Futuristen-Cäsar, F. T. Marinetti, aus einem Autotaxi seine Manifest-Zettel auf den Bürgersteig schleuderte: ‚Wir stehen auf der Plattform der Jahrhunderte ... Zerstört die Museen! Brennt die Bibliotheken nieder! ... Wir bekämpfen den Moralismus, den Feminismus und alle opportunistischen, nutzbringenden Feigheiten ...!'

Blindlings rannte ich dem Taxi hinterdrein, um die Ecke, in den ‚Sturm' (Tiergartenstraße 34a), in die turbulenteste Bilderschau, die mir je zu Gesicht gekommen war.

Daß eine Ausstellung so stürmisch verlaufen sollte, das hatte ich nicht geahnt; nicht für möglich gehalten, daß Dispute über Stilprobleme in eine Saalschlacht zwischen geladenem Publikum und ausländischen Ehrengästen ausarten würden, in ein Gebrüll: ‚Evviva l'amore! – Evviva Garibaldi! – Evviva Futurista!' – und: ‚Raus damit!' und: ‚Wo bleibt denn die Polizei?' – die auch prompt, schnauzbärtig, spitzbehelmt einschritt ...

Heut, im Rückblick, scheint es kaum noch vorstellbar, wie Guido** Severinis ‚Pan-Pan-Tanz im Monico', ein Farbenragtime

---

* Irrtümlich statt 1912. Gemeint ist der Almanach *Der Blaue Reiter*.

** Irrtümlich statt Gino.

kunterbunt zerwürfelter Gesichter und Schenkel, Ballas ‚Rüttelnde Droschke', Boccionis in Azurblau zerklirrendes ‚Lachen' – wie solche längst schon museumsreife, kunsthistorischen Experimente – hysterische Nervenerschütterungen bei der Zuschauerschaft verursachen konnten.

Tatsächlich ereignete sich ein Formbeben, das die Perspektiven, die Symmetrie, die traditionellen Schönheitsbegriffe fundamental umgestaltet hat."

Schließlich noch ein Blick auf die beiden „Haupträdelsführer" der großen Revolte, von denen es heißt, sie seien „einhellig gegen den herrschenden Geschmack blasierter Snobs, der Bildungsphilister, der Altmeister des Akademiekitsches" gewesen, aber „unversöhnlich gegeneinander: Walden sardonisch, spitzfindig; Pfemfert grobianisch, berlinisch ‚kess', auch äußerlich schon Kontraste. Walden, ein strohgemähntes Rumpelstilzchen, affektiert, widerborstig, der aber seine Stachelhaut abwarf, sobald er, von einem Kunstwerk bezaubert, in Ekstase geriet ... Pfemfert, ein bißchen sozialistischer Wandervogel, ein pfiffiger, rüder Plebejer, aber im Grunde doch auch so ein exaltierter Schwärmer, wenn es um ‚Kunst, Kultur und Politik' ging.

Walden und Pfemfert, Fanatiker, Doktrinäre beide, repräsentierten die überstaatliche Bohème, die jeden Publikumserfolg anrüchig fand, jede journalistische Konzession als Gesinnungsfrevel verpönte."*

Soviel aus der Perspektive von 1961 von Walter Mehring über jene „letzte große Revolution" ohne Fahnen und Barrikaden. Die Gegenfigur, gesehen aus der Perspektive von 1911, ist die Revolution als politischer Akt: Aufruhr, Empörung, Gewalt und Sein-Leben-in-die-Schanze-Schlagen. Wunschtraum und Phantasieprodukt eines jungen Dichters, der heute neben Trakl und Stadler als der bedeutendste Lyriker des Frühexpressionismus angesehen wird, sein Name ist Georg Heym (1887–1912). Hier seine Tagebuch-Eintragung vom 15. September 1911: „Mein Gott – ich er-

* Vgl. *Expressionismus*, a.a.O., S. 116ff.

sticke noch mit meinem brachliegenden Enthousiasmus in dieser banalen Zeit. Denn ich bedarf gewaltiger äußerer Emotionen, um glücklich zu sein. Ich sehe mich in meinen wachen Phantasien immer als einen Danton, oder einen Mann auf der Barrikade, ohne meine Jacobinermütze kann ich mich eigentlich gar nicht denken. Ich hoffe jetzt wenigstens (!) auf einen Krieg. Auch das ist nichts. Mein Gott, wäre ich in der französischen Revolution geboren, ich hätte wenigstens gewußt, wo ich mit Anstand hätte mein Leben lassen können, bei Hohenlinden oder Jémappes."

Er war, als er das niederschrieb, fast vierundzwanzig, hatte ein abgeschlossenes Jura-Studium hinter sich und war eben im Begriff, berühmt zu werden. Erste öffentliche Lesung am 6. Juli 1910 in Kurt Hillers „Neopathetischem Cabaret", sein erster großer Gedichtband, *Der ewige Tag*, der einzige bei Lebzeiten, war im Frühjahr 1911 im Verlag des gleichaltrigen Ernst Rowohlt in Leipzig erschienen, es war der erste expressionistische Lyrikband überhaupt. „Georg Heym", so schrieb Kurt Hiller damals in der Zeitschrift *Pan*, „ist der wuchtigste, riesenhafteste, der dämonischste, zyklopischste, ein Platzendes Hinhauender unter den Dichtern dieser Tage. Dabei ohne fuchtelnden Teutonismus; vielmehr einfühlsam in die Schrecken der Erde, kubinesk, steil, wüst-starr, mongolisch, Drache auf chinesischen Wandschirmen ..." Heym ertrank zusammen mit seinem Freund Ernst Balcke am 16. Januar 1912 beim Eislauf in der Nähe von Schwanenwerder auf der Havel, und zwar bei dem Versuch, den andern, der in offenbar selbstmörderischer Absicht in ein Eisloch gesprungen war, zu retten.* Er starb einen sogenannten tragischen Tod, doch war dieser Tod seiner kühnen, draufgängerischen, ganz und gar nicht literatenhaften Natur nicht ungemäß. Hiller hat das fast fünfzig Jahre später in seiner Marbacher Rede selbst hervorgehoben: „Übrigens war er als leibliches Phänomen das Schulbeispiel der Frische und Gesundheit; ich sehe ihn noch vor mir, als er 1910 zum ersten Male in unserem Club erschien, blühend, schnittig, straff, sportlich, offiziershaft. Er

* Vgl. Claire Jung, *Erinnerungen an Georg Heym*. In: *Expressionismus*, a.a.O., S. 47.

war von Brotberuf Jurist, erst jetzt wird bekannt, daß er kurz vor seinem frühen tragischen Tod ernsthaft geplant hat, umzusatteln und Offizier zu werden. Das paßte durchaus zu ihm ..."

Es „paßte" auch zu ihm, daß er den Krieg, den er in einem seiner berühmtesten Gedichte – „Aufgestanden ist er, welcher lange schlief" – weissagerisch angekündigt hatte, herbeiwünschte, ohne doch zu ahnen, was das realiter für ein Krieg sein würde, den er sich da als wünschenswert in den Kopf gesetzt hatte. Dies aber, eben dies war sehr zeitgemäß. Dieser Widerwille gegen einen faulen, stinkenden, überständigen und unheilbrütenden Frieden, dies Lechzen nach Fatum: Lebenshunger und Todestrieb in einem, der Mensch, hat Benn gesagt, will leben, aber der Mensch will auch untergehn (Vgl. GW II, S. 117). Heyms Aufzeichnung scheint die schauerliche Kriegsbegeisterung in den Tagen der Mobilmachung von 1914 gewissermaßen vorwegzunehmen, sie ist symptomatisch und doch auch wieder höchst persönlich, Selbstgespräch eines Einzelnen, der in einer verzweifelten, sehr jugendlichen inneren Krise steckt, und zum Schluß dann dieser visionäre Entwurf einer revolutionären Massenszene, dem man seine Bewunderung nicht versagen kann: „Alle diese Jentsch, u. Koffka, alle diese Leute können sich in diese Zeit eingewöhnen, sie alle, Hebbelianer, Leute des Innern, können sich schließlich in jeder Zeit zurecht finden, ich aber, der Mann der Dinge, ich, ein zerrissenes Meer, ich immer in Sturm, ich der Spiegel des Außen, ebenso wild und chaotisch wie die Welt, ich leider so geschaffen, daß ich ein ungeheures, begeistertes Publikum brauche um glückselig zu sein, krank genug, um mir nie selbst genug zu sein, ich wäre mit einem Male gesund, ein Gott, erlöst, wenn ich irgendwo eine Sturmglocke hörte, wenn ich die Menschen herumrennen sähe mit angstzerfetzten Gesichtern, wenn das Volk aufgestanden wäre, und eine Straße hell wäre von Pieken, Säbeln, begeisterten Gesichtern, und aufgerissenen ‚Hemden'."

Heym hat in seinen Gedichten mehrmals Ereignisse und Persönlichkeiten aus der Geschichte der Großen Französischen Revolution zum Thema gemacht, aber das bekannteste, beliebteste, das eigentliche Kultgedicht der revolutionär gestimmten Jugend im expressionistischen Berlin stammt nicht von ihm, sondern von seinem Altersgenossen und Bewunderer Jakob van Hoddis (1887–1942). Das Gedicht heißt *Weltende*, ist nur acht Zeilen lang und wurde am 11. Januar 1911 in der Wochenschrift *Der Demokrat*, damals noch redigiert von Franz Pfemfert, zum ersten Male gedruckt. Es ist in zahllose Anthologien eingegangen, auch Pinthus hat es mit gutem Grund an den Anfang seiner *Menschheitsdämmerung* gesetzt, es war, wie Becher sich ausgedrückt hat, „die Marseillaise der expressionistischen Rebellion". Hier ist, noch einmal, der Text:

Dem Bürger fliegt vom spitzen Kopf der Hut,
In allen Lüften hallt es wie Geschrei.
Dachdecker stürzen ab und gehn entzwei
Und an den Küsten – liest man – steigt die Flut.

Der Sturm ist da, die wilden Meere hupfen
An Land, um dicke Dämme zu zerdrücken.
Die meisten Menschen haben einen Schnupfen.
Die Eisenbahnen fallen von den Brücken.

Becher (1891–1958), ein gebürtiger Münchner, der damals in Berlin studierte, hat in seinem Erinnerungsbuch *Das poetische Prinzip* (1957 in Ost-Berlin) die einzigartige Wirkung dieser Verse auf ihn selbst und seine Freunde zu beschreiben versucht: „Diese zwei Strophen, o diese acht Zeilen schienen uns in andere Menschen verwandelt zu haben, uns emporgehoben zu haben aus einer Welt stumpfer Bürgerlichkeit, die wir verachteten, und von der wir nicht wußten, wie wir sie verlassen sollten. Diese acht Zeilen entführten uns. Immer neue Schönheiten entdeckten wir an diesen acht Zeilen, wir sangen sie, wir summten sie, wir murmelten sie, wir pfiffen sie vor uns hin, wir gingen mit diesen acht Zeilen auf den Lippen in die Kirchen, und wir saßen, sie vor uns hinflüsternd, mit ihnen beim Radrennen …" Von „wandeln", „Verwandlung" und „Renaissance" ist mehrfach die Rede und von allen möglichen wundertätigen Wirkungen, deren Glaubwürdigkeit freilich durch einen gewissen parteirhetorischen Trampelton, wie er für den alternden Becher, den Kulturminister im Reiche des Genossen Ulbricht, charakteristisch war, ein wenig beeinträchtigt wird: „Alles, wovor wir sonst Angst oder gar Schrecken empfanden, hatte jede Wirkung auf uns verloren. Wir fühlten uns wie neue Menschen, wie Menschen am ersten geschichtlichen Schöpfungstag, eine neue Welt sollte mit uns beginnen, und eine Unruhe schworen wir uns zu stiften, daß den Bürgern Hören und Sehen vergehen sollte und sie es geradezu als Gnade betrachten würden, von uns in den Orkus geschickt zu werden. Wir standen anders da, wir atmeten anders, wir gingen anders, wir hatten, so schien es uns, plötzlich einen doppelt so breiten Brustumfang, wir waren auch körperlich gewachsen, spürten wir, um einiges über uns selbst hinaus, wir waren Riesen geworden …"

Ein Geschlecht von Riesen also, wenn wir das richtig verstanden haben, enthusiastisch, verschwärmt, gegenwartstrunken und wohnhaft – siehe Marinetti – „auf dem äußersten Vorgebirge der Jahrhunderte". Sie sagen „Weltende" und meinen Wiedergeburt, sie prophezeien den Krieg und nehmen den Horror der Leichenschauhäuser, der Krebsstationen und Nachtcafés, nehmen noch den letzten Rotz und Rattendreck in den Kaldaunen von Berlin auf ihr Gewissen. Das reicht von Benns ersoffenem Bierfahrer bis zum allmenschheitlichen *Wir sind* und *Einander*: beides Buchtitel eines jungen Dichters aus Prag, der 1911 nach Deutschland gekommen und bei Rowohlt in Leipzig mit Kurt Pinthus zusammengetroffen war, und der dann Anfang 1912 mit seinem ersten Gedichtband *Der Weltfreund* im Verlag Axel Juncker, Berlin, seinen „Durchbruch" erzielte: Franz Werfel (1890–1945). Auch er ein Apokalyptiker, ein Revolutionär, doch kommt durch ihn etwas bezwingend Religiöses, fast möchte man sagen: es kommt die Kategorie des Heiligen zur Geltung. „Das Wesentliche ist", so schrieb – 1916 in der *Aktion* – sein Freund Pinthus über sein Werk, „daß hier zum erstenmal im neuen Jahrhundert aus so verzückter Intensität die ethische Posaune ertönt, anschwellend vom zarten, sehnsüchtigen Gesang des Knaben zum prophetischen Furioso des Erzengels."

Auch er, von der Dämonie des geschichtlichen Augenblicks inspiriert, von der Begeisterung seiner Freunde getragen, denkt in überlebensgroßen, in „riesen"-haften Dimensionen, eine Zeitlang ist er wohl von vielen Bewunderern als das führende Genie der Bewegung angesehen worden. Wir zitieren die beiden letzten Strophen aus einem in der Tat faszinierenden, durch die Kühnheit der Themenstellung ganz einmaligen Gedicht: *Jesus und der Äserweg*, enthalten in dem Band *Einander* (1915):

Und wie er so im dunklen Tage stand,
brachen die Berge auf, und Löwen weinten
an seinem Knie, und die zum Flug vereinten
Wildgänse brausten nieder unverwandt.

Vier dunkle Sonnen tanzten lind,
ein breiter Strahl war da, der nicht versiegte.
Der Himmel barst. Und Gottes Taube wiegte
begeistert sich im blauen Riesen-Wind.

Ein Jahr nach Heyms Tod lud Pfemfert die expressionistisch fühlende Jugend von Berlin zu einer Veranstaltung ein, die bei allen vaterländisch denkenden Bürgern der Reichshauptstadt nur bleiches Entsetzen hervorrufen konnte, er lud auf den Abend des 4. Februar 1913 zu einem „Revolutionsball der Aktion". Es war das Jahr einer hemmungslos übersteigerten Militarisierung auf beiden Seiten des Rheins, „die Wehrvorlagen in Frankreich und Deutschland", so Pfemfert in einer seiner Glossen für die *Aktion*, „sind das Jena der Vernunft." Seine Polemik richtete sich vor allem gegen die sozialdemokratische Partei, seit 1912 die stärkste Fraktion im Reichstag, die einen ernsthaften Widerstandswillen gegen die Rüstungspolitik der Regierung nicht mehr erkennen ließ. „Aufgedeckt ist ... die Wertlosigkeit des sozialdemokratischen Antimilitarismus. Der Rüstungstaumel der Welt wäre heute undenkbar, die Anwärter auf methodischen Menschenmord wären heute eine unbedeutende Sekte, wenn die Partei, die Völkerverbrüderung programmatisch vertritt, ihre volle Pflicht getan hätte." Es war das

Jahr der patriotischen Selbstverhimmelung auf den Hundertjahrfeiern zur Erinnerung an den Ausbruch der Freiheitskriege gegen Napoleon; selbst Gerhart Hauptmann, der literarische Nobelpreisträger von 1912, damals der erfolgreichste Autor der Nation, hatte sich überreden lassen, aus gegebenem Anlaß ein *Festspiel in deutschen Reimen* zu verfassen, das am 31. Mai in der Breslauer Jahrhunderthalle mit gewaltigem Aufwand aufgeführt, freilich schon zweieinhalb Wochen später, da es offenbar in Berlin an allerhöchster Stelle Unwillen erregt hatte, wieder abgesetzt, nein „verboten" wurde.

Für das hundertjährige Jubiläum des alliierten Sieges bei Leipzig am 18. Oktober hatte man eine Großkundgebung vorbereitet, die in der Enthüllung des ominösen, fast einhundert Meter hohen Völkerschlachtdenkmals gipfeln sollte. Drei Tage vorher las man in der *Aktion* unter anderem folgendes: „Am 18. Oktober werden sie in Leipzig den Aufstand der heiligen deutschen Nation wider den Geist feiern, werden sie Reden halten und einen riesigen Steinhaufen enthüllen zum Andenken an die Taten ihrer trinkfesten Heerführer, der Haudegen, Biedermänner und Kulturhasser." Und ferner: „Man feiert das Gedächtnis großer Mordtage, um unauffällig für künftige Mordtage Stimmung machen zu können." Schließlich: „Der Steinhaufen, dem man am 18. Oktober Gelegenheit geben wird, das Landschaftsbild zu entwerten, ist ein Sinnbild der Barbarei dieser Epoche. Jene Menschheit, die wir ersehnen, wird errötend der Zeit gedenken, da man die schwarzen Blätter ihrer Geschichte, die Stunden, da der Mensch den Menschen mordete, zu bejubeln wagte."

Die Revolutionsbälle der *Aktion* – denn bei dem einen blieb es nicht, er war ein solcher Erfolg, daß er ein paar Tage später wiederholt werden mußte – waren gewissermaßen eine Fortsetzung der Pfemfertschen Politik mit anderen Mitteln. In den Johann-Georg-Sälen in Berlin W bejubelte man das entgegengesetzte Prinzip: nicht den „Mord" auf dem Schlachtfeld, sondern den Schrekken der Guillotine. „Man erscheine", so hieß es in der Einladung auf der Anzeigenseite der *Aktion*, „im Kostüm der Revolution von 1789 bis 1989. Wer reaktionär genug ist, in Balltoilette zu kommen, wird vom Direktorium zu einer Konventionalstrafe von M 1, – für eine zwangsweise aufzusetzende Jakobinermütze verurteilt." Das Ballgeschehen ist uns von Beteiligten in verschiedenen Versionen geschildert worden. Zum Beispiel so: „Drei Jahre nachdem ich hier die Gedichte Georg Heyms über den Krieg gelesen hatte, stand vor dem Kaffeehause des Westens auf dem Kurfürstendamm ein Mann, der nicht wie ein gewöhnlicher Zeitungsverkäufer aussah. Über dem linken Arm trug er einen Stoß von Blättern einer neuen Zeitschrift, an deren Kopf in blutroten Buchstaben das Wort ‚Revolution' geschrieben stand. Zu ihren Mitarbeitern gehörten Hugo Ball, Johannes R. Becher und Gottfried Benn. Das Titelbild zeigte zwischen umfallenden Häusern eine aufrührerische Menge, die in ihren Händen eine Fahne mit dem Wort ‚Freiheit' trug, fünf Jahre vor der Volkserhebung in den Straßen Berlins. Ungefähr um die gleiche Zeit veranstalteten die Jünger der neuen Kunst während der Fastnachtszeit einen Mummenschanz unter dem Namen ‚Revolutionsball'. Die Wände der Säle waren mit blutrotem Stoff überzogen. Auf einer Bühne stand, in blutiges Licht getaucht, ein hölzernes Fallbeil. Von den Köpfen der Tänzer hingen die feurigen Zipfelmützen der Jakobiner aus den Tagen der französischen Volkserhebung. Betrat ein Kunstrichter oder Kritiker älteren Geschlechts den Ballsaal, sah er sich sogleich ergriffen und zur ‚Hinrichtung' geschleppt. Man setzte ihn auf eine zugedeckte Kiste, verlas das Todesurteil, und nachdem das Brett unter ihm fortgezogen war, versank er, während sein Gesicht schamrot anlief, in der Kiste, bis nur die Beine hervorsahen." (Armin T. Wegner aus Elberfeld, 1886–1978, zitiert nach: *Expressionismus*, a.a.O., S. 22f.) Bei Heinrich Eduard Jacob sind es nicht die Kunstrichter, die dran glauben müssen, sondern die Liebespaare: „Wir waren heiß und wild vor Zukunft, und niemals erschien uns das Hiersein schöner als auf dem ‚Revolutionsball' der ‚Aktion'. Der unbewußte Schreckensname war nur ein bunter Bühnenspaß. Pärchen und Pärchen kniete nieder, vor einer lachenden Guillotine wie vor einem Liebesbett – um, man staune, geköpft zu werden. Neben mir kniete Dora Hiller, die braunäugige mit dem vollen Blondhaar ..."

Mit einer schwungvollen, aber doch wohl etwas banalen Pointe bringt dieser Erzähler seine Geschichte zu Ende: „Jene Welt der Bälle und Konzerte! Niemals hatte Beethoven uns so freiheitlich geklungen, und nie noch schien der Freudenchor der ‚Neunten' so sicherer Besitz. Bis dann mit verhüllter Miene ein unwillkommener Tag auf uns zutrat, jener 4. August 1914: ‚Herrschaften, alles aussteigen! Der Maskenball ist jetzt zu Ende!'" (*Expressionismus*, a.a.O., S. 19.) Noch ein paar Monate zuvor, am 4. und 23. Februar, hatte man den Guillotineball zum dritten und zum letzten Male veranstaltet. Dann siegte das feindliche Prinzip. –

Ein Wort noch über den Verfasser der beiden Strophen, die Becher die Marseillaise der expressionistischen Rebellion genannt hat. Jakob van Hoddis war der Sohn eines Berliner Arztes und einer schlesischen Gutsbesitzerstochter, sein Pseudonym ein nicht ganz schlüssiges Anagramm auf seinen bürgerlichen Namen Hans Davidsohn. Sein Ruhm hängt an einem einzigen Gedicht, dessen Niveau, dessen überpersönliche Sinnbildlichkeit und groteske Präzision er nie wieder erreicht hat. Sein Leben war unstet und unglücklich, im bürgerlichen Sinne ein Desaster, schon 1912, er war erst fünfundzwanzig, zeigten sich die ersten Symptome einer schweren geistigen Erkrankung. „Er war zwerghaft", so schildert ihn Becher, „von verwahrlostem Äußeren, grau, unrasiert, pickelig – von den Händen schon nicht zu sprechen – mit einem mehr als reinigungsbedürftigen Wollschal zu jeder Tageszeit behaftet, scheu, verspielt, und schon ein wenig irre, und bald darauf endete er auch in einer Thüringer Irrenanstalt." Es trifft nicht zu, daß er dort „endete". Die ganze Wahrheit über seine späteren Jahre und sein grauenvolles Sterben kam erst 1959 (als Becher nicht mehr am Leben war) an den Tag: durch die von Kurt Pinthus aufgrund von minuziösen Nachforschungen verfaßte Kurzbiographie im Anhang zur Neuausgabe der *Menschheitsdämmerung*. Demnach ist er als unheilbar schizophren nach einem langen Leidensweg im Jahre 1933 in der Heilanstalt Bendorf-Sayn bei Koblenz interniert worden, „aus der er am 30. April 1942 als Nr. acht abtransportiert wurde, um, man weiß nicht wo, wann und wie, vernichtet zu werden".

Dichter und Dichterin

Wir haben versucht, den (im weitesten Sinne) geschichtlichen Ort, wo ein Werk wie *Morgue* entstehen konnte, zu bezeichnen, die politisch-gesellschaftliche Atmosphäre im spätwilhelminischen Berlin, insbesondere den intellektuellen Horizont der ausgehenden Belle Epoque andeutungsweise zu vergegenwärtigen. Vor allem war es die Entstehung einer neuen Ausdruckswelt in den Künsten, war es das große, überall spürbare „Formbeben", das unsere Aufmerksamkeit auf sich ziehen mußte. Man kann nicht sagen, daß Gottfried Benn ein „typischer" Expressionist gewesen sei, sich mit irgend jemandem „solidarisch" oder moralisch-politisch verschworen gefühlt hätte –, wie man ihn denn auch auf diesen Revolutionsbällen in den Johann-Georg-Sälen mit Sicherheit vergeblich gesucht hätte. Ein Gefühl von Nachbarschaft und Gleichgesinntheit mit anderen hat erst beim späten Benn seinen Ausdruck gefunden: immer dort, wo er sich zur Gemeinschaft der Generation unter den Auspizien des Expressionismus bekennt, zum Beispiel in der Einleitung zu *Lyrik des expressionistischen Jahrzehnts*. Aber auch in diesem vortrefflichen Essay, der so skeptisch-nüchtern beginnt, dann aber mit mächtig viel Pedal und Emphase auf Touren kommt, ist es zuletzt eine betont unpolitische, eine gemeinschaftswidrige Formel, der er seinen Segen gibt. Es ist die Formel „Bild, Vers, Flötenlied", die wie ein Leitmotiv mit Varianten das essayistische Werk durchzieht. Dahinter steckt eine radikal „formalistische" Kunstlehre, die Lehre vom monologischen Gedicht, vom Gedicht „an niemanden gerichtet", wie er sie in seinem Marburger Vortrag entwickelt hat.

Wenn Benn aber mit dieser Formel den Anspruch erhebt, für seine Generation zu sprechen (und so ist es an der zitierten Stelle gemeint), so gab es andere bedeutende Wortführer der Bewegung, die eine genau entgegengesetzte Kunstauffassung für die eigentlich expressionistische gehalten haben. „Niemals", so erklärt Kurt Pinthus im Vorwort (vom Herbst 1919) zu seiner *Menschheitsdämmerung*, „niemals war das Ästhetische und das ‚L'art pour l'art'-Prinzip so mißachtet wie in dieser Dichtung, die man die ‚jüngste' oder ‚expressionistische' nennt, weil sie ganz Eruption, Explosion, Intensität ist – sein muß, um jene feindliche Kruste zu sprengen." Dieser krasse Gegensatz: soll man ihn so verstehen, daß Pinthus eben für den „linken" Flügel der Bewegung geschrieben habe, und Benn – nun ja – für den „rechten"? Das wäre eine völlig irreführende Deutung der Sachlage; denn erstens war der junge Benn, der mit *Morgue*-Gedichten, aber auch mit seinem *Jungen Hebbel*, mit *D-Zug* und *Gesänge* in der *Menschheitsdämmerung* vertreten ist, von seiner Marburger Position noch weit entfernt, und zweitens gab es in der revolutionären „Schlagwetter-Atmosphäre" von 1919/20 keinen „linken Flügel", sondern ein linkes Gros. Die expressionistische Bewegung in ihrer Spätphase präsentierte sich, nehmt alles nur in allem, als eine unmißverständlich linke Gruppierung, auch wenn nicht alle Autoren (der *Menschheitsdämmerung*) so extrem linke Töne anschlugen wie Johannes R. Becher, Rudolf Leonhard und Ludwig Rubiner.

Was Benn angeht, so ist er weder vor noch nach dem Erscheinen der *Morgue* ein Mann des literarischen Milieus gewesen. Zunächst war er ja schon insofern in einer besonderen Lage, als er seinen ärztlichen Beruf auszuüben hatte und dem Gesetz der militärischen (und wissenschaftlichen) Disziplin unterstand. Nach seiner am 14. März 1912 amtlich bestätigten Approbation zum Arzt begann für ihn der „aktive" Dienst in der Armee. Er kam, so heißt es im *Lebensweg*, „als Militärarzt erst zum Infanterieregiment 64 nach Prenzlau, dem Regiment von Mars-la-Tour, dann zum 3. Pionier-Bataillon nach Spandau, dem Bataillon vom Übergang nach Alsen". Schon im ersten Jahr seiner Dienstzeit, so fährt er fort, habe er wieder ausscheiden müssen, „da sich bei einer Korpsübung, bei der ich den ganzen Tag im Sattel sitzen mußte, ein angeborener Schaden herausstellte, der mich sowohl feld- wie garnisondienstunfähig machte". (Dieser angeborene Schaden wird von dem Mediziner Werner Rübe, dem Herausgeber von Benns medizinischen Schriften, als „einseitige Senkniere" definiert.) Daraufhin also hat er den Abschied genommen.

In diesem Zusammenhang wird mit Nachdruck erwähnt, daß damals – „in diesem Jahr meiner aktiven Offizierszeit" – sein erster Gedichtband erschienen ist. Das ist an ein Publikum des Jahres 1934 gerichtet und will sagen: voilà, aus solchem Holz geschnitzt waren die dekadenten Asphaltliteraten des Expressionismus. Aktive Offiziere! Patrioten, „Gediente", Waffenträger! Gleichzeitig wird aber auch wieder die Distanz zum großen Haufen der Gedienten markiert, wenn auch ohne besondere Betonung. Er ist, wie es im zweiten, 1949 verfaßten Teil von *Doppelleben* heißt, „Dualist, Anti-Synthetiker ..., und mein eigenes Doppelleben war mir nicht nur immer sehr angenehm, ich habe es sogar mein Leben lang bewußt kultiviert. Das wurde mir nicht schwergemacht, ich sah aus wie ein Unteroffizier, und meine Bücher waren immer nur in sehr kleinen Kreisen bekannt. Einer meiner ärztlichen Chefs, bei dem ich zwei Jahre Assistent gewesen war, schrieb mir nach einiger Zeit, ich lese manchmal in den Zeitungen Ihren Namen – sind Sie das wirklich? Ich hätte es für vollkommen unmöglich gehalten, daß man sich mit Ihnen über was anderes unterhalten kann als über Krebsstatistik oder Bauchfellücken."

Dritter Akzent: die Distanz zur literarischen Mischpoke, insofern als sie von den rezensierenden Trotteln repräsentiert wird, die Alfred Richard Meyer in seinen Erinnerungen zu Wort kommen läßt: „Schon diese erste Gedichtsammlung brachte mir von seiten der Öffentlichkeit den Ruf eines brüchigen Roués ein, eines infernalischen Snobs und des typischen – heute des typischen jüdischen Mischlings, damals des typischen – Kaffeehausliteraten, während ich auf den Kartoffelfeldern der Uckermark die Regimentsübungen mitmarschierte und in Döberitz beim Stab des Divisionskommandeurs im englischen Trab über die Kiefernhügel setzte." Benn erwähnt nicht, daß die *Morgue* auch begeisterte Zustimmung gefunden hatte – Ernst Stadler war nicht der einzige, der verständnisvoll, ja ergriffen reagiert hatte –; und er stilisiert die Ablehnung der schreibenden Philister in einem Sinne, der mit der authentischen Meinung dieser Leute kaum noch etwas zu tun hat. Was nun aber den „typisch jüdischen Mischling" angeht, so sollte man das nicht als Anbiederung an den zeitgenössischen Sprachgebrauch verstehen, sondern ganz im Gegenteil als eine polemische Abfuhr an die Adresse des Nazispießers von 1934, an die Adresse vor allem eines gewissen Balladendichters älterer Art, der ihm, Benn, wegen seines Namens auf schändliche Art und Weise zu nahe getreten war.

Ab Herbst 1912, der Sechsundzwanzigjährige war inzwischen wieder Zivilist geworden, finden wir ihn in einer Situation, die man als eine gewiß nicht spannungslose, aber auch keineswegs unvorteilhafte Koexistenz von Arzt und Autor bezeichnen kann. Wer vom Schreiben nicht leben muß, hat als Schreibender den Vorteil der „äußeren" Unabhängigkeit (mit allen „inneren" Konsequenzen) gegenüber den Tücken, Zwängen und Wechselfällen des literarischen Lebens: ein Privileg, das Benn sich bis ans Ende seines Lebens zu erhalten gewußt hat. Daß auch die thematischen Impulse, die sich aus der naturwissenschaftlichen Bildung, der ärztlichen Erfahrung ergeben können, ein nicht zu unterschätzender Aktivposten waren, sollte sich zeigen, oder vielmehr: es *hatte* sich schon gezeigt, nämlich in *Morgue*.

Benn war seit dem 1. Oktober Assistent am pathologisch-anatomischen Institut des Berliner Westend-Krankenhauses. Das erste dort von ihm unterzeichnete Sektionsprotokoll ist vom 26. 10. 1912 datiert, das letzte vom 18. 12. 1913. Im ganzen sind es fast dreihundert aktenkundige Sektionen, die er in diesem Institut mit eigener Hand ausgeführt hat. Hier also machte er seine ersten „postdoktoralen" Erfahrungen mit dem medizinischen Milieu; er lernte Erschöpfungszustände kennen – dreihundert Leichen –, die in ihm höchst absonderliche, das Milieu transzendierende Gefühls- und Denkerlebnisse in Gang brachten; er lernte das Verhältnis von Chefarzt und Assistent (Professor und Student usw.) als eine besonders grimmige Variante des Konflikts der Generationen begreifen, ein Thema, das – wir denken an Hasenclevers Drama *Der Sohn*

– die expressionistische Jugend heftig bewegt hat. In einer ganzen Reihe von literarischen Arbeiten, Prosatexten und „Szenen", hat Benn seine dem Milieu verdankten Beobachtungen und Erlebnisse verarbeitet, so in der schon zweimal zitierten *Phimose-*(beziehungsweise *Querschnitt-*)Novelle, in dem Dialog *Ithaka,* wo er zum erstenmal sein literarisches alter ego mit Namen Rönne auftreten läßt, vor allem in den berühmten *Rönne-Novellen* aus der Brüsseler Zeit, die 1916 unter dem Titel *Gehirne* in der Schriftenreihe DER JÜNGSTE TAG im Leipziger Kurt-Wolff-Verlag erschienen sind. Alle diese Arbeiten, versteht sich, sind aus eigenen berufsbezogenen Erinnerungen gespeist. So hatte Benn, um ein Beispiel zu nennen, Ende 1912 aufgrund eines Sektionsprotokolls über einen im Alter von sechs Tagen verstorbenen Säugling unter dem Titel *Über einen Fall von innerer Einklemmung infolge Mesenteriallücke bei einem Neugeborenen* eine Studie verfaßt, die Anfang 1914 in einer Fachzeitschrift veröffentlicht wurde. In *Ithaka* wird dieser Fall wörtlich zitiert und dient als „Motiv": „Herr Professor, ich gebe Ihnen hiermit die Arbeit über die Lücke im Bauchfell des Neugeborenen zurück", sagt Rönne. „Ich habe nicht das geringste Interesse daran, einer bestimmten, in gewisser Richtung vorgeschulten Gruppe mir unbekannter Leute die bei einer Sektion gefundene Situation einer Bauchhöhle so zu schildern, daß sie sie sich nun vorstellen kann ..." Zurückweisung, Abfuhr, Widerstand der Jungen gegen die Alten ist das Thema. Widerstand gegen die Sprache des neunzehnten Jahrhunderts, die Sprache der „positivistischen" Wissenschaft und ihres die Natur vergewaltigenden Machtanspruchs, Widerstand im Namen des Ursprünglichen und Vorbewußten, im Namen einer Schöpfungsfrühe, die aller Erkenntnis und „Entwicklung" vorgegeben ist: „Aber wegen meiner", sagt Rönne, „hätten wir Quallen bleiben können. Ich lege auf die ganze Entwicklungsgeschichte keinen Wert. Das Gehirn ist ein Irrweg. Ein Bluff für den Mittelstand." Und weiter: „O so möchte ich wieder werden: Wiese, Sand, blumendurchwachsen, eine weite Flur ..." Der Intellektualist erscheint hier als leidenschaftlicher Anwalt des Gegenprinzips: „Aber dann, vor hundert Jahren", sagt einer der Dialogpartner, „kam es plötzlich zum Ausbruch und schlug wie eine Seuche über die Welt, bis nichts mehr übrigblieb als das große, fressende, herrschsüchtige Tier: der erkennende Mensch." Mit „Rausch", „Dionysos" und „Ithaka" geht es zu Ende, aus dem Widerstand wird die offene Rebellion, schließlich – mit bloßen Händen – der physische Mordanschlag auf den Chef. *Ithaka* wurde im März 1914 in der Zeitschrift *Die Weißen Blätter* (Leipzig) veröffentlicht.

Während dieses ersten Jahres nach der Rückkehr in das Zivilleben hat sich dann aber auch in Benns persönlichem Verhältnis zur literarischen Welt ein bestimmtes Modus vivendi entwickelt, wie er seiner Natur angemessen war. Lebhaftere Beziehungen oder gar Freundschaften mit schreibenden Zeitgenossen sind – von einer einzigen bedeutenden Ausnahme abgesehen – nicht belegbar. Erhalten sind zwei äußerst knappe Nachrichten an den *Sturm*-Herausgeber vom 13. März und vom 25. April 1913, die eine, um den „sehr geehrten Herrn Walden" auf den nächsten Abend „sehr ergebenst" zu sich einzuladen, die andere, um ihm zwei neue Gedichte anzubieten, *Kurkonzert* und *Untergrundbahn*, die dann nur wenig später auch, wie erwähnt, im *Sturm* publiziert worden sind. Benn selbst wurde eingeladen, aus seinen Arbeiten öffentlich zu lesen, so am überhaupt ersten Autorenabend der *Aktion* im Berliner Kunstsalon Paul Cassirer, wo er sich – es war am 1. März 1913 – mit einer Reihe von anderen Lyrikern, darunter Paul Boldt, Alfred Lichtenstein und Alfred Wolfenstein, einem avantgardistisch gestimmten Publikum vorstellen durfte, und ein Jahr später noch einmal auf dem sechsten Autorenabend der *Aktion*, am 7. März 1914, wo er unter anderem mit Paul Boldt, Carl Einstein und Franz Pfemfert zusammen auftrat. Benn blieb also keineswegs isoliert, er lernte Menschen kennen, die zählten, Schlüsselfiguren wie Walden und Pfemfert, bedeutende Einzelgänger wie Carl Einstein, den Verfasser des 1912 in der *Aktion* gedruckten Romans *Bebuquin oder die Dilettanten des Wunders*, den er bewunderte und als den wichtigsten Theoretiker und Praktiker einer „absoluten Prosa" geradezu kanonisierte. Und doch: es blieben „Kontakte", Bekanntschaften auf Distanz. Freundschaften bildeten sich nicht. Benn war ja eine eher ungesellige Natur, er hat das mehrfach auch selber ausgesprochen und begründet: „Unterhaltlich bin ich kein Matador“, heißt es in *Doppelleben*, zweiter Teil, „ging nie auf Fêten, nicht aus Ablehnung, sondern aus einem physiologischen Grunde, der mein Leben so beherrschte, daß ich ihn erwähne: eine Müdigkeit von hohen Graden, eine gehirnliche Schwere innerer und äußerer Art, die ich geradezu als Widerstand gegen Eindrücke bezeichnen muß.“ Und an anderer Stelle: „Und die Einladungen und die Blumen auf dem Tisch und das Gemüt? Ich persönlich besitze nichts davon ...“

Also nichts von geselliger Runde, nichts von Kaffeehaushockerei und nächtelangem Palaver, auch das berühmte Café des Westens (am Kurfürstendamm, Ecke Joachimsthaler Straße), Vorgänger des wohl noch berühmteren „Romanischen Cafés“ (gegenüber der Gedächtniskirche) kann, wenn uns unser Instinkt nicht täuscht, im Tageslauf des jungen Benn keine besonders große Rolle gespielt haben. In einer Erinnerung an die Frühzeit des *Sturm* im Jahre 1910 will ein literarisch beflissener Zeitgenosse, der stolz darauf sein durfte, von Kokoschka porträtiert worden zu sein, folgendes beobachtet haben: „Kokoschka war damals ein hochaufgeschossener junger Mann mit einem seltsam langgestreckten Schädel. Er lächelte immer nur geheimnisvoll, wenn Walden, Gottfried Benn, Alfred Döblin und Rudolf Blümner temperamentvoll durcheinander debattierten.“ (Peter Scher, 1880–1953, *Als Kokoschka mich malte.* In: *Das literarische Deutschland*, 1951, Heft 4.) Ein damals – 1910! – der Öffentlichkeit noch vollkommen unbekannter, gesellschaftlich ungeschliffener Medizinstudent vom Lande sollte demnach mit den Matadoren der Berliner Avantgarde „debattiert“ haben? Gottfried Benn, dieser notorische Schweiger, „Autobrodler“, „Selbstentzünder“ – und „temperamentvoll debattieren“? Glaubwürdig ist diese Geschichte nicht. Aber auch als Musterbeispiel einer Szene, wie sie mit Benn so gut wie undenkbar gewesen wäre, soll uns diese vermutlich in aller Unschuld zusammengefabelte Legende nicht unwillkommen sein. Übrigens wird

Benn in Kokoschkas Autobiographie nicht ein einziges Mal erwähnt.

Die eine bedeutende Ausnahme, die schon angesprochen wurde, hieß Else Lasker-Schüler. Daß es eine Frau war, die ihn in den innersten Kreis der Maßgeblichen hineingezogen, und daß es eine Liebesaffäre war, die ihn mit der Dichterin zusammengeführt hat, ist charakteristisch. Immer wieder, bis in das letzte Lebensjahr hinein, hat er sich von Frauen faszinieren, mobilisieren, zu „leichtsinnigen" Schritten verlocken lassen, Frauen, als Genus gesehen, waren ein Absolutum für ihn, eine gleichsam „transzendente" Gegebenheit, und ihre Nähe war die augenblickliche Außerkraftsetzung des Satzes von der „tiefen, schrankenlosen mythenalten Fremdheit zwischen dem Menschen und der Welt". Else Schüler aus Wuppertal-Elberfeld (1869–1945), Enkelin eines Rabbiners und Tochter eines Bankiers, war von 1894 bis 1899 mit dem Berliner Arzt Jonathan Lasker, einem Bruder des Schachweltmeisters Emanuel Lasker, verheiratet gewesen, sie hatte von einem Geliebten, dessen Namen sie niemals preisgegeben hat, einen (1899 geborenen) Sohn namens Paul, hatte ab 1901, wie erwähnt, mit Walden eine zweite Ehe geführt, die erst kürzlich, Anfang 1912, geschieden worden war, als Benn sie kennenlernte.

Sie war siebzehn Jahre älter als der Dichter der *Morgue*, über zwanzig Jahre älter als Werfel, Becher, Hasenclever – und war doch für die schreibende Avantgarde von Berlin der inkarnierte Inbegriff expressionistischer Geistigkeit und Leidenschaft. Ihre äußere Erscheinung ist von vielen Zeitgenossen beschrieben, auch für den *Sturm* – von Schmitt-Rottluff – gezeichnet worden. Mit ihren tiefschwarzen, „brennenden" Augen, ihrer Neigung zu abenteuerlichen Verkleidungen, ihrer radikal unbürgerlichen Lebensweise und mit ihrer unaufhörlich produktiven, alles Vorhandene poetisierenden Einbildungskraft muß sie ihren Bewunderern als der Genius der Poesie in weiblicher Gestalt erschienen sein. Benn selbst hat sie in einer kurzen Gedenkrede, die er im Februar 1952 zur Eröffnung eines Lasker-Schüler-Abends im Westberliner British Center zu halten hatte, eher nüchtern und sehr präzise, doch keineswegs lieblos porträtiert. Sie habe damals, sagte er, in einem möblierten Zimmer in Halensee gehaust, „und seitdem, bis zu ihrem Tode, hat sie nie mehr eine eigene Wohnung gehabt, immer nur enge Kammern, vollgestopft mit Spielzeug, Puppen, Tieren, lauter Krimskrams. Sie war klein, damals knabenhaft schlank, hatte pechschwarze Haare, kurz geschnitten, was zu der Zeit noch selten war, große rabenschwarze bewegliche Augen mit einem ausweichenden unerklärlichen Blick. Man konnte weder damals noch später mit ihr über die Straße gehen, ohne daß alle Welt stillstand und ihr nachsah: extravagante weite Röcke oder Hosen, unmögliche Obergewänder, Hals und Arme behängt mit auffallendem, unechtem Schmuck, Ketten, Ohrringen, Talmiringe an den Fingern, und da sie sich unaufhörlich die Haarsträhnen aus der Stirn strich, waren diese, man muß schon sagen: Dienstmädchenringe immer in aller Blickpunkt. Sie aß nie regelmäßig, sie aß sehr wenig, oft lebte sie wochenlang von Nüssen und Obst. Sie schlief oft auf Bänken, und sie war immer arm in allen Lebenslagen und zu allen Zeiten. Das war der Prinz von Theben, Jussuf, Tino von Bagdad, der schwarze Schwan."

Den „schwarzen Schwan" hatte sie Peter Hille genannt, ein Dichter der Jahrhundertwende, seinerzeit als der schreibende Clochard von Berlin eine fast legendäre Figur, gestorben mit fünfzig im Jahre 1904. „Schwarzer Schwan. In der Stirn kantiger schneidender Rubin. Sappho, der die Welt auseinandergegangen." Sie selbst hatte sich die Namen Jussuf, Prinz von Theben, und Tino von Bagdad gegeben. Als Prinz von Theben herrschte sie über ein fiktives Reich im orientalischen Geschmack, dem alle ihre Freunde unter ähnlich phantastischen Märchennamen eingemeindet wurden, und dessen Bewandtnisse in langen Serien von fiktiven Briefen – zum Beispiel an Franz Marc, den „blauen Reiter" – im *Sturm* oder in der *Aktion* erörtert wurden. Auch in ihren privaten Korrespondenzen, etwa mit Karl Kraus, den sie „Cardinal" oder aber „Dalai Lama" nannte, soll es immer recht thebanisch zugegangen sein.

Die Else, so berichtet die Schauspielerin Tilla Durieux in ihren

Erinnerungen an das Café des Westens und seine Stammgäste, sei „ewig verliebt“ gewesen und habe in ihren Gedichten „die jeweils Erkorenen zu Göttern erhoben und ihnen eine Rose oder einen Stern auf die recht ähnlich gezeichneten Köpfe gemalt“. In einem 1917 veröffentlichten Band *Gesammelte Gedichte* finden wir, in Zyklen zusammengefaßt, in der Tat ganze Schwärme von poetischen Liebeserklärungen an eine Reihe von Erkorenen, die unter Namen wie „Sascha, Prinz von Moskau“ (für „Senna Hoy“) oder „Ritter aus Gold“ (für Georg Trakl) oder „Prinz von Prag“ (für Franz Werfel) gefeiert werden. Benn figuriert als „Giselheer der Barbar“, auch „Nibelunge“, „König“, „Heide“ und „Tiger“ genannt. Ein kurzes Motto, das dem aus siebzehn Gedichten bestehenden Benn-Zyklus vorangestellt ist, faßt pathetisch zusammen, was der Dichter für die Dichterin bedeutet hat:

Der hehre König Giselheer
Stieß mit seinem Lanzenspeer
Mitten in mein Herz.

Wann genau und bei welcher Gelegenheit die Bekanntschaft zustande gekommen ist, ist unbekannt geblieben. Benn habe, so glaubt Kurt Hiller sich zu erinnern, „im Café des Westens besonders gern am Tisch der Lasker-Schüler gesessen“; vielleicht ist dies der Ort gewesen, wo sie einander zum ersten Male gesehen haben, frühestens wohl gegen Ende 1912, möglicherweise aber auch erst im Jahre 1913. In der sechsundzwanzigsten Ausgabe des dritten Jahrgangs (1913) der *Aktion* finden wir dann beide in Gestalt eigener Texte nebeneinander gestellt wie in einem Doppelporträt, als habe der Herausgeber dieser außerordentlichen Liebesgeschichte ein Denkmal setzen wollen. Links Else Lasker-Schülers fulminantes Prosa-Gedicht *Doktor Benn*, illustriert durch eine eigenhändige Zeichnung, die den jungen Arzt und Dichter im Profil darstellt; rechts daneben ein Teilstück aus Benns Zyklus *Alaska*, das er in dieser Form in keine seiner späteren Sammlungen wieder aufgenommen hat. Beide Texte sind als Liebeserklärungen gemeint, Herausforderung und Werbung die eine, die links abgedruckte,

Antwort und heißhungrige Annäherung die andere. Die Werbende erklärt sich, indem sie sich mit leidenschaftlichen Worten zu Benns *Morgue* bekennt und ihrem Autor mit phantastischen Metaphern buchstäblich auf den Leib rückt. „Er steigt hinunter ins Gewölbe seines Krankenhauses und schneidet die Toten auf. Ein Nimmersatt, sich zu bereichern an Geheimnis. Er sagt: ‚tot ist tot' ...", so fängt es an. Und mit einem furiosen Appassionato geht es zu Ende: „... Er steht unentwegt, wankt nie, trägt das Dach einer Welt auf dem Rücken. Wenn ich mich vertanzt habe, weiß nicht, wo ich hin soll, dann wollte ich, ich wäre ein grauer Samtmaulwurf und würfe seine Achselhöhle auf und vergrübe mich in ihr. Eine Mücke bin ich und spiele immerzu vor seinem Gesicht. Aber eine Biene möcht ich sein, dann schwirrte ich um seinen Nabel. Lang bevor ich ihn kannte, war ich seine Leserin, sein Gedichtbuch – Morgue – lag auf meiner Decke: Grauenvolle Kunstwunder. Todesträumerei, die Kontur annahm. Leiden reißen ihre Rachen auf und verstummen, Kirchhöfe wandeln in die Krankensäle und pflanzen sich vor die Betten der Schmerzensreichen an. Die kindtragenden Frauen hört man schreien aus den Kreißsälen bis ans Ende der Welt. Gottfried Benn ist der dichtende Kokoschka. Jeder seiner Verse ein Leopardenbiß, ein Wildtiersprung. Der Knochen ist sein Griffel, mit dem er das Wort aufweckt."

Beiläufig stellen wir fest, daß die Dichterin in ihren Huldigungen an Doktor Benn eine Symbolsprache verwendet – Lanzenspeer, Griffel, Knochen –, die ein psychoanalytisch orientierter Interpret als geradezu „klassisch" empfinden würde. Was Benn angeht, so bleibt er seiner Verehrerin nichts schuldig, auch er verfällt in seiner Antwort auf das genau entsprechende Symbol:

> Mein königlicher Becher!
> Meine schweifende Hyäne!

Benns lyrische Gegen-Leistung, die sich als VIII. Teil des *Alaska*-Zyklus präsentiert, besteht aus einer locker gefügten Folge von strophenartigen Einheiten und ist *Drohungen* überschrieben. Das ist ein sonderbarer Titel für eine Suite von poetischen Zärtlichkeiten an die Adresse einer Frau, er erinnert an Titel wie *Ithaka* (wo es um einen theoretischen Prinzipienstreit unter Medizinern geht) oder *Untergrundbahn* – für ein Gedicht, das von Meeresblau und Blütenfrühe und dem „Schwellungscharakter der Schöpfung" handelt und in dem berühmten Vers „Ein armer Hirnhund, schwer mit Gott behangen" kulminiert. Auch dies natürlich ist ein bewußt eingesetztes Stilmittel: der Titel als Verfremdungseffekt, nicht selten als ein genau kalkultiertes Paradox.

Als „Drohung" wird hier ein Verhalten bezeichnet, das der Bedrohten willkommen und mehr als willkommen sein muß, denn es ist der Inbegriff ihres Verlangens:

> Aber wisse:
> Ich lebe Tiertage. Ich bin eine Wasserstunde.
> Des Abends schläfert mein Lid wie Wald und Himmel.
> Meine Liebe weiß nur wenig Worte:
> Es ist so schön an deinem Blut. –

Und noch deutlicher, mit einem Ausdruck von Gier, der mit dem Leopardenbiß im Lasker-Schüler-Text korrespondiert:

> Ich treibe Tierliebe.
> In der ersten Nacht ist alles entschieden.
> Man faßt mit den Zähnen, wonach man sich sehnt.
> Hyänen, Tiger, Geier sind mein Wappen.

Benns Tonfall hat etwas von sich selber Abweichendes, ein Timbre, das innerhalb seines Werkes nur hier und nur dies eine Mal zu hören ist. Ein Aroma von Wüste und Orient hat sich eingeschlichen, etwas „Hebräisches", der Lasker-Schüler Abgelauschtes:

> . . .
> Meine schweifende Hyäne!
> Komm in meine Höhle. Wir wollen helle Haut sein.
> Bis der Zedernschatten über die kleine Eidechse lief:
> Du – Glück –

Es ist eine andere Art von expressionistisch, die er hier versuchsweise übernimmt. Es ist das phantastisch „Schweifende“, manchmal Sprunghafte, gelegentlich schon „surrealistische“ Effekte Vorwegnehmende in der Sprache der Freundin. Schließlich leiht er sich sogar ein Figurenpaar aus ihren *Hebräischen Balladen* aus, die soeben bei Alfred Richard Meyer erschienen sind: um sich selbst und die Dichterin in einer mythisch überhöhten Zweiergruppe zu vereinen, übernimmt er von ihr die biblische Liebesgeschichte von dem Großbauern Boas und der schönen Moabiterin aus dem *Buche Ruth*:

> Du bist Ruth. Du hast Ähren an deinem Hut.
> Dein Nacken ist braun von Makkabäerblut.
> Deine Stirn ist fliehend: Du sahst so lange
> über die Mandeln nach Boas aus . . .

Die Affaire muß, als diese Verse veröffentlicht wurden, auf ihrem Höhepunkt gewesen sein; nur wenige Monate später war sie zu Ende. Auch dies von Benn herbeigeführte Ende, wie es die Verlassene erlebt, erlitten und beklagt hat, ist der Öffentlichkeit im Klartext bekanntgemacht worden. Es sind die schon erwähnten, hin und wieder von Zeichnungen begleiteten, in der *Aktion* gedruckten „Briefe“ an den „blauen Reiter“, auch „Ruben aus der Bibel“ genannt, denen die Dichterin sich anvertraut hat, und die der Maler gelegentlich beantwortet hat, mit Worten oder mit brillanten Bildpostkarten von eigener Hand. Die erste, mit einem Gran Galgenhumor gewürzte Hiobspost ist vom 20. September 1913: „... Du freust Dich über meine ‚neue Liebe‘ – Du sagst das so leicht hin und ahnst nicht, daß Du eher mit mir weinen müßtest – denn – sie ist schon verloschen in seinem Herzen, wie ein bengalisches Feuer, ein brennendes Rad – es fuhr mal eben über mich. Ich erliege ohne Groll dieser schweren Brandwunde. Könnte ich mich doch in mich verlieben – man weiß dann, was man hat.“

Vier Wochen später konnte man lesen: „Aber mein Herz tut mir weh, es ist rotgestreift, blutende Tigerhaut. Wer wühlt noch in meinen Wunden? Viel Leid macht Tiger. Und arm bin ich geworden, da ich ihn verlor. Ich starb an ihm, sterben ist verarmen vor Gott, sich ganz ausgeben vor Gott..." Und am 1. November: „Seit ich Giselheer verlor, kann ich nicht mehr weinen und nicht mehr lachen. Er hat ein Loch in mein Herz gebohrt. Das blutet nicht, das steht offen wie der Grund eines ausgelaufenen Auges. Ich schrieb ihm: ‚Gisel, König, ich weiß nicht, ob ich schlafe oder wache, ich glaub, ich weiß gar nichts mehr.' Wenn er mich so sähe, er würde mich lieben, er mag alles, was tot ist, was man wegschaffen kann. So ein Barbar..."

Als sie das schrieb, hatte das Nachleben dieser Liebe, das auf beiden Seiten lebenslänglich gewesen ist, schon begonnen. Benn hatte erst ganz kürzlich unter dem Titel *Söhne* bei A. R. Meyer ein neues Heft Gedichte herausgebracht, das zweite nach *Morgue*; die Umschlagzeichnung, eine apokalyptisch umwitterte nackte Mannsgestalt, seltsam gebückt und verrenkt, mit himmelwärts gereckter Faust, war von Ludwig Meidner, die dem Text vorangestellte gedruckte Widmung lautete:

Ich grüße Else Lasker-Schüler:
ziellose Hand aus Spiel und Blut.

Die Angesprochene reagierte mit einem Freudenschrei; in der *Aktion* vom 18. Oktober konnte man lesen: „Franz, Du! Gestern hatte ich eine große Freude. Der Zyklop Dr. Gottfried Benn hat mir seine neuen Verse: Söhne, gewidmet, die sind mondrot, erdhart, wilde Dämmer, Gehämmer im Blut. Jussuf."

Was aber bedeutet „Ziellose Hand aus Spiel und Blut"? Es handelt sich um ein Zitat aus einem Text der Dichterin, einem Briefroman, betitelt *Mein Herz*, erschienen 1912 nach einem Vorabdruck im *Sturm*. Benn will sagen, daß er verstanden hat, was gemeint ist, wenn sie dort – brieflich an Walden – in ihrer bizarrverspielten Manier zunächst von der Hand eines andern spricht, der unheimlich fleischigen, „züngelnden" und dann wieder „lächelnden" Hand in Kokoschkas Karl-Kraus-Porträt – bei Walden im Arbeitszimmer war es zu sehen – und dann diese Hand mit der eigenen vergleicht. Für Benn ist, was sich in diesen sechs Worten ausspricht, die Quintessenz ihrer poetischen Natur: „ziellose Hand aus Spiel und Blut".*

Unwillkürlich muß man an die genialen Frauen der deutschen Romantik, vor allem an Bettina denken, wenn man die Briefe und Gedichte der Lasker-Schüler studiert. Diese grenzüberschreitende Verquickung von Leben und Poesie, diese alles überwiegende Maßgeblichkeit der Stimme des Herzens („Mein Herz")! War es nicht vor allem anderen ein lyrischer Coup de foudre, war es nicht das „grauenvolle Kunstwunder" des Barbaren Giselheer gewesen, dem sie erlegen war? Und war nicht er auch seinerseits der Faszinationskraft, die von ihren Versen ausging, verfallen, so sehr, daß er ihren Tonfall augenblicksweise übernehmen konnte, ohne sich selbst zu verlieren? „Ihre Themen", so heißt es in der Rede von 1952, „waren vielfach jüdisch, ihre Phantasie orientalisch, aber ihre Sprache war deutsch, ein üppiges, prunkvolles, zartes Deutsch, eine Sprache reif und süß, in jeder Wendung dem Kern des Schöpferischen entsprossen. Immer unbeirrbar sie selbst, fanatisch sich selbst verschworen, feindlich allem Satten, Sicheren, Netten, vermochte sie in dieser Sprache ihre leidenschaftlichen Gefühle auszudrücken, ohne das Geheimnisvolle zu entschleiern und zu vergeben, das ihr Wesen war."

So erklärt es sich, daß es auch nach der Trennung vom Herbst 1913, die für die Partnerin so überaus schmerzlich gewesen ist, eine Art von Einvernehmen, ein über die Jahre beständiges Sympathie-Verhältnis gegeben hat. Die gegenseitige Bewunderung hat den Abbruch der Affaire überlebt, und überlebt hat auch die menschliche, ja freundschaftliche Teilnahme am Ergehen des andern. Als der Sohn Paul, das einzige Kind der Else Lasker-Schüler, 1927 an der Schwindsucht stirbt, steht Benn neben der Mutter am Grab. Aus dem Jahre 1931 ist eine Reihe von kurzen Briefen erhalten, die mit „Lieber teurer Prinz" oder „Liebster Prinz, ehrfürchtig bewun-

* Vgl. den Kommentar von Paul Raabe in: Gottfried Benn, *Den Traum alleine tragen. Neue Texte, Briefe und Dokumente*. Hrsg. von Max Niedermayer und Paul Raabe, Wiesbaden 1966, S. 67 ff.

derter Präsident" und ähnlich überschrieben und mit Unterschriften wie zum Beispiel „Immer Ihr Genosse u. ergebener Freund u. Verehrer" gezeichnet sind. Am 18. November schickt Benn ihr den Text des Oratoriums *Das Unaufhörliche* mit der Widmung „Else Lasker-Schüler, dem großen lyrischen Genie in Freundschaft u. Verehrung", die in ihrem Nachlaß gefunden wurde, und ein Jahr später, als ihr, nur wenige Wochen vor dem Untergang der Weimarer Republik, aufgrund einer Entscheidung des Regisseurs Erich Ziegel der hochrenommierte Kleistpreis verliehen wird, schickt Benn ein Telegramm mit folgendem Wortlaut: „Der Kleistpreis, so oft geschändet sowohl durch die Verleiher wie durch die Prämierten wurde wieder geadelt durch die Verleihung an Sie. Ein Glückwunsch der deutschen Dichtung."

Zwanzig Jahre später dann diese Rede im British Center von West-Berlin. Else Lasker-Schüler – nach zwölf kummervollen letzten Jahren im Exil – war 1945 in Jerusalem gestorben und lag am Ölberg begraben. Man kannte die Widmung, die sie ihrem letzten Gedichtband *Mein blaues Klavier* (1943) mitgegeben hatte: „Meinen unvergeßlichen Freunden und Freundinnen in den Städten Deutschlands – und denen, die wie ich vertrieben und nun in der Welt. In Treue!" Der Dichter, der damals, 1952, von nicht ganz wenigen urteilsfähigen Lesern für das As der zeitgenössischen deutschen Literatur gehalten wurde, erhob seine Stimme für das geliebte Gegenüber von einst und sagte: „Und dies war die größte Lyrikerin, die Deutschland je hatte. Mir persönlich sagte sie immer, sagt sie auch heute mehr als die Droste, als Sophie Merau oder Ricarda Huch." Zum Schluß seiner Rede aber zitiert Benn einen Text aus dem 1917 gedruckten Benn-Zyklus, das Gedicht *Höre*, das seiner Meinung nach „zu den schönsten und leidenschaftlichsten Gedichten gehört, die sie je geschrieben hat":

Ich raube in den Nächten
Die Rosen deines Mundes,
Daß keine Weibin Trinken findet.

Die dich umarmt,
Stiehlt mir von meinen Schauern,
Die ich um deine Glieder malte.

Ich bin dein Wegrand.
Die dich streift,
Stürzt ab.

Fühlst du mein Lebtum
Überall
Wie ferner Saum?

Dies „Lebtum als fernen Saum“, sagt Benn, habe er immer gefühlt, „alle Jahre, bei aller Verschiedenheit der Lebenswege und Lebensirrungen. Darum stehe ich heute hier, sieben Jahre nach ihrem Tod.“ Was mit „Lebensirrung“ – im Hinblick auf die jüdische Freundin – gemeint war, liegt auf der Hand, wir müssen es nicht erklären. Über ihren Rang als die möglicherweise „größte“ deutsche Dichterin kann man verschiedener Meinung sein. Daß Benn sie dafür gehalten hat, dürfen wir ihm glauben.

Dramatische Entwicklungen

Wir werfen einen Blick auf die Sammlung *Söhne*, die als sechsunddreißigster Titel der Lyrischen Flugblätter bei A. R. Meyer herausgekommen war, und stellen fest, daß nur ein Teil der seit *Morgue* geschriebenen Gedichte in sie aufgenommen wurde, daß sie aber die außerordentliche Spannweite und Komplexität der Bennschen Thematik sehr wohl erkennen läßt, deutlicher noch als *Morgue*. Mindestens drei thematische Schwerpunkte kann man unterscheiden. Einmal das grimmige Pathos der Demontage bürgerlicher Selbstwertgefühle, mehr noch: die Degradierung des Menschen überhaupt zu einer pathologisch entarteten Variante der Tierwelt: „Die Krone der Schöpfung, das Schwein, der Mensch". Die Besessenheit durch das todverfallene, sexhypertrophe Skandalon menschlicher Fleischlichkeit! Diese Manie für das Ekelerregende, das Widerwärtige, das, wie er selber sagte, „Infernalische"! Der Expressionismus des jungen Benn wühlt ältere und älteste Motivbestände wieder hoch: das Verwesungsgewürm im Rücken der gotischen Frau-Welt-Figur, die Vanitas-Schrecknisse des Barock, die wüsten Unflätigkeiten in Schillers *Räubern*. Es ist der Ton „Ich bringe Pest. Ich bin Gestank" aus dem Gedicht vom *Räuber-Schiller*, der in maßlos entfesselter Lästerungswut von sich sagen kann:

> Das bißchen Seuche
> aus Hurenschleim in mein Blut gesickert?
> Ein Bröckel Tod stinkt immer aus der Ecke –
> pfeif drauf! Wisch ihm eins! Pah!

Die sprachliche Vulgarität, zum Prinzip erhoben, kann hier zum Instrument werden, um an das Ursprüngliche (im Sinne Worringers) heranzukommen, die Elemente wieder freizulegen. So in den ersten Zeilen des Eingangsgedichts von *Alaska*:

> Europa, dieser Nasenpopel
> aus einer Konfirmandennase,
> wir wollen nach Alaska gehn.

Dies alles ist gewissermaßen „methodisch" gemeint: als „Kahlschlag" und Tabula rasa, um die alt und ranzig gewordenen Überlieferungen und Deutungsschemata abzuräumen – „wir sind und wollen nichts sein als Dreck./ Man hat uns belogen und betrogen/ Mit Gotteskindschaft, Sinn und Zweck ..." –, die abendländische Ideenkulisse also zu durchbrechen und hinter dem Vergangenen das Vorvergangene freizulegen, als welches schon in *Ithaka* angesprochen wurde: Schöpfungsfrühe, Protoplasma, der Bios im Glanze des Mythos, die „thalassale Regression" (eine Formel von 1927) oder, um es mit vier Bennschen Versen von makelloser Herrlichkeit zu sagen:

> Die weiche Bucht. Die dunklen Wälderträume.
> Die Sterne, schneeballblütengroß und schwer.
> Die Panther springen lautlos durch die Bäume.
> Alles ist Ufer. Ewig ruft das Meer –

So der Wortlaut der zweiten Strophe des zweiten Teils von *Gesänge*. Dies ist das Andererseits zum Einerseits der Nachtcafés und Leichenkeller. Andererseits also ein zivilisationsfernes Jenseits von Gnaden der Einbildungskraft: dieses als Südsee oder „Mediterranée", als menschenlose Vorzeit, als *Meer- und Wandersagen*, als Zitat aus dem griechischen Mythos, als Blumen-, Tier- und Götterschauer beschworene Elysium aus verbalen Ereignissen, wie es im zweiten Teil der *Söhne*, in Gedichten wie *D-Zug*, *Schnellzug*, *Englisches Café* oder *Untergrundbahn* durch den Raptus der erotischen Überwältigung vermittelt werden kann:

> ... Du, wir reisen:
> Tyrrhenisches Meer. Ein frevelhaftes Blau.

Die Dorertempel. In Rosenschwangerschaft
die Ebenen. Felder
sterben den Asphodelentod.

Zum *Räuber-Schiller* verhält sich dies geträumte Elysium aus Süden, Licht und Meer wie bei Schiller selbst die letzte Strophe von *Das Ideal und das Leben* – oder vielmehr das in ihr verborgene visionäre Projekt, das niemals verwirklicht werden konnte – zu dem exzessiven Grobianismus seines ersten Dramas. Welches Projekt? Die Vision einer „olympischen Idylle“ ist gemeint, die Schiller sich als das Ziel der Ziele, als die letztendliche Krönung seiner Poesie vorgestellt hat: „alles Sterbliche ausgelöscht, lauter Licht, lauter Freiheit, lauter Vermögen, keinen Schatten keine Schranke, nichts von dem allen mehr zu sehen ... Eine Szene im Olymp darzustellen, welcher höchste aller Genüsse!“ (An Wilhelm von Humboldt in einem berühmten Brief vom 9. August 1795.)

Ein drittes Thema schließlich ist die Ideisierung des Willens zur „Form“: das Künstlersein als eine Passion um der Form willen, wie es in *Der junge Hebbel*, dem Eröffnungsgedicht des *Söhne*-Zyklus, dem überhaupt ersten Text der ganzen Sammlung, beispielhaft und tonangebend zur Sprache kommt:

Ich schlage mit der Stirn am Marmorblock
die Form heraus,
meine Hände schaffen ums Brot.

Da der *Söhne*-Zyklus mit dem früheren *Alaska*-Zyklus streckenweise identisch ist, muß es uns interessieren, daß das ursprüngliche Titel-Gedicht *Alaska*, das wir zitiert haben (mit dem Thema: Rückkehr aus „Europa“ in die Welt des Ursprünglichen), in der neuen Fassung durch das Hebbel-Gedicht ersetzt worden ist. Der junge Hebbel ist jemand, der, sozial gesehen, von ganz unten kommt; das Paria-Motiv klingt an:

Meine Mutter ist eine so arme Frau,
daß ihr lachen würdet, wenn ihr sie sähet, ...

Das *Söhne*-Pathos, das ein Pathos der Rebellion ist, erscheint hier als untrennbar verschmolzen mit dem Willen zur „Ausdruckswelt“, und der „Kampf“, von dem die Rede ist, hat mit gesellschaftlichen und politischen Zielsetzungen nichts zu tun:

> Schlaf brauche ich keinen.
> Essen nur so viel, daß ich nicht verrecke!
> Unerbittlich ist der Kampf,
> und die Welt starrt von Schwertspitzen.
> Jede hungert nach meinem Herzen.
> Jede muß ich, Waffenloser,
> in meinem Blut zerschmelzen.

Benn hatte im Juli 1913 versucht, mit dem brillanten jungen Verleger Kurt Wolff in Leipzig, der Ende 1912 alleiniger Inhaber des Rowohlt-Verlages geworden war, in Kontakt zu kommen, er hatte ihm „ein Manuskript Gedichte“, zweifellos die *Söhne*, zugeschickt, hatte sie aber „mit 3 kühlen Zeilen, daß jedes Interesse für meine Person ihm fernläge“, zurückbekommen. Also noch einmal Alfred Richard Meyer, notgedrungen, aber ungern, da ihm inzwischen das eher bescheidene Format des Meyerschen Ein-Mann-Betriebes nicht mehr genügte. In einem Brief vom 2. September 1913 ist die Verärgerung über den Mißerfolg bei Wolff zwischen den Zeilen noch deutlich zu erkennen: „Von mir erscheint ja demnächst bei Meyer ein neues Heft. Gegen den Verlag läßt sich ja nichts sagen. Wo soll man auch hin? Und schließlich: Kunst ist eine Sache von 50 Leuten, davon noch 30 nicht normal sind. Was große Verlage verlegen, ist keine Kunst, sondern Arbeit von Leuten, die ihrer Mittelmäßigkeit schriftstellerisch gerecht werden ... Kunst ist Irrsinn und gefährdet die Rasse.“

Empfänger dieses Schreibens war Paul Zech (1881–1946), Lyriker und Literat, später auch Mit-Autor der *Menschheitsdämmerung*, damals seit kurzem einer der drei Herausgeber der Zeitschrift *Das Neue Pathos*, die seit Mai 1913 in sehr kleiner Auflage in Berlin gedruckt wurde, aber schon 1914 wieder verstummt ist. (Ein *Jahr-*

buch der Zeitschrift Das Neue Pathos, ediert von Zech, kam zwischen 1913 und 1920 dreimal heraus.) Benn war gleich im ersten Heft mit dem *Jungen Hebbel* vertreten gewesen, die sechs an Zech gerichteten, meist kurzen Nachrichten, die sich aus den Jahren 1913–1916 erhalten haben, lassen eine gewisse Lebhaftigkeit der Zuwendung spüren, doch ist aus der Mitarbeit an Zechs Zeitschrift nicht allzuviel geworden: drei Beiträge (je ein Gedicht) und Schluß. In einem Briefchen vom 2. III. 1914 muß Zech zur Kenntnis nehmen, daß Benn nicht mehr will, ohne genau zu sagen, warum: „Andere Dinge halten mich vom ‚Neuen Pathos' zurück." Nächster Satz: „Trotzdem sende ich Ihnen einen herzlichen Gruß und verabschiede mich von Ihnen, da ich bald auf eine größere Auslandsreise gehe."

Benn in Bewegung. Seine Tätigkeit als Assistenzarzt am Städtischen Krankenhaus in Charlottenburg, die er am 10. November angetreten hatte, sollte am 31. März zu Ende gehen. Schon Ende 1913 hatte er sich bei der Hapag um eine Verwendung als Schiffsarzt beworben, aber nur ein einziges Mal, im Frühjahr 1914 auf einer Reise nach New York, hat man ihn in dieser Rolle erlebt, und niemand hat sich jemals darüber geäußert als er selber in einigen wenigen, äußerst lakonischen Bemerkungen. So in einer vielzitierten Kurzformel – „fuhr nach Amerika, impfte das Zwischendeck" – im ersten Absatz von *Epilog*, dem schon mehrfach erwähnten Schlußstück der *Gesammelten Schriften* von 1922. Etwas mehr aus dem Zusammenhang dieser Amerika-Reise, zwar immer noch blutwenig, aber doch ein bißchen Anschaulichkeit und die Skizze einer erlebten Situation, rückt er dann erst viele Jahre später heraus: im neunten Abschnitt der Prosa-Suite *Roman des Phänotyp*, entstanden im Frühjahr 1944 in einer Landsberger Kaserne, veröffentlicht 1949 in dem Band *Der Ptolemäer*. Der Abschnitt steht unter dem ironisch-manierierten Titel *Völliger Gegensatz zu Schifferkreisen* und hat zum Thema eine Art existentielles Schwindelerlebnis, eine „Lage des Verfalls bei wohlgeordneter Körperlichkeit". Frage: „Aus wessen Leben blickt man, in wessen Schlaf sinkt man, nach wessen rätselerfüllten Tagen und der schon verschleierten, von

Dämmerung und Unerinnerlichkeit gestaltlos gewordenen Flucht der Jahre?" Was gilt, ist das Punktuelle, ein Augenblick „Sils-Maria" zum Beispiel und das „Vorgebirge von Antibes, als es Monet malte"...; was hingegen nicht mehr glücken will, ist die Unbefangenheit des Sich-Erinnerns als der erzählerisch artikulierbaren Bewältigung von entflohener Zeit. „Mit welcher Wehmut", so heißt es da, „denke ich oft der Seemänner, die ihr Garn spinnen in Grogstuben, wo die tabakgebräunten Kuttermodelle von der Decke hängen, aus der Welt der Segelschiffahrt und des Bordlebens – Schnurren und Späße, ‚Splissen und Knoten', frei erzählt..."

Ein Melancholiker der Unerinnerlichkeit, der sich nun doch mit ein paar spröden Einzelheiten aus der Erinnerung an einen unangenehm heißen, untätigen Sonntag in Hoboken – am Westufer des Hudson River, Manhattan gegenüber – zu Wort meldet. „Ich, von der Einfahrt in New York und dem Anlegen in Hoboken, erinnere mich nur noch der Mädchenhändlerin, wegen der die Polizei an Bord kam, sie allein leuchtet, wenn ich zurückblicke, aus dem Hafengewirr zu mir herüber. Über wieviel Auswahl leuchtet diese Dame, wieviel Verlust, wieviel Erlöschen wieder schweigsam gewordener Welten! ... Ein totenstiller Sonntag, wir lagen in Hoboken. Es war so heiß, als ob ein Feuer über Deck fegte. Es fehlte uns an Money, um es den Astors gleichzutun und die City zu genießen. Wir lagen in den Korbstühlen, die endlich einmal für uns da waren, die widerlichen Passagiere waren ausgeschifft... Eine unbekannte Stadt, ein Land, dessen Gebräuche mir fremd waren, im Grunde waren es nur tiefgestaffelte Mauern, die man sah, mit Flecken drauf – wohl die Fenster. Also dieser Sonntag voller Öde, unser fremder Steamer auf dem Hudson, keine Dollars, um Anschluß zu bekommen, menschliche Wärme, Sinnlichkeit – nur diese Korbstühle, Besitzer unbekannt..."

Daß es dann doch noch zum Landgang gekommen ist, daß er Manhattan betreten, die „Met" besucht hat und den damals einundvierzigjährigen Caruso, den „kleinen, dickbäuchigen Caruso", den berühmtesten Operntenor der Epoche, hat singen hören, das erfahren wir aus *Doppelleben*, und es wird dort erwähnt, um einen wiederum essayistischen Gedankengang – betreffend das Auseinanderfallen von „Denken“ und „Sein“, „Leben“ und „Geist“ und so weiter – zu illustrieren. Übrigens wird er auch in anderen Schriften immer einmal wieder vorkommen, der beleibte kleine Neapolitaner, zusammen oder abwechselnd mit Figuren wie Diaghilew oder Picasso, die Duse oder die Sarah Bernhardt. Jede von ihnen ein Spitzenmodell der unwiederbringlichen Belle Epoque, ein Kohinoor artistischer Brillanz und eine Treibhausblüte des Hochkapitalismus: möglich nur dort, wo das künstlerisch Exorbitante und Raffinierte mit bestimmten gesellschaftlichen Bedingungen zusammentrifft. Hier ein Passus aus dem Aufsatz *Kunst und Drittes Reich* aus dem Jahre 1941: „Je strenger der Künstler, um so tiefer sein Hang zu Finessen und Licht. Seine Einbettung in ein Zeitalter der Verschwendung und des Genusses ist existentiell moralisch; Balzac konnte nur schreiben innerhalb der Dämonien der Hochfinanz; Carusos Stimme war erst vollkommen, als er in der Metropolitan-Oper vor dem Hufeisen des Diamantenen Ringes sang.“

Diese Atlantik-Überquerung vom Frühjahr 1914 blieb, wie gesagt, die einzige Schiffsreise großen Stils, auch der einzige Abstecher in ein außereuropäisches Land, den Benn unternommen hat. Offenbar war er gegen Seekrankheit nicht immun. „... Als ich als Schiffsarzt bei der Hapag fuhr“, so erinnert er sich in *Doppelleben*, „ging ich mit einem Segler nach Wladiwostok *nicht* auf große Fahrt, da meine Neigung zur Seekrankheit schon auf Passagierschiffen so groß und unbeeinflußbar war, daß ich mich scheute – und der Segler kam nie zurück.“ Seemannsgarn aus der Grogstube oder nicht – wir werden uns hüten, es anzuzweifeln.

Benn in Bewegung. Wann aber mag er von seiner New-York-Reise zurückgekehrt sein? Thilo Koch meint, es sei Ende Juni gewesen; was dagegen spricht, ist eine Bemerkung aus dem Briefwechsel mit Tilly Wedekind, wo es heißt: „In der (Münchner) Kaulbachstr. wohnte ich 1914 als ich heiratete. ... Juni, Juli 1914 ...“ (14. 6. 1937.) Die Vermutung, er könnte schon „im Juni“ in München gewesen sein, wird gestützt durch den Wortlaut des ersten Satzes der Novelle *Gehirne*, die den Sommer 1914 betrifft und entschieden autobiographische Züge hat: „Rönne, ein junger Arzt, der früher viel seziert hatte, fuhr durch Süddeutschland (!) dem Norden zu." Rönne-Benn also in nördlicher Richtung unterwegs, und wohin? Er war gebeten worden, in Bischofsgrün im Fichtelgebirge, nicht weit von Bayreuth, eine Vertretung zu übernehmen: für den Chefarzt einer Lungenheilanstalt. Es ist die Zeitspanne zwischen Sarajevo und der allgemeinen Mobilmachung, der Friede liegt im Koma, ganz Europa fiebert der Katastrophe entgegen, und was macht Doktor Benn? Er reflektiert innere Zustände, die mit der kritischen Lage überhaupt nichts zu tun haben, und die außer ihm kein Mensch begreifen würde, absonderliche Müdigkeiten und Absencen, „Zerstäubungen der Stirne", „Entschweifungen der Schläfe". Ein paar Monate später wird im zweiten Heft des Jahrgangs 1915 der *Weißen Blätter* unter dem Titel *Gehirne* ein Erlebnisbericht über diese Reise nach Bischofsgrün und den Aufenthalt daselbst zu lesen sein: „... fuhr durch Süddeutschland dem Norden zu. Er hatte die letzten Monate tatenlos verbracht; er war zwei Jahre lang in einem pathologischen Institut angestellt gewesen, das bedeutet, es waren ungefähr zweitausend Leichen ohne Besinnen durch seine Hände gegangen, und das hatte ihn in einer merkwürdigen und ungeklärten Weise erschöpft." Dann, vom Abteilfenster aus, der Blick auf die sommerliche Landschaft: „es geht also durch Weinland, besprach er sich, ziemlich flaches, vorbei an Scharlachfeldern, die rauchen von Mohn. Es ist nicht allzu heiß; ein Blau flutet durch den Himmel, feucht und aufgeweht von Ufern; an Rosen ist jedes Haus gelehnt, und manches ganz versunken." Schließlich zwei Sätze über die dienstliche Situation, die einerseits mit den Fakten genau übereinstimmen, andererseits aber auch wieder gar nichts mit ihnen zu tun haben: „Veranden, Hallen und Remisen, auf der Höhe eines Gebirges, in einen Wald gebaut – hier wollte Rönne den Chefarzt ein paar Wochen vertreten. Das Leben ist so allmächtig, dachte er; diese Hand wird es nicht unterwühlen können, und sah seine Rechte an."

In einem Brief vom 27. Juli an Meyer, geschrieben fünf Tage vor der Kriegserklärung an Rußland in Bischofsgrün, klingt er dann wieder vollkommen anders: nüchtern, drastisch, burschikos. Meyer war auf die ungeheuer zeitgemäße Idee gekommen, unter dem etwas albernen Titel *Der neue Frauenlob* eine Anthologie von Preisgedichten auf das weibliche Geschlecht herauszubringen, und er hatte Benn um einen Beitrag gebeten. Benns Antwort war gepfeffert: „eben kommt Ihre Karte. Mein Gott, ich habe nichts: nichts ist mir gleichgültiger als die Weiber, ich kann sie nicht besingen. Ich empfinde so:

Marie
Du Vollweib!
Deine Maße sind normal,
Jedes Kind kann durch dein Becken.
*Breit*hingelagert
Empfähest du bis in die Stirn
Und gehst. –

Sie werden zugeben, das sei primitiv. Und im Prinzip bin ich gegen alle Anthologien und Massenaufzüge.
Die Morgue bitte lassen Sie ungeschoren.
Wenn es sein muß, nehmen Sie die *Drohung* aus ‚Söhne' mit irgendeinem Namen.
Ich bin in Eile. Ich muß in den Krieg und bin nicht ausgerüstet, muß sofort nach München u. dann nach Berlin, wo ich mich stellen muß.
1000 Grüße Ihr Benn
(Oberarzt bei den Luftschiffern in Spandau!)
Gut Blut! Gut Hades!"

Was er in München zu tun vorhatte, wird dem Verleger nicht mitgeteilt; dabei wäre es im Zusammenhang mit Benns vernichtendem Urteil über das schöne Geschlecht für A. R. Meyer gewiß nicht ohne Interesse gewesen: in München wurde er von einer Dame erwartet, mit der er sich in aller Eile ehelich zu verbinden gedachte. Es hätte ihn, Meyer, wahrscheinlich getroffen wie der notorische Blitz aus heiterem Himmel.

Noch der heutige Leser wird womöglich überrascht sein, denn von einer Liebschaft mit Heiratsplänen – oder gar von einer „Verlobung" – ist ja bisher mit keinem Sterbenswörtchen die Rede gewesen. Von den Briefen, die in der Zeit zwischen dem Kennenlernen und der Eheschließung mit Edith Brosin, geborener Osterloh, hin- und hergegangen sein müssen, hat sich keiner erhalten, auch anderweitige einschlägige Informationen (von welcher Seite auch immer) aus der Zeit vor dem Krieg sind nicht publik geworden. Deshalb ist auch die Chronologie dieser Beziehung bis heute nicht restlos geklärt. „Meine Mutter, eine Dresdnerin", so berichtet Nele Soerensen in ihrem Buch, „traf meinen Vater 1914 in Hiddensee." Auch Neles Großmutter, Adele Osterloh, die (unveröffentlichte) biographische Aufzeichnungen über ihre Tochter hinterlassen hat, tippt, wiewohl mit fühlbarer Unsicherheit, auf den Sommer 1914, wenn sie mit Bezug auf die 1912 erfolgte Geburt ihres Enkelsohnes Andreas schreibt: „Als Edith wohl zwei Jahre später mit Andreas und Schwester Emmy im Seebad Hiddensee war, lernte sie den Arzt und Dichter Gottfried Benn kennen und lieben." Diese Datierung ist wenig wahrscheinlich, da ja, wie wir wissen, Benn sowohl im Frühjahr als auch im Sommer anderweitig beschäftigt war und kaum auf Hiddensee gewesen sein kann. (Daß er schon im Juni, wenn er in München war, bei Frau Edith aus- und eingegangen ist, darf man vermuten.) Alle Benn-Chronisten der Sekundärliteratur, von Lennig über Wodtke und Brode bis zu Bruno Hillebrand, haben sich denn auch für den Sommer 1913 ausgesprochen, das heißt, sie haben sich sehr naheliegenderweise für eine Zeitrechnung entschieden, nach der zwischen der ersten Begegnung und der Eheschließung am 30. Juli 1914 etwa ein rundes Jahr vergangen sein muß. Wenn aber diese Vermutung richtig ist – und wir sind davon überzeugt –, dann hat Benn zu derselben Zeit, da ihm Else Lasker-Schüler, wie er später sagte, „sehr nahestand", ein Liebesverhältnis auch zu einer anderen Frau unterhalten. (Eine Konstellation, die sich wiederholen wird.) Daß es die

„Dresdnerin“ war, um deretwillen er mit der Lasker-Schüler gebrochen hat, ist nicht ausgeschlossen.

Edith Osterloh, so hat Benn sich viele Jahre später geäußert, sei „eine ganz charmante elegante Dame von Welt“ gewesen, „viel gereist, mir weit überlegen, 8 Jahre älter als ich, sehr wohlhabend, aus einer Dresdener Patrizierfamilie, 2 Onkel, Brüder ihres Vaters, aktive Generäle, einer Exzellenz u. sächsischer Ministerpräsident, königlicher.“ (29. VI 38.) Der Vater, Paul Osterloh, war Arzt und Geheimrat, sie selbst von drei Schwestern „die hübscheste und anziehendste“ – wir zitieren die Mutter –, auch „geistreich, witzig und schlagfertig sogar in fremden Sprachen“. Sie war „ein ausgesprochener Gesellschaftsmensch, die Zierde eines jeden Salons“. Von Haus aus begünstigt – Pension in Lausanne mit Chalet in den Walliser Bergen –, vielseitig, aber nicht durchschlagend begabt, von anderen bewundert und verwöhnt – und doch: ihr Leben hat einen Zug ins Unselige, ein Leben ohne Fortune. Mit einundzwanzig heiratet sie einen Dr. Brosin, Frauenarzt aus Westfalen, aber schon im zweiten Ehejahr wird er ihr wieder entrissen. Tod durch Absturz vom „Rokokofelsen“ in der Sächsischen Schweiz am Himmelfahrtstage des Jahres 1900, während die Mutter sich zum Besuch der Weltausstellung in Paris befindet. Die Öffentlichkeit, die man törichterweise über die wahre Todesursache im unklaren gelassen hat, glaubt an Selbstmord und gibt der jungen Witwe die Schuld. Später wird im kleinsten Kreise bekannt, „daß er nie hätte heiraten dürfen“, weil er nicht ehetauglich war. Die Selbstmord-Version scheint sich mit einer neuen und wahrhaft schauerlichen Motivierung zu bestätigen.

Einige Jahre später – nach einer neuen Heimsuchung ihres Herzens, die nicht zur Ehe führen konnte, weil der Mann, ein angesehener Professor der Medizin, gebunden war und seine Frau nicht verlassen wollte – faßte sie den Entschluß, sich unter dem Namen Eva Brandt als Schauspielerin zu versuchen und dadurch „ihrem Leben einen neuen Inhalt zu geben“. Die Stationen ihrer Laufbahn hießen Flensburg, Arnstadt in Thüringen, Sondershausen, Kassel und Hannover; ein Versuch, in Berlin Fuß zu fassen, schlug fehl, obwohl sie ihrem dortigen Theaterdirektor eine erhebliche Summe Geldes vorgestreckt hatte, von der sie nie einen Pfennig wiedersehen sollte. Was aber weitaus schwerer wog, war der unglückliche Ausgang einer Affaire mit einem holländischen Sänger, der sie, obwohl verheiratet, in andere Umstände gebracht hatte. „Als sie im Wochenbett lag", so schreibt Adele Osterloh, „hörte sie, daß er geschieden sei und im Begriffe stehe, eine reiche Jüdin zu heiraten, was dann auch geschah." Das Kind, dem sie im Herbst 1912 das Leben schenkte, war der schon erwähnte Andreas, der also weniger als ein Jahr alt gewesen sein muß, als Benn ihn zusammen mit der Mutter auf Hiddensee zum ersten Male sah. Seine Geburt hatte offensichtlich der schauspielerischen Karriere der „Eva Brandt" ein Ende gesetzt. Jedenfalls hat sie nicht lange danach Berlin verlassen und ihren Wohnsitz nach München verlegt.

Benn hatte sich, wie erwähnt, in der Kaulbachstraße in unmittelbarer Nähe zum Englischen Garten einquartiert, als er zum Heiraten nach München kam. Mehr als drei Tage standen nicht zur Verfügung, doch reichte das zu einer ausführlichen Landpartie nach Leoni am Starnberger See (und vielleicht sogar noch, falls es nicht schon im Juni stattgefunden hatte, zu einem Wiedersehen mit Klabund). Am 30. Juli ging man dann in München zum Standesamt, als Trauzeugen mußten in der Eile zwei Dienstmänner herhalten, die man auf der Straße angeheuert hatte. In einem Brief an die Tochter vom 30. 7. 1949 erinnert sich Benn: „Allerliebste Nele, heute vor 35 Jahren heiratete ich Deine Mutter und damit wird zusammenhängen, daß Du dieses Jahr 34 Jahre wirst. Es war in München, der schönsten deutschen Stadt damals, und abends mußte ich nach Berlin abreisen, denn es begann der Krieg."

Am nächsten Tag wurde in einem Pariser Café der Sozialistenführer Jean Jaurès ermordet, der für den Fall, daß der Krieg anders nicht verhindert werden könnte, einen internationalen Generalstreik in allen betroffenen Ländern gefordert hatte. In Berlin wurde, ebenso wie in München, der „Kriegszustand" ausgerufen. Was dann kam, hat Thomas Mann, der es in München erlebte, in einer autobiographischen Aufzeichnung (*Lebensabriß*) von 1930 folgendermaßen beschrieben: „Wie es im Lande, in der Welt aussah, davon bekamen wir einen Begriff, als wir, um uns von meinem jüngeren Bruder zu verabschieden, der sogleich als Artillerist an die Front gehen mußte, zur Stadt fuhren und der sommerheiße Wirrwarr der verstopften Bahnhöfe, das Gebrodel einer aufgewühlten, in Angst und Begeisterung gerissenen Menschheit uns umgab. Das Verhängnis nahm seinen Lauf. Ich teilte die Schicksalsergriffenheit eines geistigen Deutschtums, dessen Glaube so viel Wahrheit und Irrtum, Recht und Unrecht umfaßte und so furchtbaren, ins Große gerechnet aber heilsamen, Reife und Wachstum fördernden Belehrungen entgegenging." Benn hat viele Jahre später diese Thomas Mannsche „Schicksalsergriffenheit" in eigener Sache einmal zitiert. Als er am frühen Morgen des 31. Juli 1914, vom Anhalter Bahnhof kommend, das Berliner Pflaster wieder betrat, war die Stadt gewiß noch ziemlich menschenleer, doch muß er im Laufe des Tages in Berlin ganz ähnliche Eindrücke empfangen haben wie Thomas Mann in der bayerischen Residenz. Was mag er gedacht haben? Wenig Erbauliches, so muß man vermuten: das Gebildet-Urbane und dann doch auch wieder eine Spur zu Rhetorische und bedenklich Beschönigende jener Thomas Mannschen Passage wäre kaum nach seinem Geschmack gewesen. Wir denken an den Schluß des Briefes vom 27. Juli aus Bischofsgrün, an den bizarren Lakonismus, das höhnisch Böse und Illusionslose dieser vier Worte: „Gut Blut! Gut Hades!"

Antwerpen, Brüssel und der Rönne-Komplex

Benn war achtundzwanzig Jahre alt, frisch vermählt und vom „Schicksalsrausch" der Nation nicht übermäßig aufgewühlt, als er die erst zwei Jahre zuvor abgelegte Uniform, den „Waffenrock mit den Äskulapstäben", wieder anziehen mußte. Als Datum des Dienstantritts „in Berlin" nennt er den 1. 8. 1914, die Dienststelle, bei der er sich zu melden hatte, wird nirgends erwähnt. Wohl hatte Benn in dem zitierten Schreiben aus Bischofsgrün an seinen Verleger sich selbst als „Oberarzt bei den Luftschiffern in Spandau" bezeichnet, aber das kann man nicht, das sollte vermutlich auch Meyer nicht ernst nehmen. Der ganze Brief hat ja etwas gewollt und betont „Verrücktes", etwas renommistisch Grimassierendes, und es wäre gewiß abwegig, wenn man nicht auch diese Spandauer Luftschiffer als eine humoristisch gemeinte Sottise auffassen würde. Nun waren bei der Belagerung von Antwerpen im Frühherbst 1914 – und „Antwerpen" war die einzige kriegerische Operation, von der wir mit Sicherheit wissen, daß Benn aktiv an ihr beteiligt war – auf deutscher Seite allerdings auch die damals neuesten Instrumente der technischen Kriegführung bereitgestellt; in einer 1921 veröffentlichten, mit Hilfe von amtlichen Unterlagen erstellten „Kriegsgliederung der Belagerungsarmee" finden wir neben drei Infanterie-Divisionen (der Reserve) und einer Marine-Division auch eine ganze Mustersammlung von Spezialtruppen aufgeführt, darunter eine „Fliegerabteilung achtunddreißig" und eine „Feldluftschiffer-Abteilung eins". Was Benn angeht, so spricht alles, nicht zuletzt auch sein eigener Sprachgebrauch im *Epilog* der *Gesammelten Schriften*: „... zog in den Krieg, erstürmte Antwerpen" – dafür, daß er einer Einheit der klassischen Waffengattungen, etwa Infanterie oder Pioniere, als Truppenarzt zugeteilt gewesen sein muß. Das Gros der „Armeegruppe Beseler" bestand aus brandenburgischen Verbänden; wo die Standorte der einzelnen Truppenteile angegeben werden, da stößt man auf Namen wie Küstrin und Neuruppin, Perleberg und Brandenburg, Spandau und Frankfurt an der Oder. Für Benn ein vertrauter Menschenschlag, man redete wie zu Hause. Ob auch Bekannte aus der Pépinière oder aus seiner „aktiven Dienstzeit" anzutreffen waren, wissen wir nicht.

Antwerpen war damals eine Primadonna unter den Seehandelsplätzen der Welt, bedeutender noch als Hamburg, London und Liverpool, was die Zahl der ein- und auslaufenden Schiffe, Tonnage, Umsatz und so weiter betraf. Es war aber auch eine als „uneinnehmbar" geltende Festung, die von einem dreifachen Gürtel von Verteidigungsanlagen, darunter siebenundvierzig gewaltige, nach modernsten Prinzipien angelegte Forts, gesichert war. Nach dem Fall von Lüttich und Namur und dem schon am 20. August erfolgten Einmarsch der Deutschen in Brüssel war die Scheldestadt zum letzten Stützpunkt des belgischen Widerstandes geworden. Der König selbst, die Regierung und die Reste der belgischen Armee, geschätzt auf etwa einhunderttausend Mann, hatten sich hinter ihre Bollwerke zurückgezogen. Die deutsche Führung, eingeschworen auf die strategische Konzeption des Schlieffen-Plans, hatte sich bekanntlich in die Idee verbissen, mit zwei auf dem rechten Flügel der Westfront parallel zur Meeresküste nach Süden vorstoßenden Armeen das formidable Schwenkungs- und Umfassungsmanöver entweder südlich oder nördlich von Paris in möglichst kurzer Zeit zu realisieren und dadurch die „Entscheidung im Westen" ohne weitere Umstände zu erzwingen. Das bedeutete, daß Antwerpen einstweilen sich selber überlassen werden mußte, ein ungelöstes Problem im Rücken der Front, das durch den so gut wie unbehinderten Zustrom von englischen Hilfslieferungen und die Landung einer englischen Marinebrigade zur Verstärkung der Besatzung von Tag zu Tag bedenklicher wurde. Man hatte ein paar deutsche Landwehrdivisionen, ein sogenanntes Beobachtungsheer, in den Raum zwischen Brüssel und Antwerpen hineingeschoben, aber das genügte kaum, um das Problem unter Kontrolle zu halten. Es kam, gegen Ende August, zu einem dramatischen Ausbruchsversuch, an dem unter der persönlichen Führung des Königs nicht weniger als vier Divisionen beteiligt waren, während zur gleichen Zeit zirka vierzig Kilometer südlich die alte Universitätsstadt Löwen wegen angeblicher Begünstigung von Partisanen („Franctireurs“) von einem deutschen Strafgericht heimgesucht und teilweise eingeäschert wurde. Nur mit Mühe und nicht ohne empfindliche Opfer gelang es, den Status quo an der Schelde für den Augenblick wiederherzustellen. Erst als nach dem unglücklichen Ausgang der Marneschlacht der Vormarsch in Frankreich zum Stillstand gekommen war, konnte man daran denken, das Ärgernis Antwerpen aus der Welt zu schaffen.

Was damals bevorstand, die Lösung einer militärischen Aufgabe, die von den Zeitgenossen als „riesenhaft“ empfunden wurde, ein Unternehmen, das dank seines verhältnismäßig raschen Gelingens vielleicht sogar als der letzte große und uneingeschränkt effektive Erfolg der deutschen Waffen auf dem westlichen Kriegsschauplatz erscheinen mag: in Benns Texten wird es ein einziges Mal mit zwei Worten und dann nie wieder erwähnt. Der Krieg als persönliches „Erlebnis“, auch der Krieg als moralisches „Pathos“ in diesem oder jenem Sinne, sei es affirmativ-„militaristisch“ wie in Ernst Jüngers frühen Büchern, sei es im Tenor einer leidenschaftlich-pazifistischen Anklage wie bei Barbusse oder Remarque: für Benn ist er kein Thema. Als Gegenstand der geschichts- und kulturphilosophischen Reflexion hingegen ist er ihm wichtig: der Krieg unter wechselnden Aspekten und in ganz verschiedenartiger Beleuchtung spielt in seiner Essayistik eine nicht unerhebliche Rolle. In den Schriften um 1933 hat er seine Geltung als das klassische Paradigma dessen, was Benn die geschichtliche Welt – im Gegensatz zur Ausdruckswelt – nennt, er wird dort, so vor allem in *Dorische Welt* (1934), mit einer Art von anti-humanitärem Kaltsinn als unumgängliche Realität respektiert, wenn auch nicht geradezu gefeiert. Nach Benns Abkehr vom Nationalsozialismus ändert sich dann der Tonfall seiner Kommentare ganz entschieden: die zeitweilige Schwärmerei für das Spartanische verstummt, die Sympathie für das „tragisch-heroische“ Element der geschichtlichen Welt klingt ab, und eine genau entgegengesetzte Betrachtungsweise kommt zu Wort und übernimmt die Regie: Skepsis, Widerwille, ja grimmige Verachtung für Welt und Wesen des Krieges, qua Paradigma von „Geschichte“, und für das Personal seiner Funktionäre, die Generalität, einschließlich sogenannter großer Männer. So nachzulesen beispielsweise in dem fulminanten Nachlaßtext *Zum Thema Geschichte* (vermutlich 1943), wo gleich anfangs davon die Rede ist, „daß die Geschichte Methoden anwendet, die den geistig Wachen und Aufmerksamen übergehn. Einer ihrer eklatantesten Züge an ihren Wendepunkten“, so reflektiert der Zeitgenosse Benn, was in jenen Jahren an „Geschichte“ zu beobachten war, „ist die Verwendung von Mikrozephalen. Der denkerische Typ ist bereits zu triebentfremdet und muskelentwöhnt, um ihrer geologischen Bewegung zu genügen. Auch Napoleon ist innerhalb seines Jahrhunderts ein mikrozephaler Artillerist, Hauptmann mit der Fahne, ein Dutzend Pferde, auf denen er mit seinen prallen Schenkeln saß und kommandierte, fielen unter seinem Leib. Beweglichkeit (‚Vitesse! Vitesse!‘), solange es vorwärtsging; nach Fehlschlägen schleunigste Flucht (Beresina, Leipzig, Waterloo) –; Beweglichkeit und Feuerwerk, Beschwörungen und Knallfrösche. Was er hinterließ, was übrigblieb, sind Militärstraßen, die die Städte umgehen, und die Gesellschaft im Chaos als Material für die Balzacschen Romane.“

Exit Napoleon – Honneurs für Balzac! Lorbeer und Eichenlaub für die großen „Marschälle der Literatur“, die das Frankreich des neunzehnten Jahrhunderts hervorgebracht hat! Es ist das Bennsche Ceterum censeo „zum Thema Geschichte“, was hier in einer ironisch funkelnden Spätfassung vorgetragen wird. Es lohnt sich, einen Augenblick bei ihr zu verweilen und sie mit jenem *Epilog* von 1922 zu vergleichen. Man wird das eine im andern wiederfinden, auch und gerade in jenem schon mehrfach zitierten autobiographischen Stenogramm. Schon hier, in Benns Erinnerungen an den Ersten Krieg, ist das bewußte Deutungsmodell ganz unverkennbar: der Antagonismus von Geschichte und Ausdruckswelt und seine für das ganze Werk gültige leitmotivische Rolle. Kaum hat er „Antwerpen“ mit zwei Worten hinter sich gebracht, kommt er auf das für ihn Entscheidende zu sprechen und kann dann auch endlich ausführlicher werden und ins einzelne gehn: „... lebte in der Etappe einen guten Tag, war lange in Brüssel, wo Sternheim, Flake, Einstein, Hausenstein ihre Tage verbrachten.“ Und wenige Zeilen später: „... was ich an Literatur verfaßte, schrieb ich, mit Ausnahme der ‚Morgue‘ ... im Frühjahr 1916 in Brüssel. Ich war Arzt an einem Prostituiertenkrankenhaus, ein ganz isolierter Posten, lebte in einem konfiszierten Haus, elf Zimmer, allein mit meinem Burschen, hatte wenig Dienst, durfte in Zivil gehen, war mit nichts behaftet, hing an keinem, verstand die Sprache kaum; strich durch die Straßen, fremdes Volk; eigentümlicher Frühling, drei Monate ganz ohne Vergleich, was war die Kanonade von der Yser, ohne die kein Tag verging, das Leben schwang in einer Sphäre von Schweigen und Verlorenheit, ich lebte am Rande, wo das Dasein fällt und das Ich beginnt. Ich denke oft an diese Wochen zurück; sie waren das Leben, sie werden nicht wiederkommen, alles andere war Bruch.“

Das thematische Vollgewicht dieser Stelle ist offensichtlich, ihr reflektives und sprachliches Niveau muß hier nicht eigens gewürdigt werden, es spricht für sich selbst. Blickt man aus der Höhenlage dieser Selbstdarstellung des Dichters noch einmal auf den Frontsoldaten G. B. zurück, so wirkt er blaß, beinah schemenhaft, auch wird man sicherlich nicht ganz auf dem Holzweg sein, wenn man aus der so beiläufig vorgebrachten Wehrpaß-Notiz „erstürmte Antwerpen“ einen Unterton von Selbstironie herauszuhören meint. Die Belagerung hatte unter dem Oberkommando eines „Mikrozephalen“ namens Hans Hartwig von Beseler, General der Infanterie mit großer Friedenskarriere, den der Kaiser persönlich mit dieser Aufgabe betraut hatte, am 28. September begonnen. Acht Tage lang hatte man mit schwerer und schwerster Artillerie, darunter die ungeheuerlichen Zweiundvierzig-Zentimeter-Kaliber der Kruppschen Eisenbahngeschütze, auf die Festungswerke eingetrommelt, ab 6. Oktober hatte man dann auch Einheiten der Infanterie und technische Truppen von Südosten her gegen die innere Verteidigungslinie der Stadt in Bewegung gesetzt. Drei Tage später war der Widerstand gebrochen, und am Vormittag des 9. Oktober konnten die Sieger mit „eichenlaubgeschmückten Radfahrern an der Spitze" in geordneten Formationen einmarschieren. Diese Ereignisse sind es gewesen, die Benn als Arzt bei der angreifenden Truppe miterlebt hat. Daß ihm für seine „Frontbewährung" das Eiserne Kreuz II. Klasse verliehen wurde, wissen wir aus Walter Lennigs Monographie, er selbst erwähnt es in seinen Schriften nicht. Doch kennen wir ein Foto aus dem Jahre 1916, das den Dreißigjährigen im Waffenrock mit dem Ordensband im Knopfloch zeigt.

Noch im Oktober 1914 wurde Benn als Oberarzt ins Generalgouvernement nach Brüssel versetzt. Seine erste Behausung lag nicht weit von dem einst von Maria Theresia für die Ratsversammlung von Brabant erbauten „Palais de la Nation" an der Rue de la Loi, einer der prominentesten Straßen der „Oberstadt" in der östlichen Hälfte der historischen Residenz, am nördlichen Rand des großen Parks: „Dort wohnte ich das erste Jahr; im Parlamentsgebäude war das ‚Gouvernement Brüssel' untergebracht, darunter der Gouvernementsarzt, zu dem ich gehörte." So in einem Brief vom 24. April 1942 an Oelze, welch letzterer damals, im dritten Jahr des Zweiten Weltkriegs, nun auch seinerseits in Brüssel „dienstlich" zu tun hatte. Aus einem anderen, ebenfalls nach Brüssel adressierten und von Brüssel handelnden Brief an Oelze (vom 11. April 1942) geht hervor, daß Benn im Jahre 1915 zu einem nicht näher bestimmten Zeitpunkt diese Wohnung aufgegeben und im Bereich der südlichen Außenviertel, ziemlich genau an der Nahtstelle zwischen St. Gilles und Ixelles, ein neues Quartier gefunden hat: „... wenn Sie mal an einem Sonntag eine freie Stunde haben", so lesen wir da, „gehen Sie bitte von der Porte Louise aus die *Avenue Louise* herunter, rechte Seite. Da geht bald die *Chaussee de Charleroi* ab, ein paar Schritte hinein u. wieder rechts kommt eine kleine Straße *Rue St. Bernard.* Nr. 1. Gehörte mir und meinem Burschen, ein großes Haus, einem Emigranten enteignet. Dort in der 1. Etage waren mein Wohn- u. Arbeitszimmer. Dort wirkte Rönne in Hochblüte, wollte nach Antwerpen reisen u. kam nur bis zur Bahn aus Müdigkeit weil alles so schwer u. sinnlos war, da entstand die ‚*Reise*'. Vor allem aber – Ende April, Anfang Mai 1916 – ‚geschah' ihm der ‚Geburtstag'. Die ‚Karyatide' und vieles von dem schönen, sinnlosen, überlebten Zeug entstand da. Werfen Sie bitte einen Blick hinauf, sprechen Sie meinen Schwur von damals: ‚manchmal eine Stunde, da bist Du, der Rest ist das Geschehen; manchmal die beiden Fluten schlagen hoch zu einem Traum'. Mein Standquartier war die Porte Louise, dort die Kinos, die Cafés, vor allem das damals sehr elegante Café Toison d'or. Bald werden die großen Rhododendrenbeete blühn dort u. in der Avenue nach Tervueren ..."

Wir sehen: er schwärmt, er *wirbt* für diese Stadt: „Sie werden bald", so schreibt er, „in Brüssel sehr glücklich sein." Daß für ihn selbst das Heimweh-Glück seiner Erinnerung an Brüssel ganz wesentlich mit dem Gedanken an jene „Hochblüte" der Rönne-Figur, insbesondere mit der Schaffens-Hausse vom Frühjahr 1916 zusammenhängt, ist uns schon bekannt. Ein lebensgeschichtlicher Glücksfall soll es gewesen sein, dieses Frühjahr, ein Ausnahmezustand: „ganz ohne Vergleich". Durch den Brief an Herrn Oelze erfahren wir nun, daß es „vor allem" jene fünfte und letzte der Rönne-Novellen, daß es der *Geburtstag* gewesen ist, der damals geschrieben wurde, der ihm, wie Benn mit einer selbstironischen Anspielung auf eine seinerzeit verbreitete stilistische Marotte sich ausdrückt, damals „geschah". Diesem *Geburtstag* wird eine so einzigartige Bedeutung zugeschrieben, daß er erinnerungsweise für das Ganze des Rönne-Zyklus eintreten kann, er wird aus der Gesamtheit der Produktion jener Jahre so sehr hervorgehoben, als wäre alles Vorher und Nachher die Rede nicht wert gewesen: „alles andere war Bruch". Diese Darstellung aus dem Jahre 1922 wird zwanzig Jahre später in dem Brief an Oelze ausdrücklich noch einmal bestätigt.

Diese Art, sich „ungenau", das heißt unbekümmert um notorische Sachverhalte, zu erinnern, ist uns, versteht sich, nicht neu. Immer einmal wieder, beginnend mit der berühmten Prosa-Rhapsodie auf die Selliner Kinderjahre – „Kindheitserde, unendlich geliebtes Land" – aus dem *Lebensweg*, sind wir dieser großzügig vereinfachenden, dieser synthetisch resümierenden und stilisierenden Methode, mit den eigenen Erinnerungen umzugehen, begegnet. In einer Studie zum Thema *Säkularisation als sprachbildende Kraft* (1958), betreffend die *Dichtung deutscher Pfarrerssöhne* von Gryphius bis Benn, hat der Göttinger Germanist Albrecht Schöne diese Bennsche Methode, den „Rohstoff der eigenen Lebensgeschichte" sprachkünstlerisch zu inszenieren, sehr einleuchtend interpretiert: als die Anwendung des Prinzips „Verdrängung des Inhalts" und „Übersteigerung jedes noch effektiven Erlebens ins Formale" in eigenster Sache. Die hier zitierte Definition erscheint in dem Aufsatz *Züchtung* (I) von 1933, wo Benn unter Berufung auf Nietzsches „Artistenevangelium", auf Turgenjews „östlichen" Nihilismus und auf den „westlichen" Formalismus Flauberts in eben diesem Prinzip den „Grundzug der ganzen Epoche" erkannt haben will. Solche „Übersteigerungen", solche intensiv verdichteten, rhythmisch und syntaktisch genau kalkulierten Ausdrucksleistungen sind also auch Benns Auslassungen zur eigenen Lebens- und Werkgeschichte. Gewiß: es gab, als Schöne, kurz nach Benns Tod, seine Arbeit zu Papier brachte, so gut wie nichts an biographischem Material über Benn als jene „formalistisch" gebosselten Texte ad se ipsum, von denen bei ihm die Rede ist. Das wird man bedenken müssen, wenn Schöne seine Leser davon überzeugen will, „daß die Gestalt des Autors, die auf solche Weise aufgebaut wird, in den *fiktiven* Bereich des dichterischen Werkes gestellt werden muß", und wenn er gelegentlich so weit geht, das in den Bennschen Erinnerungen figurierende Subjekt ein „fiktives Ich" zu nennen. Man kann das problematisch finden, aber eine kritische Pointe von hohem Interesse ist es ohne Zweifel. –

Am 22. April 1916, zehn Tage vor seinem dreißigsten Geburtstag, schrieb Benn aus Brüssel an den gleichaltrigen Wiener Dichter

Albert Ehrenstein (1886–1950), der damals für ein paar Monate als Lektor im Kurt-Wolff-Verlag beschäftigt war (während der Verleger selbst im Felde stand), einen Brief, in dem er ihm das Manuskript der gesammelten Rönne-Novellen – unter dem Titel *Gehirne* – zur Begutachtung und eventuellen Veröffentlichung anbot. Ehrenstein war der Verfasser des *Tubutsch*, einer 1907 geschriebenen, 1911 mit elf Zeichnungen von Kokoschka in Wien publizierten Prosa-Arbeit radikal avantgardistischen Charakters, die ihm unter Gleichgestimmten eine Art von esoterischem Ruhm eingetragen hatte. Benn kannte ihn von Berlin her, er kannte und bewunderte auch seinen *Tubutsch* und hatte gewiß allen Grund zu vermuten, daß, wenn irgendeiner, dann *dieser* Lektoratsangestellte sich für das Rönne-Experiment empfänglich zeigen werde. Daß er's schon einmal, im Juli 1913, bei Kurt Wolff versucht und schlechte Erfahrungen gemacht hatte, verschweigt er nicht: „Infolgedessen", so schreibt er, „würde ich weder jetzt noch später mit dem Verlag unmittelbar in Beziehung treten, und nur der Umstand, daß ich Sie als Lektor an ihm wußte, gab mir Veranlassung zu der Anfrage bei Ihnen."

Er bittet ihn also um einen „Freundschaftsdienst": „gefällt *Ihnen* das Manuskript, wollen Sie es befürwortend an Wolff weitergeben; gefällt es Ihnen *nicht*, geben Sie es mir gleich zurück." Und ferner: „Wenn Sie nicht alles lesen mögen, lesen Sie bitte den *Geburtstag*, in ihr (sic) sind die Probleme, an die ich weiter anknüpfen könnte, wenn Zeit u. etwas Gunst mir zur Verfügung stehen würden." Dieser Appell an die Solidarität des *Tubutsch*-Autors ist nicht vergeblich gewesen. Die Zusage ließ nicht lange auf sich warten: schon am 8. Mai 1916 konnte Benn – aus dem „Krankenhaus St. Gilles" – sich in einem kurzen Schreiben an den Verlag für die Annahme des Manuskripts „hocherfreut" bedanken.

Gehirne erschien im Oktober des gleichen Jahres, fünfundfünfzig Seiten lang und mustergültig gedruckt, als fündunddreißigster Band von Kurt Wolffs Schriftenreihe Der Jüngste Tag. Dort waren vor ihm schon Trakl, Werfel, Sternheim, Schickele und Ehrenstein herausgekommen; dort hatte sich nicht zuletzt auch Franz Kafka mit drei (heute weltberühmten) Titeln, so neuerdings, im September 1916, mit der Erzählung *Das Urteil*, der Öffentlichkeit gestellt. In diese Gesellschaft von renommierten Spitzenreitern der expressionistischen Generation aufgenommen zu werden, das war in der Tat ein bedeutender Schritt nach vorn, es war ein Geschenk der Fortuna zum – dreißigsten Geburtstag.

Damit hatte die literarische Öffentlichkeit gewissermaßen bestätigt oder doch akzeptiert, was er selbst, der Verfasser dieser fünften und letzten Folge des Rönne-Zyklus, über die eigene Person zur Feier ihres dreißigsten Geburtstages hatte sagen wollen; jedenfalls scheint er es so verstanden zu haben. Was hatte er sagen wollen?

Daß es mit diesem Dreißigsten eine für ihn ganz unerhörte, eine im euphorischen Sinne ominöse Bewandtnis gehabt haben soll: Dreißig oder ein Menschenalter, und es ist das Aufbruchsjahr großer Täter und Propheten (eine stillschweigende Anspielung auf das Paradigma Jesus von Nazareth ist nicht ausgeschlossen, sie ist sogar wahrscheinlich), und daß er in dieser Prosa unter dem Namen Rönne sich selber begegnet als einem, der sich mit der Vollendung des dreißigsten Jahres in eine neue Phase der Entwicklung und Bevollmächtigung eintreten sieht, sein eigenes Dreißigwerden unter dem Bilde einer Darstellung im Tempel erlebt haben will, als ein gleichsam epiphanisches Ereignis:

„Wie hieß er mit Vornamen? Werff.

Wie hieß er überhaupt? Werff Rönne.

Was war er? Arzt in einem Hurenhaus.

Was schlug die Uhr? Zwölf. Es war Mitternacht. Er wurde dreißig Jahre. In der Ferne rauschte ein Gewitter. In Maiwälder brach die Wolke auf.

Nun ist es Zeit, sagte er sich, daß ich beginne. In der Ferne rauscht ein Gewitter, aber *ich* geschehe ...“

Diese Stimmung – „Rönne in Hochblüte“ – ist gemeint, wenn er sich in späteren Jahren an jenen Frühling erinnert: eine Art Sieges- und Durchbruchs-Stimmung, ein neues Selbstgefühl, das sich einem quasireligiösen Erweckungsschock verdankt, auf ein neuartiges Ausdruckspathos sich gründet, vielmehr sich mit ihm und *durch es* identifiziert: „Ein geheimer Aufbau schwebte ihm vor, etwas von Panzerung und Adlerflug, eine Art napoleonischen Gelüstes, etwa die Eroberung einer Hecke, hinter der er ruhte, Werff Rönne, dreißigjährig, gefestigt, ein Arzt."

Was ihm damals, in dieser „fiktiv" auf das Frühjahr 1916 begrenzten Blütezeit „geschehen" ist, muß eine innere Verfassung gewesen sei, in welcher die äußerste Konzentration und eine radikale Selbstvergessenheit als Koeffizienten der „Übersteigerung" vereinbar waren. Die Vermutung, daß Rauschgift im Spiel gewesen ist, liegt nahe: in einer brieflichen Mitteilung an Ernst Jünger vom 19. XI 51 lesen wir: „... daß ich ich selber Drogen weder nehme noch genommen habe (außer einer kurzen Episode mit Kokain im I. Weltkrieg)"; auch das mit der berühmten Zeile „O Nacht! Ich nahm schon Kokain" beginnende Gedicht, das im September 1916 in der *Aktion* erschien, und ein weiteres Kokain-Gedicht aus dem März 1917 – „Den Ich-Zerfall, den süßen, tiefersehnten ––" würden dafür sprechen. Was Benn damals entdeckt und ins Werk gesetzt hat, ist ein künstlerisches Verfahren, das er viele Jahre später, in seiner Berliner Akademie-Rede von 1932, mit eindrucksvoller Treffsicherheit auch selber definiert hat: als die „halluzinatorisch-konstruktive" Methode des Schreibens. Eine Novelle wie *Der Geburtstag* ist ja alles andere als eine Erzählung im landläufigen Sinne des Wortes, sie ist ein „halluzinatorisch-konstruktives" Wort-Ereignis „achronischen" Charakters, ein Wirrsal von sei es motivischen, sei es verbalen Assoziationen jenseits von „Geschehen" und Geschichte. „Also eine Elevation durch das Wort, eine Sakramentation des Worts, ein Heiligungs- und Erlösungsphänomen mit Hilfe des dichterischen Worts – das ist Rönne." Mit diesen Worten – in einem Brief an Dieter Wellershoff vom 22 XI 50. – hat Benn noch als alter Mann, aus einem Abstand von nahezu fünfunddreißig Jahren, die für ihn nach wie vor epochemachende Bedeutung des Rönne-Zyklus gedeutet.

Ein so massives Aufgebot von Beschwörungsformeln aus der Sphäre des Geistlich-Sakramentalen, um den Rönne-Durchbruch begrifflich zu fixieren und einer neuen Idee von Kunst das Wort zu reden: wie soll man sich das erklären? Albrecht Schöne will hier „eine Art von Bekehrung“ erkannt haben: die „Bekehrung“ also eines vom Glauben der Väter abgefallenen Pastorensohnes zu einer neuen, quasi religiösen Heilsbotschaft von Gnaden des dichterischen Wortes, die sich jedoch nicht anders als in der vertrauten Bilder- und Verkündigungssprache der alten Glaubensheimat zu offenbaren vermag. „Die ungeheure Prägekraft religiöser Sprachformen erlahmt nicht“, sagt Schöne, „wenn ihr Inhalt seine Gültigkeit als Offenbarung und Bekenntnis verliert. In die Trümmer der freigesetzten Worte zurückgezogen, wirken die Energien fort, die einst das geschlossene Gefüge hervorgebracht hat.“ Jeder Benn-Leser wird früher oder später erkennen müssen, was das gerade im vorliegenden Fall zu bedeuten hat, wie sehr die Frömmigkeit des Vaterhauses diesem Dichter mit Wort und Lehre, Tonfall und Rhythmus „in Fleisch und Blut übergegangen“, in ihm bis an sein Ende virulent geblieben ist: „Im Anfang war das Wort und nicht das Geschwätz, und am Ende wird nicht die Propaganda sein, sondern wieder das Wort. Das Wort, das bindet und schließt, das Wort der Genesis, das die Feste absondert von den Nebeln und den Wassern, das Wort, das die Schöpfung trägt.“ So hat er sich noch zu Beginn des Jahres 1956, das ihm den Tod bringen sollte, in einer kurzen Veröffentlichung (*1956*. In: *Über mich selbst*, München 1956) geäußert.

Das ist Kanzelton, versteht sich, Silvesterpredigt aus der Dorfkirche von Sellin. Will sagen: die Lutherbibel immer noch als Resonanzboden: wie einst bei Goethe, später bei Nietzsche, neuerdings auch bei Brecht. Man begreift, daß ihm die Schulformel vom „Formalismus“ des Formalisten Benn unter Umständen auch auf die Nerven gehen konnte: „Wenn man nun das, was meine Generation und ich in ihr erlebte, in ihren Arbeiten ausdrückte und zur These erhob, weiter Formalismus nennen will, mag man es tun.“ So liest man’s am Anfang des letzten Abschnitts von *Lebensweg eines Intellektualisten*. Und ferner: „Man kann es aber auch als genau das Gegenteil bezeichnen, nämlich als die erkämpfte Erkenntnis von der Möglichkeit einer neuen Ritualität. Es ist der fast religiöse Versuch, die Kunst aus dem Ästhetischen zum Anthropologischen zu überführen, ihre Ausrufung zum anthropologischen Prinzip."

Es ist das eine und es ist auch das genaue Gegenteil dieses einen, und wiederum ist es das Gegenteil vom Gegenteil: hinter dieser „Möglichkeit einer neuen Ritualität" verbirgt sich ein altes Traumproblem der „symbolistischen" Ästhetik: das Wort als ein Absolutum, als das Korrelat zur absoluten Musik. Benns Rönne-Deutung von 1950, wie sie in dem zitierten Brief an Wellershoff entwickelt wird, ist ein Versuch, den Briefpartner in räsonierender Sprache für das Thema zu gewinnen, ihm den Sinn der Sache plausibel zu machen: ein Versuch, der jedoch letztlich *sich selbst* als „die Sache", *sich selbst* als den Gegenstand, von dem er eben handelt, beispielhaft „faszinierend" zur Schau stellen will, und man kann es sich sehr wohl vorstellen, daß es Leser geben könnte, die diesen Briefessay des Vierundsechzigjährigen „faszinierender" finden werden als die Novellenprosa von 1916, die er kommentiert. „Betrachten Sie", schreibt Benn, „bitte hierzu die Roman- und Verssprache der II. Hälfte des 19. Jahrhunderts. Diese hat etwas Braves, Biederes, Ehrliches (im alten Sinne), ist keineswegs ohne Reiz, aber sie *schildert,* Stimmungen, Beziehungen, Tatbestände, vermittelt Erfahrungen und Kenntnisse, aber hier ist die Sprache nicht das schöpferische Agens an sich, sie ist nicht sie selbst. Dann kommt Nietzsche und *die* Sprache beginnt, die nichts will (und kann) als phosphoreszieren, luziferieren, hinreißen, betäuben. Sie zelebriert sich selbst, reißt das Menschliche ganz in ihren schmalen, aber auch gewaltigen Organismus, sie wird monologisch, ja monoman ..."

Dieser Rönne-Brief ist so etwas wie ein Postskriptum zu der großen Nietzsche-Rede zum 50. Todestag, die Benn drei Monate zuvor, am 25. August 1950, im Nordwestdeutschen Rundfunk vorgetragen hatte. Er hatte dort seine seit langem unbeirrbare Bewunderung für den apokalyptischen Pastorensohn aus Naumburg bekräftigt – „... für meine Generation war er das Erdbeben der Epoche und seit Luther das größte deutsche Sprachgenie" –, und er hatte seine Überzeugung von der grundstürzenden Bedeutung von Nietzsches Lehren für die Bewußtseinslage des zwanzigsten Jahrhunderts noch einmal begründet. In dem Brief vom 22. November ist es allein der Sprach-Künstler und Ästhetiker Nietzsche, der zur Debatte steht: der Urheber des Gedankens, daß die Welt „nur als ästhetisches Phänomen" zu „rechtfertigen", zu deuten und zu ertragen, und daß „die Kunst als die höchste Aufgabe und eigentlich metaphysische Tätigkeit dieses Lebens" anzusehen sei: Formeln, die Benn wie kanonische Texte wieder und wieder zitiert hat. Auch die Idee einer „monologischen" Kunst hat er von Nietzsche übernommen, sie findet sich in der *Fröhlichen Wissenschaft* von 1882 (Aphorismus 367), wo eine solche Kunst charakterisiert wird mit den Worten: „Sie ruht auf dem Vergessen, sie ist die Musik des Vergessens." Diese Wendung muß Benn auf eine geradezu hypnotische Weise beeindruckt haben, sonst hätte er sie kaum in seinem *Roman des Phänotyp*, einem der brillantesten Texte seiner Spätzeit, so gut wie wörtlich wiederholt, ohne ganz unmißverständlich zu sagen, von wem sie stammt: „Zu oft hat er (sc. Nietzsche) die Kunst, nicht die Natur, als die letzte metaphysische Aufgabe der europäischen Rasse dargestellt – die monologische Kunst, sie ruht auf dem Vergessenen, sie ist die Musik des Vergessens."

Nietzsche hatte noch diejenige Art von Kunst, die er die „monologische" nennt, von anderen Möglichkeiten der Kunstausübung unterscheiden wollen, zum Beispiel von der „demagogischen" Kunst, zu deren Repräsentanten er Victor Hugo und – Richard Wagner rechnete (in *Kunst und Künstler*, 1888); für Benn, der sich ja nicht als einen Nachbeter, sondern als einen „Exegeten" Nietzsches betrachtet hat, ist „monologische" Kunst die „moderne" Erscheinungsweise von Kunst überhaupt: „Ein tragischer Stil, Krisenstil, hybrid und final –" (an Wellershoff). Das „Vergessene" aber, was ist darunter zu verstehen? Alles, was nicht Form ist. Die Idee, die „Botschaft", die „Fabel", der „Stoff", mit einem Wort: das der „Vernichtung" überantwortete „Inhaltliche". Die „Musik des Vergessens", das ist die zum Absolutum erhobene Form.

Wenn Benn seine briefliche Rönne-Deutung schließlich in der

knappen Formel „Rönne begegnet sich selbst" kulminieren läßt, so können wir darin ein Echo auf einen Satz aus dem *Zarathustra* erkennen, nämlich diesen: „Verwandelt sah ich schon die Dichter und gegen sich selber den Blick gerichtet." Wir können uns die Idee einer monologischen Kunst – als einer „Musik des Vergessens" – aber auch von Mallarmé abgeleitet denken, wir können in ihr das Mallarmésche Programm einer radikalen Entgegenständlichung und Enthumanisierung der Wortkunst, können das Prinzip einer Kunst um ihrer selbst willen, einer Kunst, die durch sich selbst und sich allein „gerechtfertigt" ist, in ihr wiederfinden. Wenn Nietzsche das Erdbeben der Epoche gewesen sein soll, so hätte man ihn doch ebensowohl ihren Seismographen nennen können: Mitwisser der gewagtesten Grenzüberschreitungen in artibus et litteris, wo immer es aufs Ganze ging: Mitwisser im Falle Mallarmé wie im Fall auch von Dostojewskijs *Dämonen*, deren fürchterlich-unselige Hauptfigur Stawrogin er für sich entdeckt und als die literarische Verkörperung des von nihilistischer Verzweiflung besessenen Selbst- und Gottesmörders begriffen hat. Was Mallarmé betrifft, so ist das Fortwirken seiner dichterischen und theoretischen Impulse im Bewußtsein der expressionistischen Generation schon vor dem Ersten Weltkrieg publik geworden, vor allem in den kritischen Arbeiten von Carl Einstein (1885–1940), der als Dreißigjähriger mit seinem Buche *Negerplastik* (1915) Aufsehen erregte und gleichzeitig als Parteigänger der damals neuesten Bestrebungen in Kunst und Literatur unter dem generalisierenden Stichwort „Kubismus" extrem avantgardistische Positionen vertrat. Benn kannte ihn, wie erwähnt, schon von Berlin her. Hier in Brüssel hatte man nun, zwei Jahre nach dem gemeinsamen Auftreten an jenem sechsten Autorenabend der *Aktion*, die Bekanntschaft erneuert, denn auch Einstein war nach Fronterfahrungen im oberen Elsaß, einer schweren Verwundung und langem Lazarettaufenthalt – als Schreibstubensoldat – in die Etappe versetzt worden. Nichts spricht dafür, daß man regelmäßig beieinander aus- und eingegangen ist, und doch muß es diese Brüsseler Konstellation gewesen sein, aus der sich dann später, nach dem Kriege wieder in

Berlin, die auf gegenseitige Bewunderung gegründete, sowohl für den Rönne-Autor als auch für den Erfinder des Bebuquin ganz einzigartige, beinah freundschaftliche Beziehung entwickelt hat.

Einstein hatte Anfang 1914 in den *Weißen Blättern* eine kritische Studie über Paul Claudel veröffentlicht, die den Autor der *Mittagswende* nicht eigentlich als den Dichter einer neuen, wortgewaltigen Katholizität, sondern als den Mallarmé-Adepten, der er ursprünglich gewesen war, zu würdigen versucht. Erster Satz: „Die heutige Kunst zieht auf die ihr eigentümliche autonome Kraft sich zurück." Schon dieser Einstieg läßt erkennen, daß anhand der Titelfigur etwas Allgemeines, Grundsätzliches zur Sprache gebracht werden soll, ein Kommentar zur Lage überhaupt, ein in fühlbarer Nachbarschaft zu Worringer und zum Blauen Reiter argumentierendes Plädoyer für „unsere heutige Kunst", für die „Neuen" insgesamt, mit denen der Verfasser sich in der ersten Person pluralis solidarisch erklärt: „Wir gebrauchen keine Abstraktionen. Gerade wir schaffen das Unmittelbare, Elemente, die Voraussetzung des Lebens sind; das Nötige, Langvergessene." Mit seiner reichlich anämischen, staksig-trockenen und überhaupt wenig attraktiven Ausdrucksweise trifft er doch etwas, das Benn sehr nahe gehen mußte. So vor allem mit dem Hinweis auf Mallarmé, den „Ahnen" dieser neuen Dichter, der „die Dinge verboten", den „bildhaften Zusammenhang gelehrt" habe: „Nicht das Objekt, sondern die rein sprachliche Empfindung des Traums, das Imaginäre ist Gegenstand des Dichterischen." Schließlich der Satz, der Benns Rönne-Deutung von 1950 gewissermaßen vorwegnimmt: „Ihm war das Gedicht zu einem Mysterium absoluter Sprache geworden, deren Formel der deutsche Hegel aufgestellt hatte: Ein Dasein, das unmittelbar selbstbewußte Existenz ist."

Im Rönne-Frühjahr 1916 veröffentlichte Franz Pfemfert als zweiten Titel der von ihm kürzlich gegründeten Schriftenreihe Aktionsbücher der Aeternisten einen Band *Bemerkungen* von Carl Einstein, eine kleine Anthologie kritischer Arbeiten, in der auch der Claudel-Aufsatz von 1914 wiederabgedruckt erschien. Ein Exemplar dieses Büchleins hat sich in Benns Nachlaß erhalten, und man kann noch heute sehen, mit welch brennender Anteilnahme es gelesen worden ist. Besonders dick angekreuzt ist der Satz: „Ihm war das Gedicht zu einem Mysterium absoluter Sprache geworden.“

Näheres über Rönne, seinen Gegenspieler Pameelen und ein Kind namens Nele

Schon zwei Monate nach dem Fall von Antwerpen hatten die Verhältnisse im besetzten Belgien sich, jedenfalls in den Augen der Okkupanten, so weitgehend „normalisiert", daß man als Offizier privaten Besuch aus der Heimat empfangen konnte. So ist auch Edith Benn, geborene Osterloh, seit dem 30. Juli zum zweiten Male verheiratet, Anfang Dezember 1914 für einige Tage nach Brüssel gereist, um ihren Mann wiederzusehen. Sie hatte bald nach Kriegsausbruch ihren Münchner Wohnsitz aufgegeben und war in die Gartenstadt Hellerau bei Dresden umgezogen, um dort mit ihren Schwestern Ada und Paula, deren Männer an der Front waren, mit ihrem Söhnchen Andreas und mehreren anderen Kindern, ferner mit drei Hausangestellten in gemeinsamer Wirtschaft zusammenzuleben. Ihr Aufenthalt in Brüssel kann nicht sehr lang gewesen sein, und er wird in den bisher bekannten Briefen und Aufzeichnungen nirgends erwähnt. Auch in den Chroniken wird er als bloßes Faktum immer nur knapp verzeichnet, und zwar mit dem regelmäßig wiederkehrenden Hinweis auf den 8. September 1915, an welchem Tage Benns einziges Kind, eine Tochter, in Hellerau zur Welt gekommen ist.

Der Vater dieses Kindes war, wenn uns nicht alles täuscht, „derselbe", der im Rückblick auf Brüssel von sich sagen wird: „war mit nichts behaftet, hing an keinem", und wiederum: „... das Leben schwang in einer Sphäre von Schweigen und Verlorenheit, ich lebte am Rande, wo das Dasein fällt und das Ich beginnt." Es war, in der Sprache des naiven Bewußtseins gesagt, „derselbe" Mensch, der im März 1916 unter dem Titel *Der Vermessungsdirigent* ein sogenanntes „erkenntnistheoretisches Drama" verfaßt hat, bestehend aus einem Vorspiel und drei Akten, sein Protagonist ist ein

Arzt namens Jef van Pameelen, und dieser Pameelen ist im Gegensatz zu dem eher passiv, in trancehafter Benommenheit dahintreibenden Kollegen Rönne ein intellektueller Aktivist, ein nihilistischer Berserker, der mit der „zähneknirschenden Tollwut des Begrifflichen" alle Selbstverständlichkeiten des naiven Bewußtseins aus den Angeln heben will. „Der Trieb nach Definition", so wird von ihm gesagt, „in ihm qualvoller als der Hunger und erschütternder als die Liebe, kehrt sich in ihm gegen das sogenannte eigene Ich." Und wenig später: „Das Ich ist ein Phantom. Kein Wort gibt es, das seine Existenz verbürgte, keine Prüfung und keine Grenze."

Edith Osterloh, so muß man befürchten, war ihrem Unstern treu geblieben, als sie sich zu dieser zweiten Ehe entschloß. Der Mann, mit dem sie sich verbunden hatte, es war „derselbe", der etwas Wahres, wörtlich: „Genaues", über sich selbst – und nicht nur über sich allein – zu Protokoll geben will, wenn er, viele Jahre später, in seinem Dialog *Die Stimme hinter dem Vorhang* (1952) einen der Sprecher, einen gewissen Alfred, sagen läßt: „Meine Glücke waren, wenn ich genau bin, alle mit Verbrechen verkuppelt: Ehebruch, Rausch, Treulosigkeit, Elternhaß, Falschheit, doppelte Moral, auch fiel mir die Wendung von Hamsun ein: ‚Es gibt nur eine Liebe, die gestohlene' ..." Voilà: ein „Verbrecher" war es, mit dem man sich eingelassen hatte, Doppelgänger einer Militärperson namens Dr. Benn, eine Jekyll-and-Hyde-Existenz noch innerhalb des Spannungsfeldes seiner Doppelgänger-Rolle. Einerseits denkt er sich diesen Pameelen aus und sich selbst in ihn hinein, diesen erkenntnistheoretischen Grimmbart, der „die Frage nach der Wirklichkeit" noch „grausamer", noch „bodenloser" gestellt wissen will als der Kollege Rönne: „In diesem Hirn", so wird er 1934 in *Lebensweg* charakterisiert, „zerfällt etwas, was seit vierhundert Jahren als Ich galt ..." Mit anderen Worten: „Die Linie, die so großartig im cogito ergo sum als souveränes Leben, das seiner Existenz nur im Gedanken sicher war, begann, in dieser Figur geht sie schauerlich zu Ende." (Auch dies noch, versteht sich, ist Nietzsche-Exegese: was da als zähneknirschender Erkenntnisfrevel so effektvoll in Szene gesetzt wird, als aphoristisches Wetterleuchten vorweggenommen findet man es immer schon in bestimmten einschlägigen Notizen aus dem Nachlaß der achtziger Jahre. „Der Begriff ‚Individuum' und ‚Gattung' gleichermaßen falsch und bloß augenscheinlich"; „die fortwährenden Übergänge erlauben es nicht, von ‚Individuum' und so weiter zu reden, die ‚Zahl' der Wesen ist selber im Fluß", und so fort.)

Ein idealer Heiratskandidat ist er wohl nicht, dieser Pameelen, denn wo das „ergo sum" verlorengegeben wird, wie soll da Sympathie, Dialog, liebende Kommunikation, geschweige denn eheliche Gemeinschaft noch möglich sein? Die Liebe, so müssen wir uns an anderer Stelle sagen lassen, aber das ist erst zehn Jahre später und gehört in den Zusammenhang *Roman des Phänotyp*, die Liebe „täuscht Inhalte vor und schafft Surrogate für eine Individualität, die nicht mehr vorhanden ist, der Phänotyp wird an ihr wenig Intimes entdecken". Ein Satz, den man nicht mir nichts dir nichts begreifen wollen, geschweige denn übernehmen sollte, den man nur unter ganz bestimmten Auspizien bedingungsweise gelten lassen darf. Ein Satz „an niemanden gerichtet", Ausgeburt eines strikt „monologischen" Sprachgebarens, eine logische Kunstblume vielleicht, faszinierend gewiß und womöglich so etwas wie eine letzte späte Spielart des Kunst-Bösen aus der Tradition der Poètes maudits, aber Pameelen, so viel ist sicher, hat ihn stillschweigend schon 1916 im Kopf.

Wieder anders die Schwierigkeiten mit Rönne, der sozusagen die Kehrseite der Pameelen-Thematik darzustellen hat. Ihm gilt die wohl berühmteste Passage aus *Lebensweg eines Intellektualisten*, eine Kern- und Glanzstelle in Sachen Rönne-Benn, die das autobiographische Stenogramm von 1922 gewissermaßen variiert, indem sie das sinnfällig Bildhafte und Erzählerische mit kritisch-essayistischen Energien noch stärker durchdringt, es andererseits, in der Schlußkadenz, aber auch wörtlich wiederholt: „In Krieg und Frieden, in der Front und in der Etappe, als Offizier wie als Arzt, zwischen Schiebern und Exzellenzen, vor Gummi- und Gefängniszellen, an Betten und an Särgen, im Triumph und im Verfall verließ mich die Trance nie, daß es diese Wirklichkeit nicht gäbe. Eine Art innerer Konzentration setzte ich in Gang, ein Anregen geheimer Sphären, und das Individuelle versank, und eine Urschicht stieg herauf, an Bildern reich und panisch. Periodisch verstärkt, das Jahr 1915/16 in Brüssel war enorm, da entstand *Rönne*, der Arzt, der Flagellant der Einzeldinge, das nackte Vakuum der Sachverhalte, der keine Wirklichkeit ertragen konnte, aber auch keine mehr erfassen, der nur das rhythmische Sichöffnen und Sichverschließen des Ichs und der Persönlichkeit kannte, das fortwährend Gebrochene des inneren Seins und der, vor das Erlebnis von der tiefen, schrankenlosen mythenalten Fremdheit zwischen dem Menschen und der Welt gestellt, unbedingt der Mythe und ihren Bildern glaubte."

Pameelen und Rönne, so scheint es, sind Gegenspieler, und was sie als solche zu bedeuten haben, entspricht verblüffend genau dem dualistisch gedachten Verhältnis von „Großhirnrinde" und „Hirnstamm", wie Benn es in einem 1930 verfaßten Essay über den *Aufbau der Persönlichkeit*, einer der schönsten Arbeiten seiner mittleren Jahre, beschrieben hat. Ausgehend von einem neuerdings zu beobachtenden und, wie er meint, epochemachenden „Stimmungswandel" innerhalb des biologisch-medizinischen Denkens überhaupt, der Hirnforschung im besonderen, glaubt er eine allgemeine „Umwertung gewisser Hirngebiete in ihrer Bedeutung für den Aufbau der Persönlichkeit" ausgemacht zu haben, die sich als eine „Degradation der Großhirnrinde" darstellen lasse. Welche Kapazitäten des menschlichen Bewußtseins sind es denn also, die mit dem Begriff „Großhirnrinde" zusammengefaßt werden? Antwort: „In diesem entwicklungsgeschichtlich jüngsten Teil der menschlichen Nervenorganisation, den man vor hundert Jahren als den großen Adlerhorst entdeckte und beschrieb, sieht man heute im wesentlichen nur noch die Funktionszentrale für die Sinnes-, Gedächtnis- und Assoziationsleistungen, also vorwiegend für die intellektuelle Geistestätigkeit, die für die psychische Persönlichkeit im engeren Sinne mehr sekundäre Bedeutung hat." Und weiter: was hat es auf sich mit dem älteren „Hirngebiet" als der Basis von bewußtseinsfähigen Anlagen und Prozessen? „Was primär die psychische Persönlichkeit ausmacht", sagt Benn, „und ihr Fundament bildet: die Affektivität im allgemeinen, das Trieb- und Instinktleben, auch die Motorik, hängt funktionell mit den entwicklungsgeschichtlich weiter zurückreichenden, biologisch älteren Teilen des Gehirns zusammen: dem sogenannten Stammhirn und den sogenannten Stammganglien. Wir stoßen also hier auf ein höchst bemerkenswertes Verhältnis: der intelligible, der rationalistische Teil des Ich bildete sich in und mit dem stammesgeschichtlich spätesten Teil des Gehirns, die frühere Stufe lebte ein reines Affekt- und Triebleben auf der Basis des Hirnstamms, über dem sich dann erst der Großhirnmantel schloß." Wann aber soll sich das ereignet haben? „Wenn wir die Prähistorie und die Geologie zu Rate ziehen, erfahren wir, daß dies längst vor der letzten Sintflut, längst vor der letzten Eiszeit geschehen sein muß, denn das Gedächtnis dieser Rinde, realisiert in den Urmythen und Kosmogonien, reicht noch zu den Sauriern und ihrem Untergang im Sekundär, reicht zu den letzten Weltkatastrophen und endet anscheinend erst im Primär..."

So der Beginn dieser unter einem beinah philiströs klingenden Titel vorgelegten Gedankendichtung, die das „moderne Ich" mit dem „Anfang aller Dinge" in Beziehung setzen will, und zwar in einer Sprache, die den wissenschaftlichen Begriffsapparat mit einem kraftvoll pulsierenden, Blüten treibenden und Blitze schleudernden Ausdruckspathos durchdringt. Man liest das wie einen anti-idealistischen Panegyrikus auf die „biologische Grundlage der Persönlichkeit", der sich schon in der zweiten Strophe mit den subzerebralen Gegebenheiten der menschlichen Physis beschäftigt, will sagen das vegetative Nervensystem, das Blutdrüsensystem und – mit besonderem Nachdruck – den Hormonkreislauf zur Sprache bringt. Der dann im weiteren Verlauf des Unternehmens mit immer neuen Überraschungen, perspektivischen Seitenwechseln, bravourösen Formulierungen eine quasi dramatische Spannung zu erzeugen weiß, um schließlich mit einer großen rhetorischen Periode der seinerzeit von Nietzsche ins Werk gesetzten Neuinszenierung des Geist-und-Leben-Problems in Bennscher Sprache eine weitere, eine kongeniale Szene hinzuzufügen, nicht ohne den Namen des Meisters zu nennen. Möge „der Geist" ein Prinzip sui generis sein und bleiben, möge man ihn in den Olymp unter die Götter versetzen –, wahr bleibt dennoch: „in der Persönlichkeit ist er für immer mit dem Körper verbunden, ... – immer stoßen wir auf diesen Körper, seine unheimliche Rolle, das Soma, das die Geheimnisse trägt, uralt, fremd, undurchsichtig, gänzlich rückgewendet auf die Ursprünge, beladen mit Erbgut rätselhafter und unerklärlicher Zeiten und Vorgänge, ewig raumsicher, ewig fundiertes Erlebnis und ewig natürlicher Regulator der Norm: das Biologische als Richterin der Wahrheit: das Prinzip von Nietzsches orgiastischer Philosophie ..."

Was hier über den Menschen gesagt wird, man könnte es wohl als den Entwurf einer somatisch und geologisch fundierten „Anthropologie" interpretieren; Benn selbst nennt es im Untertitel den *Grundriß einer Geologie des Ich*. Damit gibt er uns ein Stichwort für den Fall, daß wir nun noch einmal und in einem ganz bestimmten Zusammenhang nach dem Sinn der Rönne-Figur und ihrer Bedeutung für das Selbstverständnis ihres Dichters fragen müssen, da er ja mit keiner seiner Phantasie-Gestalten sich so hartnäckig identifiziert hat wie mit dieser, noch 1931, in einem Aufsatz über das Thema *Irrationalismus und moderne Medizin*, nennt er sich Rönne, als handelte es sich um einen ganz gewöhnlichen Decknamen, hinter dem sich die standesamtliche Identität verbergen will. Wir fragen also nach der „geologischen" Schicht, für die Rönne sich sozusagen zuständig fühlen darf, da er doch offenbar weit davon entfernt ist, der „zähneknirschenden Tollwut des Begrifflichen" verfallen zu sein. Sein Wesen, wenn es in jener gesteigerten Verfassung, die Benn „Trance" nennt, ganz zu sich selber kommt, scheint dem Bereich des animalischen und pflanzlichen Seins nahe zu sein; dafür spricht der Satz vom „rhythmischen Sichöffnen und Sichverschließen des Ichs und der Persönlichkeit", und daß wir noch im gleichen Text, nur dreizehn Zeilen später, zur Kenntnis nehmen sollen: „Also nach der zentralen Zerstörung das Vegetabilische."

Dies aber: die „zentrale Zerstörung“ und danach „das Vegetabilische“: worauf will das hinaus? Regression als Befreiung? Pathologische Asozialität? Wiederanschluß an archaische Methoden der Erkenntnis von hochgreifender Kulturfähigkeit? Ist Rönne zum Beispiel ein Mystiker? Dies Abtauchen in ein Medium, welches durch die Intellektualität der Großhirnrinde nicht kontrollierbar ist, das Einströmen in das Reich des Panisch-Halluzinatorischen, wo man „keine Wirklichkeit mehr ertragen, aber auch keine mehr erfassen kann“, dies augenschließende Sich-Finden im „Vor-Wirklichen“, wo man – Zitat aus dem *Ptolemäer* – in der Lage zu sein glaubt, „die unmittelbare Vereinigung mit der Dingwelt zu vollziehen, die verschüttete, kindsmörderisch ertränkte Einheit des Seins zum Aufbruch zu erwecken und die abendländischen Phantome von Raum und Zeit in Vergessenheit zu rücken“: man wird durch solche ausdrucksgewaltigen „Stammhirn“-Visionen in der Tat an jene Art von geistig-geistlichen Denkprozessen erinnert, die seit Jahrtausenden in ganz verschiedenen Kulturen als der mystische Weg zur Wahrheit bekannt sind. Was *dagegen* sprechen würde, ist einerseits die Bennsche Idee von der „Sakramentation des Wortes“ und von der „Heiligung“ und „Erlösung“ mit Hilfe des dichterischen Wortes, eine Vorstellung, die in den Augen des wahren Mystikers vermutlich als eine Form von Fetischisierung des Prinzips Kunst erscheinen würde. Andererseits aber natürlich auch die grundsätzliche Gebundenheit Bennscher Fragestellungen an das somatisch-biologische Substrat des „Geistes“, eine Voraussetzung, die sich mit keiner der überlieferten Spielarten mystischen Denkens vereinbaren ließe.

Merkwürdig in diesem Zusammenhang ist nicht zuletzt die ganz unmittelbare Beziehung von künstlerischer Zeugungskraft und sexueller Disposition, die Benn in seinen Kommentaren zur eigenen Produktion und Poesie überhaupt geltend machen will. Man kann das als eine stillschweigende Absage an den Freudschen Begriff der „Sublimierung“ verstehen: zwischen Libido und Kunstprodukt ist ein Moment der Vermittlung nicht vorgesehen. Das Modellieren eines Satzes – wir zitieren noch einmal aus dem Rönne-Brief an

Wellershoff –, er nennt es einen „Vorgang von ausgesprochen katarrhtischem Charakter: er ist ein Eliminierungsprozeß, ein Durchgang von panischen Insulten und Bedrängungen, ein phallischer Prozeß mit dem Ziel, Spannungen zu beseitigen und produktive Füllungen zu applanieren."

Man darf vielleicht diese Art von Sprachgebrauch als „metaphorisch" bezeichnen – „Deutschland murmelte einige herrliche Gedichte, ejakulierte drei bis vier dramatische Genialitäten", so liest man's beispielsweise in dem (bisher nicht datierbaren) Essay *Strömungen* –, aber was soll man davon halten, wie soll man definitorisch damit fertig werden, wenn in der Rönne-*Geburtstags*-Novelle durch einen solchen „phallischen Prozeß" zunächst nur ein weiblicher Name erzeugt wird, und daraus ergeben sich dann Weiterungen panisch-halluzinatorischer Art, und ein imaginäres Frauenwesen dieses Namens wird zum Objekt einer libidinösen Beziehung und schließlich zur Auslöserin einer veritablen Ejakulation auf seiten ihres Erfinders! Der Name ist fremd, schön, weltentief, „faszinierend": Edmée, ein „Südwort", französisch für Edmunda, ein Femininum zu Edmund, in welchem sich auf Altangelsächsich die Bedeutungen Glück, Besitz und Schutz zusammengefunden haben. Dazu folgendes an Wellershoff: „Zu Edmées Zeit stand ‚das Südwort' bei mir hoch im Kurs, vom Süden umlagerte Worte und Themen verschafften mir Auferstehung, eröffneten meine Verschlüsse – da strömte ich hin, hinein, hinüber in die Bläue, das Wolkenlose. *Blau* – ein äußerst wichtiges Thema in meinen Prozessen und Elevationen – ein neues Wort für Blau: ‚ein frevelhaftes Blau' (im ‚Englischen Café') – ‚sphinxblau an Schnee und Meer' (in ‚Einst') – es war das Hinübergehn aus Starre und Gebundenheit in Strömen und Vergehn."

Natürlich ist *Der Geburtstag* keine Liebesgeschichte, seine thematische Quintessenz ist ja – wir erinnern uns –: „Rönne begegnet sich selbst." Aber es läßt sich quer durch ein irrsäliges Kaleidoskop von Assoziationen, kunterbunten Welt-Zitaten – „Am Mittelmeer die Safranfelder" – „Und Sie aus dem Freudenhaus in Aden, brütend an Wüste und Rotem Meer" – und dergleichen – es läßt sich eine rote Spur der sexuellen Gespanntheit verfolgen, die auf der ersten Seite beginnt und etwas über die Mitte des Textes hinausführt und sich dann wieder verliert. Am Anfang geht es – eine Zufallsbekanntschaft – um einen „schwarzen Hund, der stand auf einem freien Platz, bemüht um ein großes rotes Organ zwischen den Hinterbeinen hin und her, beruhigend und gewinnend; herum standen Kinder, Blicke von Damen suchten das Tier, halbwüchsige Jugend wechselte die Stellung, den Vorgang im Profil zu sehen". Rönne, halten wir das immerhin fest, ist auf dem Wege in sein Krankenhaus, aber was ihm „geschieht", ein aleatorisches Durcheinander von Andrängen, diese Safranfelder, diese Gärten, aus denen „sich Krokus entgegenwarf", das alles hat mit seinen Berufspflichten nichts zu tun. Das Abenteuer, dem er entgegenlebt – „Starkes Leben blutet durch sein Haupt" – es ist nichts und niemand anders als Rönne, er selbst: „Verklärt stand er vor sich selbst. Wie er es hervorspielte, ach spielte! regenbogente! grünte! eine Mainacht, ganz unnennbar!"

Nun aber diese Edmée: wie kommt sie nur in den Text hinein, und welche Art von Dasein muß ihr zugeschrieben werden? „... dann aber" – so Benn an Wellershoff – „soll ja auch immer wieder nicht vergessen werden, daß Edmée nicht Wirklichkeit ist, sondern Produktion, die der Autor immer wieder überprüft hinsichtlich seiner Schaffungsmöglichkeit, seiner Fähigkeit, innere Realität, üppige, tiefe, beladene zu erschaffen, da es eine äußere Realität für ihn nicht mehr gibt –". Edmée verdankt ihre Existenz, so könnte man sagen, dem Sakrament der Taufe, sie ist, insofern sie ist, dank ihres Namens vorhanden, und ihr Erscheinen ist schiere Phantasmagorie: „Er sah den Gang entlang, und da stand sie. Sie hatte ein Muttermal, erdbeerfarben, vom Hals über eine Schulter bis zur Hüfte..." Sie ist die Hirn-Entsprungene, die Licht-Geborene – „und um die Lider eine Anemone, still und glücklich im Licht." Ihr Name steht für die Verklärung, in deren Glanz sich Rönne selber begegnet –, der Leser, nun auch seinerseits, vom Dichter angesteckt, zum Assoziieren geneigt, möchte mit einem Nietzsche-Vers

– aus den *Liedern des Prinzen Vogelfrei* – sich selbst zu Hilfe kommen:

Da plötzlich, Freundin! wurde Eins zu Zwei...

(Und noch heute wird ein wenig nordöstlich von Sils Maria, am Wanderweg zwischen Waldrand und See-Ufer, die Stelle gezeigt, wo im August 1881 jene schizoide Transfiguration sich ereignet haben soll – „und Zarathustra ging an mir vorbei" – ein wasserumspülter Felsblock, genannt der Zarathustra-Stein.)

Rönnes „Produktion": für einen einzigen panischen Kairos, eine zeitindifferente Mittagsstunde, kann sie Person, kann sie sein ganz persönliches Gegenüber werden, wenn nicht Geliebte, so doch Lustobjekt, und es kann in altvertrauten Verbalformen von ihr „erzählt" werden: „Edmée bräunte sich, ein bläuliches Oval. Vor Palmen spielte sie, sie hatte viel geliebt. Wie eine Schale trug sie ihre Scham kühl durch die Beugung des erwärmten Schritts, auf der Hüfte die Hand schwer, erntegelb, unter Korn und Samen."

Eine Kurtisane, die nicht redet, keine Umstände macht, nichts als zur Verfügung steht, ein Absolutum und damit im Ernst eben doch keine Person: eine Männerphantasie. „Edmée breitete sich hin. Ihre Schultern glätteten sich, zwei warme Teiche. Nun schloß sie die Hand, langsam, um einen Schaft, die Reife in ihrer Fülle, bräunlich abgemäht, an den Fingern, unter großen Garben verklärter Lust –:

Nun war ein Strömen in ihm, nun ein laues Entweichen. Und nun verwirrte sich das Gefüge, es entsank fleischlich sein Ich –"

Auch hier haben wir es, genau genommen, mit einer „monologischen" Situation zu tun. Edmée, die als Figur nicht einen Augenblick „wirklich" war, von nun an wird sie auch *namentlich* nicht mehr anwesend sein, während das männliche Subjekt, von dem nach wie vor die Rede ist, nun auch seinerseits nicht mehr als „wirklich" gelten will: „War er wirklich? Nein; nur alles möglich, das war er." Und dann: „Schmelzend durch den Mittag kieselte bächern das Haupt." Ein schöner, wenn auch allen Sach-Sinn-Zwängen enthobener Satz.

Was also ist geschehen? Wir begreifen: „Auferstehung", Verschlüsse, die sich öffnen, ein „Hinübergehn aus Starre und Gebundenheit in Strömen und Vergehn." Dies alles, aber keinerlei Vereinigung, auch in effigie nicht, zwischen Mann und Weib.

Benn hat sich über den „monologischen" Charakter solcher Entladungen bei verschiedenen Gelegenheiten sehr unverblümt, mit einer tabubrechenden Rückhaltlosigkeit ausgesprochen. Vor allem aufschlußreich ist ein Brief vom 19. II. 1952 an den damals dreiunddreißigjährigen, an einer amerikanischen Universität beschäftigten Literarhistoriker Edgar Lohner, der sich mit einer Reihe von Fragen, betreffend einige schwierige Textstellen in Benns Gedichten, an den Autor gewandt hatte. Zeile drei zum Beispiel in der ersten Strophe des Gedichts *Der späte Mensch* von 1921:

Abgänger, Eigen-Immortelle –

lautete sie, bestand aus zwei nicht geradezu ausgedachten, aber seltsam verfremdeten Substantiven ohne Artikel und von vielsagend unbestimmter Bedeutung und war, so schien es, ohne einen Wink von höherer Stelle nicht zu entschlüsseln. In dem einen Falle hat der Dichter eine zur Familie der Korbblüter gehörende Blume, genannt Immortelle, die wegen ihrer strohig-dauerhaften Beschaffenheit schon vor Jahrtausenden zur Bekränzung von Gräbern und Götterbildern verwendet wurde, übernommen, um etwas sehr „Eigenes" auszudrücken. „... das späte Ich", so schreibt er an Lohner, „ist ein einsames Ich, auf sich selbst gestellt und nur sich selbst erlebend." Die melancholische Eigentümlichkeit seiner Bewußtseinslage wäre vor allem darin zu sehen, daß die „allgemeine Immortalität" heute nur noch als ein „ideologischer, bürgerlich-kultureller, vom Wohlwollen der Nachwelt und von Todesangst der Mitwelt geprägter moralischer Begriff" betrachtet werden kann. Dieser Begriff zählt also nicht für den „finalen Typ, der nur in sich selber lebt und nur sich selbst gestaltet und sein Schicksal und seine Unsterblichkeit mit hinabnimmt, wenn die Stunde schlägt. Alles dies", so die Auskunft aus dem Jahre 1952, „soll in dem vielleicht nicht glücklichen Wort ‚Eigen-Immortelle' sich ausdrücken oder zumindest durchschimmern."

In ähnlich abschätziger oder vielmehr: *scheinbar* abschätziger Weise äußert er sich über den Ausdruck „Abgänger", wenn er ihn als „reichlich unpassend" bezeichnet. „Abgänger" soll „in dieselbe Richtung" zielen wie „Eigen-Immortelle": „d. h. der Mensch ist ein Samenerguß ohne Befruchtungswillen und Befruchtungsmöglichkeit, er geht in die Nacht, aus dem Traum, ins Nichts und kennt keine Gemeinschaft, auch keine geschlechtliche mehr. Liebe ist das Elysium der Unproduktiven, derer, die nicht denken und Ausdruck schaffen können. Der Extreme in seiner Finallage gibt auch die Liebe nicht mehr ab, er behält sie für sich selbst."

Wir lesen das als einen indirekten Kommentar auch zur Edmée-Episode in *Der Geburtstag*, vor allem im Hinblick auf das spurlose Verschwinden des Namens aus dem Text nach dem von Rönne erlebten Samenerguß. „Dasselbe", so schließt er in dem Brief an Lohner seine Darlegung ab, „dasselbe sagt ein Vers aus einem andern Gedicht, nämlich aus dem Gedicht ‚Synthese', da steht der schreckliche Vers, der seit seinem Erscheinen vor etwa 25 Jahren immer wieder Anstoß und Empörung erregt: ‚Auch was sich noch der Frau gewährt, ist dunkle süße Onanie' ..." Das Gedicht *Synthese*, auch ein Produkt aus der Brüsseler Zeit, muß spätestens Anfang 1917 entstanden sein. Zum erstenmal veröffentlicht worden ist es in Benns drittem Gedichtband *Fleisch. Gesammelte Lyrik*, der im März 1917 in der von Franz Pfemfert seit Ende 1916 herausgegebenen Reihe Die Aktions-Lyrik erschien.

Benns Tochter wurde am 14. Juli 1916 auf den Namen Irene Michaele getauft, und zwar in Abwesenheit des Vaters; als er wenig später als Urlauber nach Hellerau kam, um das Kind in Augenschein zu nehmen, ließ er im Kirchenbuch von Klotzsche, einem Nachbarort, wo die Taufe stattgefunden hatte, der Eintragung Irene Michaele noch den Namen Nele hinzufügen. Er hatte in Brüssel Charles de Costers Roman *La légende et les aventures héroiques, joyeuses et glorieuses de Thyl Ulenspiegel et de Lamme Goedzak* gelesen, das in einem liebenswürdig altmodischen Französisch geschriebene Helden- und Schelmenepos vom Freiheitskampf des niederländischen Volkes gegen die spanische Tyrannis, und er hatte sich in die bezaubernde Nele, Ulenspiegels Herzblatt und Lebensgefährtin, auch die unsterbliche Seele Flanderns genannt, nachhaltig verliebt. Dieser dritte Name, gemeint als Huldigung an Brüssel, seine burgundische und seine niederländisch-habsburgische Geschichte, als Liebeserklärung an die Stadt, in der ja nicht nur der Rönne und die Karyatide, sondern auch sein einziges leibliches Kind „entstanden" war, diese „Nele" hat sich als Rufname rasch durchgesetzt und ist an der reizenden kleinen Person für immer hängengeblieben.

In ihrem schon zitierten Erinnerungsbuch über den Vater hat Nele Soerensen, geborene Benn, als Fünfundvierzigjährige auch die überaus schwierige Problematik der Verbindung zwischen dem Vater und seiner ersten Frau mit einigen wenigen Sätzen berührt. „Sie starb", schreibt Nele, „als ich sieben Jahre alt war. Man sehnt sich ein ganzes Leben nach einer Mutter, die zu früh gestorben ist..." Und wenige Zeilen später: „Vielleicht war es das beste, daß sie starb. Sie war, wie schon erwähnt, bedeutend älter als mein Vater und er nicht für die Ehe geschaffen." Das klingt erschrekkend lapidar, und es wird denn auch an anderer Stelle wieder weitgehend eingeschränkt, wenn nicht zurückgenommen. „Mein Vater", so liest sich die Kehrseite der Medaille, „hatte das große Glück, daß seine drei Frauen alle reizend, großzügig und liebevoll waren." (Wieso gleich dreimal das große Glück, wenn man doch für die Ehe partout nicht geschaffen war?) Schließlich eine Mitteilung in eigener Sache, die man naiv finden könnte, wenn sie nicht das eigentümlich Verschwiegene, das „Monologische" in der Natur dieses hochproblematischen Ehepartners so treffend charakterisieren würde: „Tiefes Mißtrauen und Mißbehagen erfüllte ihn, wenn man zu viel sprach und zu viel lachte. Als ich einmal als junges Mädchen verliebt und verlassen war, sagte er: ‚Du hast sicher zu viel geredet!'"

Die literarische „Kriegskolonie“ von Brüssel

Alles in allem waren es volle drei Jahre, die Benn in Brüssel verbrachte. Zeit genug, um ein gewisses Gefühl von Ansässigkeit zu entwickeln und einen mehr oder weniger variablen Zusammenhang von dienstlichen Kontakten und privaten Beziehungen entstehen zu lassen. Man lebte vor einem politisch-gesellschaftlichen Hintergrund namens „Etappe“: ein Begriff, der damals sozusagen auf der Höhe seiner Zuständigkeit war, und dessen Bedeutung – mit allem, was er an sachlichen, politischen und moralischen Assoziationen auf sich versammelt hatte – wohl nirgendwo sonst derartig sinnfällig in Erscheinung getreten ist wie in der belgischen Metropole. Eine Welt der Verschiebebahnhöfe, Reservelazarette und eleganten Boulevards, wie es sie in solcher Reinkultur – als Zwischenzone zwischen Heimat und Frontgebiet – schon während des Zweiten Weltkrieges kaum noch gegeben hat: bewohnt von einer sozialen Fauna aus „Schiebern und Exzellenzen“ (Benn), Kriegsverwaltungsräten und Kokotten, Untergrundagenten, mißvergnügten Stadtbürgern und einer unvermeidlichen Spezies von Privilegierten und „Unabkömmlichen“ in Uniform oder Zivil, eingeschlossen jenes gelegentlich als Brüsseler „Kriegskolonie“ apostrophierte Ensemble von dienstverpflichteten Literaten und Akademikern, zu denen gestandene Autoren wie Otto Flake und Wilhelm Hausenstein, Rudolf Alexander Schröder und Carl Einstein, aber auch namhafte Journalisten wie Fritz Schotthöfer von der *Frankfurter Zeitung* und ein ganzes Rudel von Archivaren, Kunsthistorikern und jüngeren Professoren zu zählen war. Fast alle hatten sie als Zensoren, Sachverständige und als mehr oder weniger subtil camouflierte Propagandisten der deutschen Besatzungspolitik in der „Politischen Abteilung“ des Generalgouvernements, die einem Baron von der Lancken unterstand, ihre Zuflucht gefunden.

So hatte der vierunddreißigjährige Hausenstein in den Jahren 1916/17 die von Anton Kippenberg, dem Leiter des Insel-Verlags, damals Hauptmann und Chef einer Abteilung für „vaterländischen Unterricht" beim AOK IV, gegründete und unter dem eigenen Verlagssignet erscheinende Zeitschrift *Belfried* herauszugeben, eine *Monatsschrift für Gegenwart und Geschichte der belgischen Lande*, und Schröder, der als Kenner des Flämischen und Übersetzer der bedeutendsten flämischen Lyriker des neunzehnten und zwanzigsten Jahrhunderts für die Pflege der deutsch-flämischen Kulturbeziehungen verantwortlich war, gehörte zu den wichtigsten Mitarbeitern der Redaktion. Im Katalog einer 1967 in München veranstalteten großen Hausenstein-Ausstellung werden wir darüber unterrichtet, daß es zu den Tendenzen der deutschen Politik in Belgien gehört habe, „die Autonomiebestrebungen der Flamen zu fördern. Ihnen diente auch der Belfried". Nun ist aber das Wort Belfried nichts anderes als eine reichlich forcierte Rückübersetzung der seit Jahrhunderten geläufigen französischen Vokabel *beffroi* für Sturm- oder Feuerglocke, auch Glockenstuhl oder Glockenturm (wie er für die flämischen Städte im Mittelalter charakteristisch war). Woraus man zu folgern versucht ist, daß hinter diesem so friedfertig klingenden Übersetzungsmanöver ein ganz bestimmtes politisches Programm nicht schwer zu erraten gewesen wäre. Was war mit „Förderung der flämischen Autonomiebestrebungen" letzten Endes gemeint? War es nicht vielleicht ein ganz massiver „großdeutscher" Annexionismus, der hier immer noch auf der Tagesordnung stand?

Daß damals auch „zu Hause" die naiv-brutalen Expansionsgelüste in vielen deutsch-bürgerlichen Gehirnen immer noch virulent waren, kann nicht bestritten werden. Die Wahnsinnsschlacht um Verdun ist schon im Gange, Fort Douaumont vor ein paar Tagen gefallen; eine Dame aus der literarischen Welt ist mit der Bahn von Frankfurt kommend in ihre Wohnung in Königstein/Taunus zurückgekehrt und notiert: „Im Zug Dr. Kohnstamm, der immer noch patriotisch gebläht ist und für Deutschland Belgien und halb Frankreich erobern möchte." (Aus Thea Sternheims Tagebüchern, Eintragung vom 7. März 1916.)

Hausenstein selbst, ein Jugendfreund von Theodor Heuss, Sohn eines großherzoglich-badischen Finanzbeamten, wäre freilich der letzte gewesen, derartige „Blähungen" eines rechtsrheinischen Chauvinismus auch nur für diskutabel zu halten. Er war ein urbaner, pariserisch geschliffener und kosmopolitisch denkender Mensch mit einer notorisch linken Vergangenheit und übrigens im Begriff, sich aus einer ersten Ehe zu lösen und mit einer belgischen Jüdin, deren Mann als Frontsoldat auf der anderen Seite stand (und später gefallen ist), zu befreunden: Margot Lipper, eine durch Charme und Witz, Klugheit und Eleganz brillierende Persönlichkeit, die nach ihrer zweiten Eheschließung (1919) als Margot Hausenstein in München wie in Paris alle Welt beeindruckt hat. Otto Flake hat in seinen spät geschriebenen Lebenserinnerungen *Es wird Abend* (1960) den damaligen *Belfried*-Redakteur und späteren ersten deutschen Botschafter in Frankreich nach dem Zweiten Weltkrieg folgendermaßen geschildert: „Die Zeit, in der er Sozialist gewesen war, lag hinter ihm; er haßte die Politik, die nicht nur den Charakter, sondern auch das ästhetische Organ verdirbt. Das Jahrhundert, in das er gepaßt hätte, war das zwischen 1730 und 1830 – das der literarischen Abbés, der Romantisierten, des Dandyismus. Er stilisierte sich, bis in die Kleidung, die Parfums, die Haltung, er hatte etwas Preziöses, und es stand ihm gut."

Und Schröder? Dieser Sproß einer angesehenen Bremer Kaufmannsfamilie, sehr norddeutsch im Tonfall und hanseatisch bis in die Knochen, und dann auf der anderen Seite des Schreibtisches dieser elegante literarische Abbé mit der angeborenen Südwestorientierung, wie ging das zusammen? Aber auch Schröder (1878–1962), ein in den klassischen Sprachen und mehreren europäischen Literaturen gründlich bewanderter *homme de lettres*, hatte als Lyriker im Ton eines melancholisch-sensiblen Ästhetizismus begonnen, mit einem Hang zu schmachtender Morbidezza und einem Nachklang von baudelaireschem Dandyismus –, ehe er sich, gegen 1910, zu einer Art von robustem, auf antiken Traditionen basierenden Klassizismus durchgekämpft hatte. Ein Wort wie „Vaterland“ hatte seine Golddeckung bei Horaz, vielleicht mit einem leichten Zusatz von Klopstock. Bei Kriegsausbruch fand man ihn im Lager eines kultiviert-konservativen Nationalismus, zu dem sich mit Thomas Mann, Rudolf Borchardt, Friedrich Gundolf und vielen anderen ein Großteil der literarischen Wortführer in Deutschland und Österreich und die weit überwiegende Mehrheit der deutschen Professorenschaft bekannte. Sein 1914 verfaßter *Deutscher Schwur*, durch den das Vaterland in den Stand der Heiligkeit erhoben wurde, war ein epidemischer Erfolg: „Wir alle schwören Ihren Schwur, lieber Freund“, schrieb Katharina Kippenberg, und noch Jahre nach dem Krieg gestand Hugo von Hofmannsthal: „Dir ist einmal das ganz Unwahrscheinliche gelungen: in dem wunderbaren Gedicht Heilig Vaterland, das ich nie laut vorlesen kann, ohne daß mir Tränen in die Kehle steigen.“ (Rodaun, 21./25. Februar 1920.) Bleibt zu sagen, daß der *Deutsche Schwur* Jahre später zum offiziellen Votiv- und Weihegesang der Hitlerjugend erkoren wurde, ein moralisches Malheur für Schröder, dessen reichlich verzwickte Problematik uns im Augenblick nicht weiter beschäftigen soll.

Schröder kam aus einem literarischen Milieu, das, so gebildet es war und so aristokratisch es sich aufführte, doch über die heute so unglaublich wirkenden psychotischen Haßexzesse der ersten Kriegsmonate nicht erhaben war – dafür zeugen einige höchst bedenkliche Passagen in der Kriegslyrik seines Vetters Alfred Walter Heymel, des Gründers der Zeitschrift *Die Insel* und Mitinhabers des Insel-Verlags –, auch annexionistische Wunschvorstellungen lagen ihm nicht gänzlich fern. Als beispielsweise Freund Borchardt (aus Königsberg) zusammen mit dem *Wiltfeber*-Autor Hermann Burte am 17. Oktober 1914 in der oberbadischen Stadt Lörrach einen „vaterländischen Abend“ veranstaltet hatte, wurde darüber in der Lokalpresse folgendes gemeldet: „Die in kunstvoll geformter Sprache dargebotenen Ausführungen gipfelten darin, daß aus dem bisherigen Verhältnis der Völkergemeinschaften sich für das deutsche Volk die Pflicht ergebe, Ordnung zu halten im verkommenden und absinkenden Europa." Noch in einer 1916 vom S. Fischer Verlag in Buchform veröffentlichten Rede über das Thema *Der Krieg und die deutsche Verantwortung* hat Borchardt die „Frage der Annexionen" in einer wunderlich verblümten Sprache positiv beantworten zu müssen geglaubt. „Der Kampf um die Möglichkeit von Annexionen", so heißt es da, „ist nicht an den äußeren Fronten zu entscheiden und wird gar nicht dort geführt. Er wird im Innern der deutschen Seele, des deutschen Gemütes, der deutschen schöpferischen, liebreichen und großmütigen Kräfte geführt..." Und wenig später: „Wer unsere Wärme über unsere alten und bisherigen Grenzen hinaus tragen und dort für immer angesiedelt wissen will, der nähre den Mittelpunkt der deutschen Flamme, des alten umschmelzenden Feuers."

Ganz anders der Elsässer Flake, der innerhalb des Intellektuellen-Teams der Politischen Abteilung zusammen mit Hausenstein gewissermaßen den liberalen Flügel vertrat. Ähnlich wie seine Landsleute Schickele, Hans Arp und der früh gefallene Ernst Stadler (der zuletzt Literaturprofessor in Brüssel gewesen war) hatte er über den Erbfeind hinter den Ardennen mit eher freundnachbarlichen Gefühlen gedacht, ein guter Europäer schon damals und auch in seinen Büchern an der Darstellung französisch-deutscher Wechselwirkungen besonders interessiert. Den völkerrechtswidrigen Einmarsch in Belgien, den Thomas Mann in *Friedrich und die Große Koalition* so trotzig verteidigt hatte, er hatte ihn entschieden mißbilligt, und als der deutsche Vormarsch nach fünf Wochen Krieg ins Stocken geriet, scheint er für einen Augenblick auf etwas wie eine „rasche Remisentscheidung" gehofft zu haben: „keine deutsche Niederlage, aber auch keinen Sieg, vor dessen Folgen mir graute."

Brüssel – er war erst Ende 1915 einberufen worden und hatte es durch „Beziehungen" und eigene energisch betriebene Manöver – *pour corriger la fortune* – geschafft, gegen Ende Februar 1916 als „g. v." (garnisonsverwendungsfähig) in die glamouröse Etappe kommandiert zu werden – Brüssel war auch für ihn zunächst das schiere Hans-im-Glück-Erlebnis: „Die ersten Wochen waren bezaubernd: die erinnerungsschwere und schön gebaute Stadt; die dank der internationalen Verpflegungskommission mit allem versehenen Läden; die zahllosen Restaurants, Stätten der überlieferten Eßkultur; die reizende Umgebung im Frühling. Ich zog die Uniform aus, sie wurde abgeholt, einschließlich der fiskalischen Unterhosen. Als Zivilist konnte ich frei einkaufen und überall speisen. Ich schickte manches Paket mit Schinken, Schokolade, Seidenstrümpfen, Seife nach Berlin an Erna, mein Stempel schützte es vor Öffnung."

Aber freilich: der Zauber der ersten Wochen war rasch verflogen; wer sich ein wenig eingelebt hatte, mußte erkennen, daß es gefährlich pathologische Verhältnisse waren, in denen man sich zu behaupten hatte. Flake war einer Dienststelle, die für Buch- und Theaterzensur verantwortlich war, als „wissenschaftlicher Hilfsarbeiter" zugeteilt worden, sah sich aber schon nach kurzer Zeit mit heiklen Situationen, die nach Teufels Küche rochen, konfrontiert, und die moralischen Seitenstiche blieben nicht aus. Man war eben doch, war auch in Zivil noch der Erfüllungsgehilfe einer repressiven Fremdherrschaft, es lag etwas Laszives in der Atmosphäre der Stadt, etwas moralisch Anrüchiges, Tückisches, man spürte die schweigende, wenn nicht ostentative Feindseligkeit einer durch die Schrecknisse von Löwen und andere Brutalitäten, nicht zuletzt durch die Erschießung der englischen Krankenschwester Edith Cavell im Oktober 1915 traumatisierten Bevölkerung.

Wie war die Lage? „An ein anderes Vorkommnis", so lesen wir im *Lebensweg eines Intellektualisten*, „erinnere ich mich aus Brüssel. Ein Septembertag, ich war Oberarzt am Gouvernement und mit einem Auftrag zu einer anderen Behörde geschickt. Die Straße zu gehen war kurz, doch von den Horizonten brach das Dionysische, die Stunde war zerstückt und bronzen, Verbranntes überall, auf ihrer Kuppe hatte ein Feuer gewütet, Jahr und Leben hinüber, das Vorspiel war aus, das Ende nahte, das Opfer ..." Es handelt sich hier gewiß um eine Wahrnehmung von unbedingter Subjektivität, eine endogene Halluzination, und doch, meinen wir, müßte es zu fragen erlaubt sein, ob hier nicht wie durch Radar-Signale auch etwas geschichtlich Allgemeines eine Art von Echo gefunden hat. Und wenn diese Frage nicht überzeugen sollte, so muß man es doch denkwürdig nennen, daß damals zwischen der Radikalität des künstlerischen Ausdruckswillens einerseits und der kritischen Schärfe im Erfassen von politisch-gesellschaftlichen Gegebenheiten andererseits ein offensichtlicher Zusammenhang bestanden hat. Um es deutlicher zu sagen: es gab unter den in Brüssel anwesenden deutschen Literaten, nehmt alles nur in allem, zwei prinzipiell verschiedene Einstellungen. Die einen, die Herren von der Politischen Abteilung, machten ihren „Dienst", die anderen, die Außenseiter, die ausgesprochenen „Expressionisten", also die Einstein, Benn und Sternheim, reagierten dezidiert „politisch" auf den vaterländischen Normalbetrieb: mit grimmigen Kommentaren, mit unverblümter Opposition, aber auch, was für Carl und Thea Sternheim gilt, mit praktischer Hilfeleistung für einzelne im Cavell-Prozeß zu Haftstrafen verurteilte Belgier; der Dritte im Bunde, Carl Einstein, der Benn damals in literarischen Fragen von allen Zeit- und Zunftgenossen wohl am nächsten stand, war mit seinen politischen Sympathien am weitesten nach links gerückt. Eines Tages – und der Tag war nicht mehr allzu fern – sollte man ihn in einer spektakulären Rolle einen großen Auftritt bestreiten sehen: als der führende und zweifellos intelligenteste Kopf im Zentral-Soldatenrat von Brüssel am 10. November 1918.

Benn selbst hatte schon wenige Monate nach der Besetzung Belgiens, im April 1915, unter dem Titel *Etappe* ein sieben Szenen langes „Stück" geschrieben, das die politische Pathologie einer solchen Okkupation, gesehen aus der Perspektive einer ärztlichen Dienststelle – genannt das „Wohlfahrtsbüro des Gouvernements einer eroberten Provinz" – zum Thema hat. Das betreffende Land selbst bleibt stumm, doch wird es durch Namen wie Borinage, Meunier und Verlaine hinlänglich identifiziert; das pathologische Geschehen spielt im Bewußtsein der Eroberer, einer Rotte von akademisch ausgebildeten Boche-Visagen mit einem regierenden Geheimrat an der Spitze, wie kein feindliches Hetzblatt sie bösartiger hätte karikieren können, angereichert durch ein paar miese Zeitungsschreiber, eine eher milde vergreisende Exzellenz „mit Gefolge“ und eine Blütenlese von hochadligen Hornochsen mit Namen zwischen Operette und Mineralwasser wie Herzog Wildungen, Prinz Gerolstein, Graf Vichy, Fürst Fachinger. Das wenig umfangreiche, aber sprachlich enorm aggressive Dramolett operiert nach dem Prinzip der grotesken Entstellung, gewissermaßen nimmt es den Stil des Zeichners George Grosz literarisch vorweg. Das Ganze ist eine Satire auf das wilhelminische „juste milieu“ (um eine Lieblingsformel von Carl Sternheim zu verwenden) in seiner gegenwärtig gegebenen Verfassung: auf seine militaristische Brutalität, seine kapitalistische, „den Tod verschachernde“ Raffgier, seinen patriotischen Sprachklamauk, seinen zynisch sich selbst parodierenden Gemütskitsch, Marke *Gartenlaube*, und seinen „Idealismus“, Marke *Seid umschlungen, Millionen*, den sich der großdeutsche Annexionismus als Feigenblatt vor die Genitalien gehängt hat: „... Hier wird Wohlfahrt gemacht, verstanden? Hier werden Motive zugrunde gelegt, die vom Palast bis zur Hütte jedes Herz bewegen, verstanden? Menschheitsideen, sperren Sie die Löffel auf! Ideale, hörste! Wer nicht will, geht hops. Menschenskind, die Konjunktur steht auf Nächstenliebe, sein Sie doch nicht so rossig – wer macht hier neues Vaterland, Sie oder ich? (Schlägt mit der Faust auf.) Ich!“ So der Geheimrat zu einem begriffsstutzigen Journalisten.

Der Text ist auf zwölf Stimmen verteilt, und eine davon – so entsteht „dramatische“ Kontrapunktik – ist die Stimme der revoltierenden Jugend. Das Pathos des *Söhne*-Zyklus kommt noch einmal zum Tragen, der ärztliche Nachwuchs erhebt sich gegen die Arrivierten: wie seinerzeit in *Ithaka* der Assistent Rönne gegen den Professor Albrecht, so diesmal der Oberarzt Dr. Olf gegen den „Wohlfahrtschef“ Professor Paschen. Olf ist es, der gleich anfangs mit alarmierender Schärfe die Dinge beim Namen nennt: „Was? Acht Monate die Schnauze gehalten? Acht Monate die Zähne geknirscht, damit dies Schiebergeschmeiß sich hier die Wänste wärmt?“ Olf ist es, der schon zwei Minuten später zur Sprache bringt, was man das moralische Skandalon der *Etappe* nennen kann: „Haben Sie sie gesehen, die blutgrauen Leichenschädel und die zersplitterten Visagen? Dazu das ganze Getümmel, die Schreie und der Mord? Ich sage Ihnen, Dunker, sie kriegten kein Schwein mehr gegen die Drahtverhaue, wenn die draußen wüßten, wer hier den Tod verschachert..." Er ist es, der in der vierten Szene im Namen der gefallenen Frontsoldaten – einschließlich, so dürfen wir anmerken, der Toten von Langemarck (wo man noch heute einen deutschen Soldatenfriedhof mit 45 000 Gräbern besichtigen kann) – ein leidenschaftliches *J'accuse* dem Wohlfahrtschef Geheimrat Professor Dr. P. ins Gesicht schleudert: „Wie kommt das Land, das von den Wunden seiner Jugend lebt und durch die zerschossenen Lungen seiner Knaben atmet, dazu, mit dem Hotelbau Ihrer geistigen Persönlichkeit, das verkommenste aller moralischen Systeme in dieses von uns eroberte Reich zu überpflanzen, in diese Stadt, deren Steine noch warm sind vom Blut der Knaben, die Sie bespeien würden? Ja, hören Sie, jeder der Jungen, der in dieser Stunde draußen stirbt, spiee Ihnen in Ihre gemeine ausgemergelte Fresse, Sie Leichenschänder, Sie Lude eines abgetakelten Gehirns, Mensch, beben Sie denn gar nicht davor, daß der Aasgestank all der schlechtvergrabenen Knabenschädel Sie ausräuchern wird aus Ihren Ställen und Ihnen ins Genicke schlägt?"

Oberarzt Olf ist nicht zu bändigen und natürlich nicht zu retten. Sein Bewußtsein hebt ab wie eine Montgolfiere, der expressionistische Höhenrausch hat ihn übermannt. Schließlich die elysäische Vision von einem „südlichen Meer" – „Darin Jagden von Faunen, erlöst zu ihren Leibern, lachende Gebilde mit so viel Glücken zwischen Trauben und Fraun;" – und dann der finale Absturz in einen Katarakt von rasender Koprolalie: „... Exzellenz, was sehe ich, eine Arschbacke, weichgekocht, eine Rinne zur Scham und eine ins Gekröse? Herr Geheimrat, das war es? – Ein Schiffpott, in dem drei Kröten rammeln? Nächstenliebe? Sodomiterei!! Gehorchen? Ehrfurcht? Weißes Haar? – Was ist an Ihren brüchigen Kaldaunen und Ihrer verdickten Vorsteherdrüse besonders verehrungswürdig, Exzellenz? Greise mästen? Föten säugen? – Gott sei Dank, daß diese miese Tierwelt den Tod noch an der Gurgel spürt –– heran, Gehirne, Muttersäue mit euren Wortferkeln, jetzt ist das Land zerstückt, Europa taumelt, schreiender Mond und wildernde Gestirne – wo ist der Stern für meine Brut?"

Damit aber hat er sich sozusagen selber die Diagnose gestellt: „Man führt ihn ab", und in einer grausig-glänzenden Schlußpointe erklärt der Geheimrat, wohin man ihn bringen wird: „Eure Exzellenz wollten die Gnade haben, heute nachmittag die reorganisierten Irrenanstalten zu besuchen. Wir werden das schmerzliche Schauspiel haben, diesen gefallenen Morgenstern noch einmal zu begrüßen."

Aus einem mehr als zwanzig Jahre später geschriebenen Brief an Oelze erfahren wir, daß der junge Autor seinerzeit versucht hat, dies haarsträubende Produkt mitten im Kriege im neutralen Ausland drucken zu lassen: „Zum Wiegenfeste" – der Brief war vom 2. I. 1936, Oelzes Geburtstag, datiert – „eine drollige Gabe, ein verschollenes Werk. April 1915 in Brüssel; recht direkt u. grob. Sandte es damals zusammen mit der Novelle die ‚Reise' an Schikkele, der in der Schweiz die ‚Weißen Blätter' herausgab. Die ‚Reise' kam an. Die ‚Etappe' nicht. Sicher bei der Grenzbriefkontrolle angehalten. Daß man mich nicht herausgeholt u. erschossen hat, ist mir heute schleierhaft. Wie naiv muß ich gewesen sein!" An die Veröffentlichung eines solchen Textes war natürlich vor Kriegsende überhaupt nicht zu denken. Als fünfzigster Titel in Pfemferts Schriftenreihe Der rote Hahn ist er 1919 in Berlin herausgekommen.

Einstweilen also – wir schreiben inzwischen das Jahr 1917 – trug man noch „des Kaisers Rock", und die Etappe hatte bekanntlich auch ihre guten Seiten, für Benn zum Beispiel den Kontakt mit Sternheim und seiner Familie, der erst im letzten Drittel seiner Brüsseler Zeit zustande kam. Sternheim, der einzige „Zivilist" unter den schreibenden Kollegen der Etappe, bewohnte damals, wie erwähnt, ein großes Haus mit Dienerschaft in der Gemeinde La Hulpe, flämisch Terhulpen, gut zehn Kilometer südöstlich der Stadtmitte von Brüssel gelegen; Flake spricht von einem „Gut mit

Treibhäusern, in denen er die landesüblichen dunklen Tafeltrauben züchtete". Sternheim war in begüterten Verhältnissen in Berlin aufgewachsen und hatte 1907 in zweiter Ehe die geschiedene Thea Löwenstein, geborene Bauer, geheiratet, die ein Jahr zuvor durch Erbschaft Millionärin geworden war. Es folgten fünf Jahre München, ein Palast, den er sich im Louis-seize-Stil nicht weit von Pullach im Isartal erbauen ließ und Bellemaison nannte, wurde zu einem Mittelpunkt des literarischen und gesellschaftlichen Lebens. Unzuträglichkeiten mit dem königlich bayerischen Bezirksamt in München, das nicht davon abzubringen war, eine umweltverstänkernde chemische Fabrik ihm direkt vor die Nase zu setzen, hatten ihn schließlich veranlaßt, Bellemaison zu verkaufen – im Mai 1912 – und ins Ausland zu gehen, von wo er so bald nicht zurückzukehren wünschte, vor allem – sagte er – deshalb nicht, weil er sein „merkwürdiges Vaterland zwecks Sichtbarmachung seiner Zustände von weitem besser ansehen und beurteilen zu können hoffte". Das Grundstück in La Hulpe wurde im Dezember 1912 erworben, das Haus aber erst im Juli des folgenden Jahres bezogen. Er gab ihm in Anlehnung an Tolstois „Jasnaja Poljana" (= Leuchtende Lichtung) den hell und festlich klingenden Namen „Claircolline".

Dann die Katastrophe vom August vierzehn. Eilige Rückkehr mit der ganzen Familie, Thea und den Kindern Klaus und Dorothea, auch Mopsa genannt, ins ungeliebte Vaterland, um sich den militärischen Behörden zu stellen, von denen er aber zunächst einmal als „untauglich" zurückgestellt wird. Ein erster nervöser Zusammenbruch erfolgt schon Mitte August, es zeigt sich, daß er für das öffentliche Klima, das die Heimat beherrscht, kaum weniger untauglich ist als für die Kaserne. Das Elend mit der Zensur, die polizeilichen Eingriffe in das kulturelle Leben, der stupide Hurra-Patriotismus der Massen, die von den Argumenten eines gewalttätigen Chauvinismus verführten Intellektuellen. Der Autor der *Komödien aus dem bürgerlichen Heldenleben* findet Anschluß an den Pfemfert-Kreis, schreibt für die *Aktion*, findet sich mit Persönlichkeiten wie Heinrich Mann, Franz Blei und Annette Kolb solidarisch in seiner leidenschaftlichen Gegnerschaft gegen den Krieg. Vom Kurort Königstein im Taunus aus, wo man im April 1915 eine provisorische Bleibe gefunden hatte, gelingt es schließlich, im Frühjahr 1916 die Rückkehr nach Belgien ins Werk zu setzen, doch wird es Dezember werden, ehe Claircolline wieder bezogen werden kann.

Claircolline war eine feine Adresse, das Milieu großbürgerlich, die Stimmung hingegen scharf anti-bourgeois. Es muß für die Herren der Politischen Abteilung von ganz besonderem Reiz gewesen sein, dorthin eingeladen zu werden: einerseits eine Auszeichnung gesellschaftlicher Art, weshalb sie denn, soweit verheiratet, nach Möglichkeit mit ihren Frauen erschienen, andererseits die Chance, einen berühmten Bühnenautor, der sich zur politischen Linken bekannte, in den eigenen vier Wänden zu erleben. Die Dame des Hauses, die ihre Ehe schon seit längerem nicht mehr als glücklich empfand, war doch mit ihren politischen Urteilen ganz auf der Linie ihres Mannes geblieben; als – zum Beispiel – im Sommer 1916 der Reichstagsabgeordnete Karl Liebknecht, weil er an einer Kundgebung gegen den Krieg teilgenommen hatte, wegen „Landesverrats“ zu zweieinhalb Jahren Zuchthaus verurteilt wurde, gab sie die Nachricht in einem Ton von kummervoller Sympathie an ihr Tagebuch weiter. Nicht so ihre Aufzeichnungen über die Besuche aus der Politischen Abteilung, sie klingen reserviert, wenn nicht frostig. Hausensteins kommen zum Abendessen, und man langweilt sich nach der Schwierigkeit. Frau Hausenstein (die Vorgängerin von Margot!) redet mit quälender Ausführlichkeit über ein verstopftes Klosett und die dadurch entstandenen Zwistigkeiten mit der belgischen Vermieterin –, aber auch er, der elegante, geistreiche und blendend aussehende *Belfried*-Redakteur, hat bei Sternheims keinen Erfolg. „Herr Hausenstein“, so wird er von Madame charakterisiert, „ist Sozialist und ist trotzdem in seinem Denken und Reden devoter als ein Polizist in Belgien. Ich aber habe keine Möglichkeit in mir zu tieferer Verständigung mit den Leuten meines Landes.“ Eine Spur freundlicher urteilt sie über das Ehepaar Flake, aber auch zu diesen „Leuten“ hat eine

Beziehung, die der Rede wert gewesen wäre, sich nicht herstellen lassen.

Der Name Benn erscheint mit einer gewissen Plötzlichkeit gegen Ende Januar 1917 zum ersten Male in den Tagebüchern, und er wird hinfort nicht wieder aus ihnen verschwinden, er wird in den Annalen dieses Lebens eine Rollen spielen weit – Jahrzehnte weit – über die Trennung von Sternheim (1927) hinaus. Offenbar ist es nicht Benn, sondern der Ältere gewesen, der die Bekanntschaft gesucht hat: der an sich selbst und an der Zeit leidende, zu „Anfällen" neigende, ruhelos im Haus herumrumorende Sternheim, der raptusartig erkannt zu haben scheint, auf was und wen es eigentlich ankommt: „Alles findet er belanglos, verächtlich, ja nicht existierend, die junge literarische Richtung in Deutschland ausgenommen. Sternheim, Heinrich Mann und Benn werden die neue Ära schaffen..." Alle paar Tage fährt er in die Stadt, um den jungen Doktor zu sehen, auch ein geplatztes Rendezvous, das Benn versäumt hat, kann ihn nicht entmutigen. Schließlich, am 3. Februar, bringt er ihn per Vorortbahn mit nach La Hulpe und führt ihn in sein Haus.

Thea Sternheim widmet diesem Ereignis eine ziemlich umfangreiche Niederschrift, die mit der Beschreibung von Benns äußerer Erscheinung beginnt: „Ein blonder, schlanker, typisch preußisch aussehender Mensch in der Art der jungen Bredows... Er macht Verbeugungen beim Herein- und Hinausgehen. Verbeugung, reicht man ihm die Hand.

Man spricht über Literatur. Ohne besondere Relation zu den Jungen schätzt er einiges von Werfel, einiges von Mann, Sternheim. Vorliebe für Hölderlin. Geringe Beziehung zum Westen, scheint mir. Entwicklung auf naturwissenschaftlicher Basis aufgebaut. Wie kommt sein Wortschatz so ins Blühen?"

Auf Anhieb sympathisch findet sie ihn keineswegs. Was sie befremdet, ist vor allem der Eindruck der Gefühlskälte, der von ihm ausgeht, der stoische, wenn nicht zynische Gleichmut, mit dem er den Krieg mit allen Konsequenzen zu akzeptieren scheint. Die weltläufige, ganz „westlich" denkende Rheinländerin glaubt sich das aus seiner in ihren Augen wohl etwas sinistren Herkunft erklären zu müssen: „Der Sohn eines protestantischen Pastors in der Mark, seine Mutter Genferin, eine Kalvinistin. Unter Begriffen wie Gottesfron, Vaterland, Bereitschaft für den Staat zu sterben, aufgewachsen, fragt er nicht: wie konnte dieser schreckliche Krieg möglich werden, sondern antwortet: da er einmal da ist, muß er ausgekämpft werden. Milde ist in keiner Hinsicht am Platze."

Es ist dann ausführlich davon die Rede, daß Benn in dienstlichem Auftrag an den Verhandlungen des Cavell-Prozesses teilgenommen hat und bei der Hinrichtung der Engländerin und des belgischen Architekten Baucq als ärztliche Aufsichtsperson präsent gewesen ist. Mit einer Mischung aus kaltem Grauen und brennender Neugier sitzt sie da und fragt aus ihrem Gast heraus, was sie zutiefst verstören, ja empören muß, einen Bericht, den er elf Jahre später in ausgearbeiteter und sorgfältig kommentierter Form auch der Öffentlichkeit übergeben wird. „Benn", so notiert sich Frau Sternheim, „erzählt diesen Vorfall mit der erschreckenden Sachlichkeit eines Arztes, der einen Leichnam seziert." Nichts, so scheint es, kann ihn rühren; als sie ihn wissen läßt, daß sie und Carl um die Freilassung eines der prominentesten Häftlinge aus dem Cavell-Prozeß, eines Ingenieurs und Wissenschaftlers namens Georges Hostelet, bemüht sind, antwortet er: „Ist es nicht ganz richtig, daß man Leute, die einem schaden wollen, einsperrt?" Frau Thea glaubt nun auch in ihm einen herzlosen Barbaren erkannt zu haben, einen Unhold, der auf der anderen Seite des Grabens steht. „Jede Verständigung", meint sie, „ist aussichtslos. Man rennt mit dem Kopf gegen eine Mauer."

Viele Jahre später, die beiden Weltkriege werden längst hinter ihnen liegen, wird er ihr Briefe schreiben, die mit Anreden wie „Meine sehr Liebe", „Liebe Verehrte", ja „Liebste Stoisy" beginnen. Was mag ihn damals, bei ihrem ersten Zusammentreffen in Claircolline, bewogen haben, so prinzipiell militärisch, so ganz ohne Rücksicht auf ihre Gefühle zu argumentieren? War es vielleicht ihre Sprache, die ihn verstimmt haben könnte, waren es die Untiefen eines Denkens, das sich weigert, auch die moralisch unbeleuchtete Seite des Fatums Menschsein mitzudenken? War es sein grimmiger Pessimismus im Hinblick auf die Chancen der Krone der Schöpfung auf den Katalaunischen Feldern der „Geschichte", seine allergische Abneigung gegen das „Gutgemeinte", das Nichts-als-gut-Gemeinte? Es brauchte ja andererseits nur ein Wort, um ihn umzustimmen, um ein überwältigend persönliches und mitmenschlich fühlendes Bescheidwissen über den Krieg in ihm anzusprechen, aber ein Volltreffer von einem Wort mußte es schon sein! Wir denken an das Wort „Allerheiligen", wie es in einem Brief an Oelze, geschrieben am Allerheiligentag des Jahres 1936, erscheint, und was sich daraus an Erinnerung, an Totenfeier und „Trauerarbeit" entwickeln ließ: „Grauer Sonntag, – Allerheiligen, 1915, traf ich mich zum letzten Mal mit einem kleinen Bruder von mir in Brügge, ich kam von Brüssel, er aus der Flandernfront: Kriegsfreiwilliger, 140 Schlachten u. Gefechte, darunter Langemarck, die Yserkämpfe, 22 Jahre, stiller Junge, schwarz, sehr französisch aussehend, weder E. K. noch Unteroffizier geworden, zu einfach, bescheiden; saß mit mir in einem verdunkelten Café, schweigsam, hoffnungslos, vertiert, sämtliche Kameraden von 1914 tot, kein Tag Urlaub bisher, von einer unsäglichen Traurigkeit wir beide. Kurz darauf kam er nach Galizien u. fiel auf ‚Höhe 317'. Immer an diesem Tag, grauer Sonntag, Allerheiligen: ‚La Toussaints', sagten die Belgier u. Franzosen, denke ich an ihn u. diesen dunklen Nachmittag in Brügge. Ach, es ist ja alles unausdenkbar."

Der kleine Bruder, von dem hier die Rede ist, war auf den Namen Siegfried getauft worden, er war das fünfte Kind des Pfarrers von Sellin, und er fand am 18. August 1916 im Osten den Tod. Das Gedicht *In memoriam Höhe 317*, drei Strophen lang, 1934 zum ersten Male gedruckt, erinnert an ihn oder vielmehr es läßt ihn unglänzend-anonym in einem Chor von schwarzen Schatten verschwinden:

...
Ach, dem Berge, den
Frucht und Sommer kränzt,
ist nicht anzusehn

all das Ungeglänzt,
wie die Stunde rinnt,
spürst du's nicht im Ohr,
wie vom Berg im Wind
schluchzt ein Schattenchor.

Thea Sternheim aber, hätte sie von Benns Allerheiligen-Besuch in Brügge – in jener fürchterlichen Zeit kurz nach der Exekution der englischen Krankenschwester – auch nur eine Ahnung gehabt, sie hätte ihn freundlicher beurteilt, denn sie war bei allem gesellschaftlichen Glanz, der von ihr ausgehen konnte, nicht nur ein politisches Temperament, sondern auch eine stark religiös motivierte Natur; die Autoren der großen mystischen Schriften des deutschen Mittelalters, die Tauler, Suso, Meister Ekkehard, lagen als Dauergäste auf ihrem Nachttisch. Als am 31. März die Freilassung von Georges Hostelet bekannt wird, hatte Gott „ihr Gebet erhört", und eine schmerzliche Meditation über den frühen Tod von Ernst Stadler, der „eine Katastrophe für die Literatur" gewesen sei, schließt sie mit den Worten: „Nun ist ihm wohl in Gottes Schoß."

Was die Männer anging, so hatten sie sich scheints viel und immer mehr zu sagen: oft und immer wieder ist von Ausflügen in die Stadt die Rede, und fast jedesmal ist es „vor allem Benn", den Sternheim sehen will. Nicht nur der Dichter und kritische Gesprächspartner ist gemeint, sondern, das wird von Mal zu Mal deutlicher, auch der Arzt, der ja einmal Psychiater gewesen war und der jetzt als Sanitätsoffizier unter Umständen würde Schicksal spielen können. Die Sache ist die, daß der erst neununddreißigjährige Halb-Emigrant Sternheim, obwohl schon einmal als untauglich zurückgestellt, doch aus der allgemeinen Wehrpflicht noch keineswegs endgültig entlassen ist, daß die Wahrscheinlichkeit einer neuen „Nachmusterung" wie eine drohende Wetterwolke nach wie vor über ihm hängt und daß die ständig nagende Angst davor ihn in letzter Zeit in einen hochgradig neurotischen Zustand versetzt hat. Was Ende März noch einmal gutgegangen war – „Das Heer scheint endgültig seine Ansprüche auf Carls Person aufgegeben zu haben" –, zwei Monate später kommt es wieder auf ihn zu, und diesmal scheint Hopfen und Malz verloren zu sein. Die betreffende Dienststelle befindet sich in Genval, nur etwa dreißig Minuten zu Fuß von Claircolline entfernt. Frau Thea, als sie ihren völlig verstörten Mann dorthin begleitet, hat einen Brief in der Handtasche, mit dessen Hilfe sie den Dingen eine günstige Wendung zu geben hofft. Das Henkersmahl wird im Hotel Normandy gemeinsam eingenommen. Dann folgendes: „Gleich darauf in die Villa No. 4, wo unter einer Anzahl Soldaten Carl der einzige auszumusternde Zivilist ist.

Ich übergebe der eintretenden Kommission Benns Brief. Erst will der Oberarzt denselben nicht annehmen, später gelingt es mir jedoch, ihn dem begleitenden Arzt einzuhändigen.

Carl wird als erster untersucht. Hinter der verschlossenen Tür höre ich anfangs Fragen und Antworten. Wie alt sind Sie? Haben Sie gedient? Seit wann leben Sie in Belgien? Dann ein Hin- und Hergerenne, schließlich führt der junge Arzt den ohnmächtig gewordenen Mann zu mir heraus..." Nach diesem 20. Juni 1917 sind dann keinerlei militärische „Ansprüche an Carls Person" mehr erhoben worden.

Der Edith-Cavell-Bericht

Benns schriftlicher Augenzeugenbericht *Wie Miß Cavell erschossen wurde* erschien am 2. Februar 1928 im *Acht-Uhr-Abendblatt* der *Nationalzeitung* in Berlin. Veranlassung, sich öffentlich zu Wort zu melden, sagt er, sei die Uraufführung eines Cavell-Films in London, „die bei allen Staaten die Erinnerung an sie wachrufen wird". Er hat den Film nicht gesehen, scheint aber davon überzeugt zu sein, daß er gar nichts gewesen sein kann als ein belletristisch aufgeputztes Heldenspektakel für den patriotischen Massengeschmack mit antideutscher Tendenz. Nicht als ob er ihr, der für England gestorbenen Pfarrerstochter aus der Grafschaft Norfolk, seine Achtung versagen wollte, im Gegenteil: er schickt seinem Bericht ein Wort der Bewunderung voraus, er nimmt gleichsam Haltung an, bevor er zur Sache kommt: „Kein Zweifel, sie wird als legendäre Gestalt durch die Geschichte der Siegerstaaten ziehen. Ihre Legende wird sich bilden unabhängig von den historischen, den materiell effektiven Tatsachen des Vorgangs, in dem sie eine Rolle spielte, und es liegt mir daher von vornherein nichts ferner als die Annahme, ich könnte irgend etwas richtigstellen, aufklären oder die Sage ihres Landes korrigieren, ich werde nur erzählen, wessen ich mich erinnere. Und ich erinnere mich ihrer, um es gleich zu sagen, als einer Handelnden, die für ihre Taten büßte, als der kühnen Tochter eines großen Volkes, das sich mit uns im Krieg befand."

Diese etwas verklausulierte Vorrede gibt uns zu verstehen, daß Benn genau das zu tun beabsichtigt, was für aussichtslos zu halten er vorgibt: eine Legende zerstören – welche Legende? –, daß es ihm aber vor allem darauf ankommt, die Korrektheit des Verfahrens gegen Miß Cavell und ihre Komplizen, die Rechtmäßigkeit des Urteils und – horribile dictu! – den „sachgemäßen", durch keinerlei melodramatische Zwischenfälle unterbrochenen Verlauf der Exekution zu bezeugen. Was sich in der ersten Morgenstunde des 12. Oktober 1915 auf dem Gelände des Tir national im Vorort Schaerbeek ereignet hat, schildert er mit folgenden Worten: „Eines Abends im Spätherbst 1915 erhalte ich den Befehl, am nächsten Morgen an einer bestimmten Stelle auf ein Auto zu warten und an einen unbenannten Ort zu fahren. In das Auto steigen außer mir zwei Kriegsgerichtsräte, einer dienstlich, der andere aus Interesse. Wir fahren durch die dunklen Straßen zum Tir national, dem Scheibenstand der Brüsseler Garnison an die Peripherie der Stadt. Das Auto hält. Das Terrain senkt sich. Wir steigen eine Mulde hinunter, in der Soldaten Spalier stehen. Am Ende der Mulde stehen zwei Gruppen von je zwölf Mann in zwei Gliedern, gerichtet auf die abschließende Wand, den Kugelfang, grasbewachsen. Vor ihm zwei frische Pfähle, weiße Latten, in die Erde gerammt.

Wir stehen und warten. Nun fährt ein Auto heran. Ihm entsteigt ein Belgier, Zivilist, mit einem katholischen Pfarrer. Der Belgier ist etwa vierzig Jahre, Ingenieur, verheiratet, Vater von zwei Kindern, gedrungen gebaut, lebhafte Bewegungen, ungefesselt, Schiebermütze auf dem Kopf – Komplize von Edith Cavell. Mit einer Lebendigkeit ohnegleichen, mit einer fast gelösten Leichtigkeit schreitet er den Hang hinunter, wo die Soldaten stehen, zieht die Mütze, stellt sich mit einer unnachahmlich chevaleresken Bewegung vor die Gruppe, die ihn erschießen wird, sagt die Worte: ‚bon jour, Messieurs, devant la mort nous sommes tous des camarades' – wird vom diensthabenden Kriegsgerichtsrat unterbrochen, der wahrscheinlich eine aufreizende Rede fürchtet. Von nun an bleibt der Delinquent stehen, ruhig, todesgewiß, in der Haltung vollkommen.

Nun kommt das zweite Auto. Miß Cavell steigt aus, neben ihr ein evangelischer Pfarrer, ein bekannter Berliner Geistlicher, der ihr die letzte Nacht zur Seite gestanden hat. Edith Cavell ist vielleicht zweiundvierzig Jahre alt, hat graues bis weißes Haar, keinen Hut auf, blaues Schneiderkleid an, dürres maskenhaftes Gesicht, steifer stotternder Gang, schwere muskuläre Hemmungen, aber ohne Zaudern, ohne Stocken geht sie abwärts, wo die Pfähle stehen. Ein Augenblick Halt, sie und der Pfarrer; einige Meter ab von der weißen Latte; sie spricht leise mit dem Pfarrer, was hat sie ihm gesagt, er hat es mir später erzählt: sie stirbt gern für England und läßt Mutter und Brüder grüßen, die in der britischen Armee im Felde stehen. Andere Frauen bringen größere Opfer: Männer, Brüder, Söhne, sie gibt nur ihr eigenes Leben – o Vaterland, drüben über dem Meer, o Heimat, die sie grüßen läßt. Ruhiger Abschied von dem Pfarrer.

Letzter Akt. Er dauert kaum eine Minute. Die Kompanie präsentiert, der Kriegsgerichtsrat liest das Todesurteil vor. Der Belgier und die Engländerin bekommen eine weiße Binde über die Augen und die Hände an ihren Pfahl gebunden. Ein Kommando für beide: Feuer, aus wenigen Metern Abstand, und zwölf Kugeln, die treffen. Beide sind tot. Der Belgier ist umgesunken. Miß Cavell steht aufrecht am Pfahl. Ihre Verletzungen betreffen hauptsächlich den Brustkorb, Herz und Lunge; sie ist vollkommen und absolut momentan tot; ganz verkehrt zu sagen, daß sie angeschossen sich gequält habe und durch einen Fangschuß am Boden getötet worden sei. Sie war vielmehr noch während des Rufes Feuer unbezweifelbar tot. Nun schreite ich an den Pfahl, wir nehmen sie ab, ich fasse ihren Puls und drücke ihr die Augen zu. Dann legen wir sie in einen kleinen gelben Sarg, der abseits steht. Sie wird sofort beigesetzt, die Stelle soll unbekannt bleiben. Man befürchtet Unruhen wegen ihres Todes oder eine nationale Prozession aus der Stadt, darum Eile und dann Schweigen und Geheimnis um ihr Grab. –“

So weit das Protokoll über die Hinrichtung, das von anderen Augenzeugen wie dem erwähnten Berliner Geistlichen, einem Pastor Le Seur, und seinem katholischen Amtsbruder Pater Leyendecker Punkt für Punkt bestätigt worden ist. Was dann in den Tagen nach jenem 12. Oktober als Hörensagen unter den Zeitgenossen verbreitet, als Pressemeldung in aller Herren Ländern unter die Leute gebracht wurde, war leider nicht mehr nur, so entsetzlich sie war, die „Sache selbst“, sondern eine mit allen möglichen, immer wieder anderen Zusätzen, Entstellungen, moritatenhaften Spezialeffekten verbrämte Schauergeschichte. So war schon die Nachricht, die am Morgen des 18. Oktober den Lesern der *New York Times* als „Aufmacher" vorgesetzt wurde, eine anekdotisch „angereicherte" Version, der zufolge Miß Cavell auf ihrem Wege zum Richtpfahl in Ohnmacht gefallen und am Boden liegend von dem für die Exekution verantwortlichen Offizier durch Kopfschuß getötet worden sein sollte.

Diese Zeitungsente ist von vielen Millionen Menschen, nicht nur in Amerika, für bare Münze genommen worden. Sie hat in Amerika einen neuen Boom der Empörung verursacht und die schon durch die Versenkung der *Lusitania* im Mai 1915 stark belasteten Beziehungen zum Deutschen Reich auf eine gravierende und vielleicht schon entscheidende Weise verschlechtert. Zwar ist der Entschluß, an der Seite der Westmächte in den Krieg einzutreten, erst gefaßt worden, nachdem der deutsche Reichskanzler Anfang Februar 1917 den uneingeschränkten U-Boot-Krieg erklärt hatte; nichts aber, so will eine in der englischen Cavell-Literatur verbreitete Meinung den Gang der Dinge verstanden wissen, habe der deutschen Sache in den USA so sehr geschadet wie die beiden Greueltaten des Jahres 1915, die Versenkung eines Passagierschiffes mit eintausendeinhundertachtundneunzig Todesopfern, darunter einhundertfünfunddreißig Amerikaner, und die „Erschießung einer Frau".*

Grund genug also für Benn, die monströse Version vom „Fangschuß" auf eine *liegende Frau* so energisch zu dementieren, zumal da sie eben leider auch in Deutschland selbst verbreitet war, diese Version. So hat sie Eingang gefunden fatalerweise auch in Thomas Manns *Betrachtungen eines Unpolitischen* (erschienen 1918), allwo sie – offenbar in einem Anfall von vaterländisch motivierter Bewußtseinstrübung – als das Musterbeispiel einer geschmacklichen Entgleisung verewigt worden ist, und zwar mit folgenden Worten: „‚Menschlichkeit ist selbstverständlich', dachte wohl der Offizier, der die Exekutionsabteilung kommandierte und die Vorschriften

* Vgl. A. A. Hoehling, *Edith Cavell*, London 1958, S. 141.

durchbrach, indem er die ohnmächtig Gewordene mit einem Revolverschuß tötete."

Wie ist nun aber Benns essayistisch ausladender Cavell-Bericht im ganzen zu beurteilen? Um den Sinn der unverzüglichen Vollstreckung des Schreckensurteils plausibel zu machen, schildert er den „politischen Hintergrund" der Hinrichtung mit einem kurzen, effektvoll gedrängten Prosasketch: „... Ein dichtbevölkertes Reich, die schnellgeschlagene, nach England abtransportierte aktive Armee war klein gewesen, also waren die Männer im Land. Noch war kein Stellungskrieg, noch Bewegungskämpfe, richtiger Feldzug hin und her, Kanonendonner von der flandrischen Front, mal näher, mal weiter, jeden Augenblick konnten die Alliierten zurückkommen, auf des Messers Schneide jede Stunde. Eine geringe Besatzung von Landsturmmännern die Aachen–Brüsseler Bahn entlang, die einzige Zufuhrstrecke für Etappe und kämpfende Armeen. Eine schwache, inaktive deutsche Truppe hielt die Hauptstadt, die schöne impulsive, aufgeregte, haßerfüllte Hauptstadt; an ihrer Spitze ein Oberbürgermeister, der offen gegen die Verordnungen des deutschen Kommandanten handelte; die Bevölkerung von absolut unverdeckter Feindschaft; die nationalen Farben und Kokarden handtellergroß an Hut und Knopfloch, an Schirm und Schlips; Überfälle nachts, Gefahr in den Straßen, Verbot für Soldaten, allein auszugehen, Angriffe auf Eisenbahnen, Sprengungen von Tunnels, Attentate auf Truppentransporte, also unsichere Lage, unentschiedener Krieg."

Vor diesem Hintergrund also war verhandelt worden gegen eine Organisation, etwa zwanzig Beteiligte, deren spezielle Tätigkeit darin bestanden hatte, „die aus den Herbstschlachten 1914 in Nordfrankreich und Belgien zurückgebliebenen, teils verwundeten, teils flüchtigen Engländer und Franzosen zu sammeln, zu pflegen, zu verbergen und mit den wehrfähigen Belgiern zusammen nach Holland zu transportieren", alles in allem etwa dreihundert feindliche Soldaten, die jetzt auf der anderen Seite standen, und der Spiritus rector dieser Organisation war gewesen die damals fünfzig (nicht zweiundvierzig) Jahre alte Lady nurse aus England, Directrice einer Ausbildungsanstalt für Krankenschwestern in der Rue de la culture in St. Gilles. Völlig unbezweifelbar das Ganze, kriegsrechtlich eindeutig, alle Angeklagten geständig. Dann die „glänzenden Plädoyers der belgischen Anwälte, die zum Teil deutsch sprachen, den objektiven Vorgang gar nicht bestritten, sondern unter erstaunlichen Hinweisen auf die preußische Geschichte die Reinheit der Beweggründe betonten und um Gnade baten".

Miß Cavell, so argumentiert Benn, „hatte als Mann gehandelt und wurde von uns als Mann bestraft". Die Frage, ob man sie hätte begnadigen sollen, glaubt er verneinen zu müssen. „Aus der Logik des militärischen Systems konnte es nicht geschehen. Man denke diese dreihundert feindlichen Soldaten, die nun drüben standen..." Folgt ein polemischer Ausfall gegen die „liberalen Kreise", in denen es üblich sei, „die Hinrichtung von Edith Cavell als die grausame Tat rachsüchtiger Militaristen hinzustellen", wenn nicht sogar einen „Justizmord" zu nennen, vergleichbar nur noch mit der erst kürzlich, im August 1927, erfolgten Electrocution der italienischen Anarchisten Sacco und Vanzetti durch die amerikanische Justiz, die in der ganzen Welt einen schier beispiellosen Sturm der Entrüstung hervorgerufen hatte.

Wir lesen das, mehr als ein halbes Jahrhundert nach seiner Veröffentlichung, nicht ohne Bedauern. Der allzu martialische, allzu parteigängerische Ton dieser Stellungnahme kann uns nicht überzeugen, denn die elende „Logik des militärischen Systems" als ultima ratio konnte schon damals, schon 1928 nicht mehr die Antwort sein auf das im dringlichsten Sinne *politische* Problem der Vollstreckung des Todesurteils gegen die Engländerin. Daß alle oder doch fast alle Beteiligten sich dieser Problematik bewußt gewesen sind, muß nach den Cavell-Büchern von A. A. Hoehling (1958) und vor allem von A. E. Clark-Kennedy (1965), die aufgrund der sorgfältigsten Auswertung aller erreichbaren Quellen, nicht zuletzt auch der deutschen Memoirenliteratur, zu ihren Ergebnissen gekommen sind, als unzweifelhaft gelten. Wir wissen heute über alles, was in den zwei kritischen Tagen zwischen der Fällung des Urteils und seiner Vollstreckung unternommen worden ist, um das Leben der Verurteilten zu retten, genau Bescheid. Wir wissen, was die Missionschefs zweier neutraler Länder, der Ministerresident der amerikanischen Delegation Brand Whitlock und der Vertreter Spaniens, ein Marquis de Villobar, versucht haben, um den Chef der Politischen Abteilung, Baron von der Lancken, zu einer Initiative gegen die Vollstreckung zu bewegen. Wir kennen den Text von Brand Whitlocks schriftlichen Appellen an von der Lancken und sogar den Wortlaut bestimmter mündlich ausgesprochener Vorhaltungen, mit denen sein spanischer Kollege, ein ebenso geistvoller wie hochherzig-leidenschaftlicher Kavalier, dem Herrn Baron zugesetzt hat. Wir wissen schließlich, daß auch er selbst, von der Lancken, von sich aus und aus eigener Überzeugung nahezu alles getan hat, um den Militärgouverneur der Stadt Brüssel, einen General von Sauberzweig, von der sofortigen Erschießung der Verurteilten abzuhalten. Als der erst seit dem 14. September amtierende Sauberzweig, ein Mann des „eisernen Durchgreifens" – „a Prussian cavalry officer of the blood and iron school", wie der englische Autor ihn nennt – ablehnte, hätte es nach der Meinung des spanischen Diplomaten (der den Vorzug hatte, mit seinem König persönlich bekannt zu sein) immer noch ein Mittel gegeben, das Schlimmste zu verhindern: den Telefonanruf beim Kaiser selbst. Dazu aber hat sich von der Lancken denn doch nicht entschließen können, es wäre ihm wohl als eine allzu extravagante Überschreitung seiner Befugnisse erschienen. Als es zu spät war, scheint er seine Unterlassungssünde bereut zu haben. Lancken wörtlich zu Villobar: „Sehen Sie, ich bin mit meinem Souverän nicht persönlich befreundet, wie Sie es mit dem Ihrigen sind. Aber wie sehr bedaure ich es jetzt, Ihren Rat nicht befolgt zu haben!" Worauf der Spanier, bekannt für seine Schlagfertigkeit: „Was für eine große Gelegenheit, der persönliche Freund Ihres Souveräns zu werden, haben Sie versäumt!"

Man weiß heute aus der englischen Literatur, daß der Kaiser, der über den Gang der Dinge in Brüssel, wenn überhaupt, nicht vollständig und nicht rechtzeitig unterrichtet war, die Exekution nachträglich mißbilligt hat, und daß auch der für ganz Belgien zuständige Generalgouverneur, ein Freiherr von Bissing, ein paar verhängnisvolle Minuten zu spät versucht hat, das Unglück zu verhindern. Daß der Kaiser noch im Oktober 1915 die drei noch lebenden Todeskandidaten aus dem Cavell-Prozeß begnadigt hat, versteht sich unter diesen Umständen von selbst.

Der Verfasser des Textes *Wie Miß Cavell erschossen wurde* hat von den hier skizzierten politischen Motionen im Hintergrund der Tragödie natürlich nichts wissen können, da das von der historischen Literatur verarbeitete „Material" ihm entweder nicht zugänglich war oder erst später ans Licht gekommen ist, manches erst nach seinem Tode. Was ihn interessiert hat, war nicht das politische Wenn und Aber, sondern das schiere Faktum jenes Sterbens als Konsequenz einer unausweichlichen Logik der Ereignisse und – ja – vor allem die menschliche Größe dieses Sterbens. In einem vom *Berliner Tageblatt* veröffentlichten Brief in Sachen Cavell, der bisher in keiner Werkausgabe zu finden und vorerst nur in englischer Übersetzung zugänglich ist, schreibt Benn: „Sie war die tapferste Frau, der ich jemals begegnet bin, und sie war in jeder Hinsicht die Heldin, die ihr Volk aus ihr gemacht hat. Sie ist mit einer Haltung (with poise and a bearing) in den Tod gegangen, die zu vergessen vollkommen unmöglich ist."*

Wenn also Benn zu Anfang seines Berichts für einen Augenblick den Eindruck zu erwecken scheint, als gäbe es eine Legende zu zerstören, so steht er am Schluß wie ein Bekehrter da. Er hat in seiner Schilderung der Exekution eine melodramatische Zeitungsente in den Orkus geschickt, aber das ist etwas anderes als das Zerstören einer Legende. Was er dann am Ende seines Textes tatsächlich in Szene setzt, ist das genaue Gegenteil von Entmythologisierung, es ist die pathetisch verkündete Kanonisierung einer englischen Jeanne d'arc – worin ihm anspielungsweise George Bernard Shaw schon vorangegangen war, und zwar in der Vorrede zu seiner *Heiligen Johanna* (1923) – und ihre Würdigung vor dem Horizont seiner eigenen pessimistisch-heroisch gestimmten, todbewuß-

* Vgl. A. E. Clark-Kennedy, *Edith Cavell. Pioneer and Patriot*, London 1965, S. 225.

ten, wenn nicht todbejahenden Geschichtsphilosophie, die sich auf das berühmte Hegelsche Axiom, die Weltgeschichte sei nicht der Bodes des Glücks, berufen kann. Miß Cavells postumer Triumphzug nach der Exhumierung des Leichnams unmittelbar nach Kriegsende, die Überführung nach England an Bord eines Zerstörers und mit allen militärischen Ehren, die Marche funèbre auf einer sechsspännig gezogenen Geschützlafette durch Londons Straßen – und die ganze Stadt ist auf den Beinen –, der Empfang in Westminster Abbey: dies alles wird in wenigen Andeutungen teils stillschweigend, teils ausdrücklich vergegenwärtigt. Ihr Denkmal steht am Trafalgar Square, eine Bergspitze im westlichen Kanada, ein Gletscher in den Colorado Mountains tragen ihren Namen. Aber trifft es denn auch zu, daß sie „in London zwischen den Königen ruht", wie Benn es wahrhaben will? Es trifft nicht zu, es ist eine poetische Ergänzung von eigener Hand, es ist – eine Legende! (In Wahrheit liegt sie auf dem Friedhof der herrlichen Kathedrale von Norwich – frühes dreizehntes Jahrhundert – begraben, nur wenige Meilen von dem heimatlichen Pfarrhaus entfernt.)

Dieser letzte Absatz von Benns Cavell-Essay kann durch politische und moralische Einwände schwerlich außer Kraft gesetzt werden. Er behauptet sich im Klangraum des Poeta vates, auf der Tonhöhe eines dichterisch-düsteren Nornenspruch-Idioms, wo auch das Legendäre nicht ganz unwillkommen sein kann. „Und schließlich", so endet Benn, „um der tapferen Tochter des englischen Volkes, die nun in London zwischen den Königen ruht und nach der in Amerika die Felsen heißen, auch die letzten Maßstäbe nicht schuldig zu bleiben: wie dächte sie selber über eine Geschichte, die sich innerhalb der liberalen Atmosphäre und der bürgerlichen Humanität bewegt. Das große Phänomen des historischen Prozesses, sowohl als Ganzes tief und widersinnig wie im einzelnen tragisch und absurd, könnte es geschaffen und getragen werden von einer Menschheit, die mit Begnadigung rechnet? Nein, die Weltgeschichte ist nicht der Boden des Glücks, und die Pfosten des Pantheons sind mit Blut bestrichen derer, die handeln und dann leiden, wie das Gesetz des Lebens es befiehlt."

Hautarzt und Autor in Berlin

Es muß im Spätsommer oder Frühherbst 1917 gewesen sein, als Benns Aufenthalt in Brüssel zu Ende ging. Das genaue Datum seiner Rückkehr nach Berlin ist nirgends verzeichnet. Auch in Thea Sternheims Tagebüchern nicht, wo nach der Nachmusterung vom 20. Juni der Name Benn ein halbes Jahr nicht mehr vorkommt. Erst am 16. Dezember – Benn war schon seit geraumer Zeit nicht mehr beim Generalgouvernement – taucht er wieder auf, und zwar im Zusammenhang mit einem literarischen Projekt, das Sternheim sich in den Kopf gesetzt hatte. Soeben von einer Reise nach Berlin (wo er mit Benn möglicherweise zusammengetroffen ist) nach La Hulpe zurückgekehrt, entwickelt Sternheim seiner Frau gegenüber den Plan einer *Enzyklopädie zum Abbruch bürgerlicher Ideologie*, die er mit Benn und Einstein zusammen erarbeiten will: eine ziemlich abstruse Idee, die denn auch nie verwirklicht werden konnte.

Benn war also inzwischen, mehr als ein Jahr vor Kriegsende, ins Zivilleben entlassen worden. Wie hat man sich das zu erklären? In einer gegen Mitte 1918 veröffentlichten, autobiographisch gestimmten Prosa unter dem Titel *Diesterweg* (erschienen als Nr. 7 in der Reihe Der rote Hahn) lesen wir: „Diesterweg galt als erkrankt und wurde nach Berlin zurückgeschickt." Dieser Diesterweg ist nach Rönne, Pameelen und Dr. Olf – in *Etappe* – der vierte Deckname, den der junge Benn benutzt hat, um über sich selbst zu schreiben. Auch Diesterweg ist ein junger Arzt mit „ambivalentem" Bewußtsein: einer, der sich gesellschaftlich eingeordnet, einer bestimmten „Gruppe" zugehörig und verpflichtet weiß und der doch seine soziale Identität immer nur als Rolle empfindet, der andererseits – wie Rönne – ein „Träumer" ist, hinter der bürgerlich-akademisch-militärischen Maske seine Trancen und Trips erlebt: „Er aber wanderte im Schaum von Blüten; aus Licht, aus Schatten, zwischen Säulen, die auf Löwen standen ...“ Sein gegenwärtiges Milieu ist das Kasino, eine Welt der „Herren“, gelegentlich auch „Mitherren“ genannt. Was dort besprochen, an „Ansichten“ geäußert, an „Überzeugungen“ vertreten wird, ist x-beliebiges Gerede, nichtswürdig, belanglos, es ist das „Man“-Gerede im Sinne von Heideggers *Sein und Zeit*. Wenn es aber von dem Subjekt hinter der Maske mit ironischer Aufmerksamkeit belauscht, mit scheinbar pedantischer Präzision und Ausführlichkeit wiedergegeben wird, dann wird ihm das inhaltliche Interesse gewissermaßen ausgetrieben, es wird ins Geisterhaft-Figürliche versetzt, es wird von dem halluzinatorischen Fluidum jener verschwiegenen – „südlichen“ – Vorgänge, die sich in dem Bewußtsein hinter der Maske abspielen, gleichsam infiziert. Charakteristisch ist eine Szene aus der Rönne-Novelle *Die Reise*, der dritten des Zyklus. Es geht dort um die ereignislose Geschichte von einem „Herrn“, der von Brüssel nach Antwerpen reisen wollte, und er „kam nur bis zur Bahn aus Müdigkeit, weil alles so schwer u. sinnlos war“. Nach Schweißausbrüchen, nach einem „Wolkenbruch von Hemmungen und Schwäche“ findet er den Weg ins Kasino zurück: „Durch Verbeugung in der Türe anerkannte er die Individualitäten. Wer wäre er gewesen? Still nahm er Platz. Groß wuchteten die Herren.

Nun erzählte Herr Friedhoff von den Eigentümlichkeiten einer tropischen Frucht, die einen Kern enthalte von Eigröße. Das Weiche äße man mit einem Löffel, es habe gallertartige Konsistenz. Einige meinten, es schmecke nach Nuß. Er demgegenüber habe immer gefunden, es schmecke nach Ei. Man äße es mit Pfeffer und Salz. Es handelte sich um eine schmackhafte Frucht. Er habe davon des Tages drei bis vier gegessen und einen ernstlichen Schaden nie bemerkt.

Hierin trat Herrn Körner das Außerordentliche entgegen. Mit Pfeffer und Salz eine Frucht? Das erschien ihm ungewöhnlich, und er nahm dazu Stellung ...“

Diesterweg ist die durchsichtig verschleierte Geschichte von

Benns Entlassung aus der Armee, die, ähnlich wie *Etappe,* mit einer präzisen Zeitangabe beginnt: „Drei Jahre dauerte der Krieg." Noch einmal sehen wir die Kasinoherren in entspannter Runde versammelt und dürfen ihr gespenstisch-verfremdetes Gerede über uns ergehen lassen: „Und in der Tat wurde im weiteren Verlauf noch diese und jene Ansicht ausgesprochen und manche Überzeugung vertreten, ehe jedesmal das ausgleichende Moment hervortrat, das sich schließlich zu einem geselligen Zusammensein steigerte, das diesen Abend zu einer Erinnerung an schöne, unter den eigenartigen äußeren Verhältnissen ganz besonders eng verbindende Stunden machte. Da gab dann jeder rückhaltlos das ganz Persönliche, Herkunft der Braut, verschnittenen Anzug, gestundetes Geld, da öffnete sich der Mann dem Manne, da fiel Schranke, lief über Herz. Und stieg dann etwa zur mitternächtlichen Stunde Gesang empor wie: Freunde, trinkt mit vollen Zügen musenstädtschen Gerstensaft, fühlte jeder tief aufs neue das große gemeinsame Band, das sie alle umschlang, und Ernst und Größe zeitgenössischen Geschehens."

Was Rönne in der *Reise*, das ist Diesterweg in diesem Text: das Subjekt mit dem verfremdenden Blick. „Der neue Diesterweg, der südliche. Alle diese kärglichen Dinge seines Lebens – nur das Spiel auf einem Fächer, zart und in das Vergehen gemalt. Er war der Herr mit Tick, der Überhöhte, vor dem das Wirkliche erlag; an einem Hain, in dem ein Opfer rauchte, und einer Wiese, die in Kränzen stand." Der Herr mit Tick ist halb noch anwesend, halb schon entrückt: „Schon sah er sich von hier versetzt. Er würde in einem neuen Kreis auftauchen. Er stellte sich vor, man ging zum erstenmal zum Essen, man lachte und trank …" Am Ende der Geschichte finden wir ihn in Berlin, wo er sich eine Wohnung genommen hat, „die auf einen freien belebten Platz ging". Berlin: „Er strich durch die Stadt, die er lange nicht gesehn. Er trat in das Haus, wo er seinen Lauf begonnen hatte. Er schritt durch die Säle, wo die Bücher standen, treppauf, treppab Werk bei Werk. Das war sein Rausch gewesen, alle zu bezwingen; jetzt ging er durch die Säle und dachte: alle Worte aller Welt."

Der schon zitierte Brief an Oelze vom 14. Oktober 1942 bringt sich in Erinnerung: Benn und die Preußische Staatsbibliothek. Die damals wohl großartigste Büchersammlung des deutschen Sprachraums als ein Thesaurus rerum omnium memoria. Die Stelle in *Diesterweg* läßt erkennen, was der Abschied von Brüssel, die Rückkehr – mit einunddreißig Jahren – nach Berlin für ihn bedeuten sollte. War dies Brüssel ein Abenteuer, war es auch – im Rönne-Frühjahr – eine Zeit der „Hochblüte" gewesen, jetzt ist es abgetan. Sein Blick ist nach vorne gerichtet. Nach neuer Erkenntnis, nach intensiver wissenschaftlicher Arbeit in kritischer Auseinandersetzung mit den großen Themen, die sich stellen werden, steht ihm der Sinn. In dem Wiedersehn mit der ehrwürdigen Bibliothek ist Zukunft enthalten: Zukunft im Sinne einer Herausforderung speziell an den Prosaisten Benn, die ihn über die Rönne- und Diesterweg-Stufe hinausbringen wird.

„Galt als erkrankt" kann nicht sagen wollen, daß der nach Berlin zurückgeschickte Arzt sich in besorgniserregender Verfassung befunden habe. Vermutlich ist es, wie schon 1912, auch diesmal wieder die angeborene „einseitige Senkniere" gewesen, mit der ein wohlwollender Vorgesetzter die Entlassung aus der militärischen Dienstpflicht begründet hat. Benn ist, bevor er sich im November mit einer eigenen Praxis für Haut- und Geschlechtskrankheiten niederlassen konnte, eine Zeitlang als Assistent bei einem Professor Lesser an der Charité tätig gewesen, um sich weiterzubilden. In seinem Brüsseler Prostituierten-Krankenhaus, aber auch im Reservelazarett hatte er einschlägige Erfahrungen zur Genüge sammeln können; er hatte auch dort Kontakt mit der wissenschaftlichen Literatur gehalten und selbst eine Abhandlung über ein medizinisches Problem verfaßt, die unter dem Titel *Nebenwirkungen bei Arthigon* – der Name bezeichnet einen Impfstoff gegen Tripper – 1918 in der *Zeitschrift für Urologie* veröffentlicht wurde. Die Arbeit, so erklärt Werner Rübe im Nachwort zu den *Medizinischen Schriften*, „handelt von einer Vakzinebehandlung der Gonorrhoe, bei der abgetötete Gonokokken in die Muskulatur oder in die Vene eingespritzt wurden". Im *Epilog* von

1922 heißt es kurz und bündig: „schrieb ... über Impfungen bei Tripper."

Die Bennsche Praxis, die am 10. November eröffnet wurde, befand sich im Haus Nr. 12 der Belle-Alliance-Straße (heute Mehring-Damm), Ecke Yorckstraße, nicht weit von der – damals – „Hochbahn"-, heute U-Bahn-Station Hallesches Tor. Wenig später, man weiß nicht genau wann, aber sehr wahrscheinlich noch während des Krieges, wurde weiter westlich in der Passauer Straße, auf halbem Wege zwischen Gedächtniskirche und Wittenbergplatz, eine zweite, eine Familienwohnung gemietet, wo Frau Edith mit ihren beiden Kindern Andreas und Nele, Benn selbst aber immer nur halbwegs und gleichsam gastweise zu Hause war. „Meine Mutter", berichtet Nele Soerensen, „spielte sehr, sehr schön Klavier. Wenn ihr Mann zu Hause war – es war wohl nicht oft –, spielte sie ihm abends vor. Das liebte er." Ein musterhaftes Familienleben war es gewiß nicht, was sich damals zwischen Belle-Alliance- und Passauer Straße abgespielt hat. Das „späte Ich" ist bekanntlich ein „einsames Ich", an Fortpflanzung und Familienzauber nicht sonderlich interessiert, „auf sich selbst gestellt und nur sich selbst erlebend", und der Hang zur Eremitage, die nicht asketisch sein muß, ist ihm nicht auszutreiben. So hat Benn sich in jenen Jahren seine Praxis nicht nur für die ärztliche Tätigkeit, sondern auch für einen beträchtlichen Teil seines „Privatlebens" reserviert. Eine Wohnung für sich zu haben, war eine Frage der „Regie".

Eine „stille Mittelstandsgegend" nennt der holländische Journalist Nico Rost in seinen Erinnerungen an Benn* das Viertel „SW 61", in dem der junge Arzt sich niedergelassen hatte. Rost, der als Korrespondent niederländischer Zeitungen in den zwanziger und frühen dreißiger Jahren in Berlin tätig war, hatte, von Einstein ermutigt, um eine Audienz in der Belle-Alliance-Straße gebeten und war mit dem für Benn typischen Empfangszeremoniell – im weißen Ärztekittel! – eingelassen worden: „Von diesem ersten Be-

* Vgl. Gottfried Benn, *Den Traum alleine tragen,* a.a.O., S. 39–60.

such … erinnere ich mich vor allem an Benns militärisch steife Korrektheit, durch die meine Schüchternheit noch größer wurde. Diese Steifheit verschwand zwar im Laufe des Gesprächs nicht völlig, doch außerdem kam ein freundlicher, aufrichtig besorgter Gastgeber im weißen Ärztekittel zum Vorschein. Benn empfing mich in seinem Sprechzimmer, das einen Ausblick auf einen typischen berlinischen ‚Hinterhof' hatte. Er schenkte sofort – wahrscheinlich, um den etwas schwierigen Anfang etwas zu überbrükken – Kaffee ein und stellte ohne weitere Umstände ein riesiges Stück Apfelkuchen vor mich auf den Tisch, das dann unter Schlagrahm begraben wurde."

Ein einziges Detail kann hier genügen, um die Bennsche Wohnung und damit auch schon den Wohnungsinhaber zu charakterisieren: der Blick in den Hinterhof. Benn selbst hat in einer kurz andeutenden Beschreibung seiner Wohnräume dieses Merkmal besonders hervorgehoben: „Von diesen Räumen gingen drei auf die Straße, einer in den Hof. In den Hof ergoß sich ein Musikcafé, das belauschte ich oft, entführende Weisen. Manchmal, wenn ich nachts in mein Schlafzimmer trat, ertönte die Musik. Ich öffnete das Fenster, ich löschte das Licht. Ich stand und atmete den Laut." (Aus: *Urgesicht*, 1929.) Diese öfters betonte Hinterhof-Orientierung hat übrigens auch für Benns letzte Berliner Behausung gegolten, die in der Bozener Straße, nicht weit vom Bayerischen Platz, die Ende 1937 bezogen wurde. Dort war es das Behandlungszimmer, nicht das Schlafzimmer, das auf den Hinterhof ging; aber auch in der Belle-Alliance-Straße soll es ja, wenn wir unserem Holländer glauben dürfen, das „Sprechzimmer" gewesen sein.

Zur Wohnung gehörte – und auch diese Konstellation wird sich später, im Bayerischen Viertel, wiederholen – die Stammkneipe, in der man den Dichter nach dem Abendessen sitzen sehen konnte, entweder allein oder mit einem Gesprächspartner, zum Beispiel mit Nico Rost. Das Lokal hieß Reichskanzlei und lag in der Yorckstraße, nur ein paar Schritte von der Wohnung entfernt. Es war, was man in Berlin eine „Budike" nannte, ein anspruchslos volkstümlicher Ausschank, den andere „ordinär" genannt hätten, mehr brauchte er nicht. Er saß dort, erinnert sich Rost, „beinahe jeden Abend von acht bis zehn (nicht viel früher aber auch fast niemals später) am selben Platz" und trank seine drei Biere und einen oder zwei Steinhäger dazu – „mäßig aber regelmäßig" –.

Die Leute, so scheint es, hatten ihn gern wegen seiner „Freigebigkeit gegenüber den Minderbemittelten und seiner Hilfsbereitschaft, an die man immer appellieren konnte" (Rost). Arbeitslose behandelte er notfalls umsonst, auch bei den Damen vom horizontalen Gewerbe, seiner Stammkundschaft, galt er als „menschlich", generös. Rost, der ein überzeugter Sozialist und mit dem linksradikalen Egon Erwin Kisch befreundet war, litt unter den antisozialen Schroffheiten, die er von Benn im Gespräch immer wieder zu hören bekam, und er hielt doch eigensinnig daran fest, daß der Verfasser der *Morgue* im Grunde ein „Humanist" und ein „sozialfühlender Dichter" sein müsse. Und freilich kann er sich ja auf Texte wie auf *Saal der kreißenden Frauen* und *Mann und Frau gehn durch die Krebsbaracke* berufen, wenn er sagt: „In meinen Augen war er ein sozialer Dichter – ein Rebell, dessen unbarmherzige, niemanden und nichts schonende, wenn auch oft zynische Heftigkeit mich tiefer traf als die Werke aller anderen Dichter jener Zeit."

Andererseits war es dann aber auch wieder das gerade Gegenteil von Rebellentum, was er an Benn bewunderte: das „Preußisch-Konservative", für das ihn nach anfänglicher Antipathie die eingehende Beschäftigung mit Fontane gewonnen hatte. Es ist eine bei Westeuropäern nicht eben weit verbreitete Sympathie für „eine bestimmte preußische Selbstdisziplin", zu der er sich in diesem Zusammenhang bekennt, es ist die Sympathie für den altpreußischen Grundsatz „Mehr sein als scheinen", den Benn selbst gelegentlich mit der Formulierung „Am linken Flügel, im zweiten Glied, nicht gesehen werden und schaffen" ins Zeitgemäße übersetzt hat: als ein Plädoyer für die soziale Unauffälligkeit, vorgebracht – notabene! – in der Sprache des Kasernenhofs!

Mehr als siebzehn Jahre lang, vom November 1917 bis Ende März 1935, ist Benn dieser Wohnung treu geblieben, und obwohl mit ihr nicht allzuviel Staat zu machen war, und beispielsweise im Winter regelmäßig die Leitungen einfroren und man das Wasser am Brunnen holen mußte, denkt er, im Rückblick aus weiter Entfernung, mit Dankbarkeit an sie zurück: „Trotzdem herrliche Jahre, mein Leben schlechthin!“ (1942 brieflich an Oelze). Sie war Arbeitsplatz, Liebesnest und Dichterklause, dies alles zugleich und immer doch, wie man den Briefen entnehmen kann, eins im Konflikt mit dem anderen, mit rasch wechselnden Stimmungen, Perspektiven und Sympathien. Einerseits ist es die immer wieder fühlbare Unvereinbarkeit von Praxis und Poesie, vielmehr – denn ein Wort wie Poesie würde er kaum in den Mund genommen haben –: dem „Arbeiten an den eigenen Sachen“, was ihn in tiefe Depressionen stürzen kann. „Mir geht es heute miserabel. Vollkommen dezentralisiert, überarbeitet, verludert. Es ist kein Leben dies tägliche Schmieren u. Spritzen u. Quacksalbern u. abends so müde sein, daß man heulen könnte. Aber wenn ich mir vorstelle, was ich machen sollte, weiß ich es auch nicht. Den Laden verkaufen u. fortgehn! Aber wohin? In Frage kommt nur [ein] warmes Land, aber der Süden hat Devisen, die nicht bezahlbar sind. Oder die Zahl der Sprechstunden einschränken, aber entweder man hat eine Praxis, dann kann man sie nicht beschränken, ohne sie ganz zu ruinieren, oder man hat keine. Oder die ganze Passauerstraße zum Deibel jagen, aber eine Tochter kann man nicht zum Deibel jagen, wenngleich – ja, wenngleich, aber immerhin ...“ Und wenige Zeilen später: „Arbeiten an seinen eigenen Sachen macht in einer Weise müde des Morgens, verdirbt den Appetit, belegt die Zunge, ruiniert den Magen, macht mürrisch u. depressiv, wie es sich einer nicht leisten kann, der von morgens 8 Uhr an höflich u. nichtssagend seine Schmutzfinken von Patienten empfangen muß.“

Der Brief ist vom 29. 12. 1921 und an eine junge Geliebte gerichtet, woraus wir uns den mehr als frivolen Ausfall gegen die „Passauerstraße“ erklären könnten: die Belle-Alliance-Straße war so etwas wie die soziale und erotische Alternative zur eigenen Familie. Die Bemerkung erinnert an das schon zitierte Geständnis aus der *Stimme hinter dem Vorhang*: „Meine Glücke waren, wenn ich genau bin, alle mit Verbrechen verkuppelt: Ehebruch, Rausch, Treulosigkeit ...“ Sie ist nicht zu „entschuldigen“, diese Bemerkung, sie *soll* nicht entschuldigt werden, denn sie kommt ja von einem bewußt „schuldigen“ Menschen, dessen erotische Faszinations- und Überzeugungskraft man sich nicht zuletzt aus der „amoralischen“ Souveränität seines Begehrens, die mit der Unbedingtheit seines Ausdrucksvermögens zusammenhängen muß, zu erklären hat. Das Prinzip der Monogamie: für ihn war es offenbar nicht gemeint. Was er selber meinte, wenn er Frauen „besuchte“, war etwas wesentlich Illegales, es war die schiere, moralisch irrelevante Schwerkraft der „biologischen Grundlage der Persönlichkeit“, es war „lust in action“, um mit Shakespeare zu sprechen, und für sein Gefühl etwas ganz anderes als die mit so viel „Getue“ inszenierte Liebe der Romanschreiber. Man muß hinzufügen, daß er allen seinen Frauen auf eine eigentümlich gewissenhafte Weise „treu“ geblieben ist, weit über das Ende der jeweiligen Affaire hinaus, oft bis in die spätesten Jahre seines Lebens. „Wenn eine Bindung sich lokkerte oder erkaltete“, so schreibt Max Niedermayer, „gab er sich große Mühe, sie in Freundschaft umzuwandeln, ihren menschlichen Kern zu retten.“ Und Walter Lennig, immer noch ein wenig im Ton eines Entlastungszeugen, sagt: „Es spricht zu seinen Gunsten, daß ihm eine beträchtliche Zahl überdurchschnittlicher Frauen Freundschaft und Vertrauen bewahrten, auch wenn sich die Lebenswege getrennt hatten.“

Die junge Freundin des Jahres 1921 war eine promovierte Archivarin und Bibliothekarin beim Auswärtigen Amt in Berlin, später bei verschiedenen Industrie-Unternehmen, sie stammte aus Hirschberg im Riesengebirge, war, als Benn sie kennenlernte, dreiundzwanzig Jahre alt und hieß Gertrud Zenzes, alias Trudchen, Petit, Schnuckchen und Mungo. Ihre Liebesgeschichte mit dem Dichter-Arzt in der Belle-Alliance-Straße kann nicht viel länger als ein Jahr gedauert haben, schon in einem Neujahrs-Glückwunschbrief vom 31. Dezember 1922 ist Benn vom zärtlichen Du zu einem freundlich-formellen Sie zurückgekehrt: „Liebes Trudchen, von den Frauen, die ich in diesem Jahr gesprochen u. besucht habe, sind Sie die feinste u. im Herzen zärtlichste gewesen." Diese Geschichte hat Modellcharakter; in ihren Grundzügen wird sie sich viele Male wiederholen. Aufschäumende Anfänge, geistblitzende, von erotischem Elan vibrierende Paraden, zärtlich-sinnliche Turteleien – und dann wieder, im schroffen Wechsel, die grimmig-kalten Stimmungsprotokolle aus der Einsamkeit einer exklusiv-desperaten Matratzengruft, die das Gegenüber erschrecken und faszinieren, aber durch rückhaltlose Offenheit auch ins Vertrauen ziehen und noch enger an ihn binden werden: „Es gibt Tage, die so leer sind, daß man sich wundert, daß die Fensterscheiben nicht rausgedrückt werden von dem negativen Druck; es gibt Gedankengänge von einer Aussichtslosigkeit, die bewußtseinsraubend ist. Das ist so, da ist nichts zu machen" (1922 an den „lieben Petit").

Das geht ein Jahr, eine Saison lang, kann auch über Jahre gehn: früher oder später wird unweigerlich der Augenblick kommen, in dem das „dialektische" Verhältnis von Lieben („Leben") und „Arbeiten" sich gegen die Geliebte kehren und sie an die Luft setzen wird. „Denn irgendwo ist eine alte Feindschaft zwischen dem Leben und der großen Arbeit": diese beiden berühmten Rilke-Zeilen von 1909 – aus dem *Requiem* für Paula Becker-Modersohn – treffen auf ihre Weise, was auch Benn wieder und wieder erfahren mußte, genau. Im Falle Gertrud Zenzes war der Augenblick schon im Herbst 1922 gekommen: „Zur Zeit", so erfuhr sie das Unvermeidliche durch einen Benn-Brief vom 18. September: „u. wie mir scheint, für eine lange Zeit muß ich allein leben u. werde Dich nicht sehn. Gehn wir also auseinander mit dem Bewußtsein, daß wir uns wieder treffen werden, daß zwischen uns nichts war u. sein wird als große Freundschaft, Glück u. Zärtlichkeit, so oft die Stunde schlug u. wenn sie wieder schlagen wird."

Das war keineswegs in den Wind gesprochen. Man blieb in brieflicher Verbindung, auch nachdem die Freundin Ende der zwanziger Jahre nach Amerika gegangen war und dort geheiratet hatte. Ab 1931 dann lange Pause bis über die Dauer des Zweiten Weltkrieges hinaus. Bis endlich im November 1946 ein Brief aus Amerika eintrifft, der für Benn, so schreibt er zurück, „eine der größten Freuden seit Kriegsende“ gewesen ist. Die Verbindung ist wiederhergestellt, die Freundschaft gewahrt.

Als Benn sein Quartier in der Belle-Alliance-Straße bezog, lag es gerade zwei Tage zurück, daß in Petersburg die siegreichen Bolschewiki den Genossen Lenin zum „Vorsitzenden des Rates der Volkskommissare“ gewählt hatten. Als er es ein Jahr lang bewohnt hatte, wurde in Berlin die Republik ausgerufen, der Kaiser zur Abdankung und zur Flucht ins Ausland gezwungen. Beides Ereignisse von unabsehbarer Tragweite: „Menschheitsdämmerung“ auf den Straßen von Berlin. Zwei Stunden nach der Proklamation der „deutschen Republik“ durch Scheidemann hatte Karl Liebknecht im Schloß am Lustgarten die „freie sozialistische Republik“ angekündigt. Im Januar 1919 trat dann Spartakus zum offenen Angriff gegen die Regierung Ebert an: erste Phase einer bürgerkriegsartigen Auseinandersetzung zwischen Revolution und Revolution, die nach der Ermordung von Liebknecht und Rosa Luxemburg am 15. Januar von Woche zu Woche bösartigere Formen annahm und zeitweise mit Maschinengewehren, Haubitzen, sogar mit Flugzeugen ausgetragen wurde, im übrigen durch scheußliche Mordtaten auf beiden Seiten Entsetzen erregte.

Wir zitieren einige Passagen aus den Aufzeichnungen des Grafen Harry Keßler, der mit seinen *Tagebüchern 1918–1937* (Frankfurt 1979) zum klassischen Berichterstatter über Politik, Kunst und Gesellschaft der „Weimarer Zeit“ wurde. Eintrag vom 5. Januar: „Ich fuhr nachmittags um fünf zum Alexanderplatz, um zu sehen, wie die Sache steht. Um diese Zeit war jedenfalls Spartakus im Besitz des Polizeipräsidiums. Davor staute sich eine dichte Menschenmenge, alle Elektrischen standen, und vom Balkon redet Liebknecht. Ich hörte ihn zum ersten Male; er redet wie ein Pastor, mit salbungsvollem Pathos, langsam und gefühlvoll die Worte singend. Man sah ihn nicht, weil er aus einem verdunkelten Zimmer sprach, man verstand nur einzelne von seinen Worten, aber der Singsang seiner Stimme tönte über die lautlos lauschende Menge bis weit hinten in den Platz. Am Schluß brüllte alles im Chore ‚Hoch‘, rote

Fahnen bewegten sich, Tausende von Händen und Hüten flogen auf. Er war wie ein unsichtbarer Priester der Revolution, ein geheimnisvolles tönendes Symbol, zu dem diese Leute aufblickten. Halb schien das Ganze eine Messe, halb ein riesiges Konventikel. Die Welle des Bolschewismus, der von Osten kommt, hat etwas von der Überflutung durch Mohammed im siebenten Jahrhundert. Fanatismus und Waffen im Dienste einer unklaren neuen Hoffnung, der weithin nur Trümmer alter Weltanschauungen entgegenstehen. Die Fahne des Propheten weht auch vor Lenins Heeren."

Einen Tag später: „Vor Wertheim steht aufgereiht eine Schar bewaffneter Zivilisten, Gewehr bei Fuß; man weiß nicht, ob Regierung, ob Spartakus. Auf dem Potsdamer Platz ungeheure Menschenmengen; ein gewaltiger Regierungszug bewegt sich, meistens im Laufschritt, um aufzuschließen, in der Richtung nach dem Belle-Alliance-Platz. Fortwährend wird geschrien. Ganz Berlin ist ein brodelnder Hexenkessel, in dem Gewalten und Ideen durcheinanderquirlen. In der Tat handelt es sich heute um Weltgeschichtliches; nicht nur um den Fortbestand des deutschen Reiches oder des demokratisch-republikanischen Staates, sondern um die Entscheidung zwischen Ost und West, zwischen Krieg und Frieden, zwischen einer berauschenden Utopie und dem grauen Alltag. Nie seit den großen Tagen der Französischen Revolution hat so viel bei den Straßenkämpfen in einer Stadt für die Menschheit auf dem Spiel gestanden."

Und anderthalb Wochen später, zwei Tage nach Liebknechts Tod: „Abends in einem Kabarett in der Bellevuestraße. Rassige spanische Tänzerin. In ihre Nummer krachte ein Schuß hinein. Niemand achtete darauf. Geringer Eindruck der Revolution auf das großstädtische Leben. Dieses Leben ist so elementar, daß selbst eine weltgeschichtliche Revolution wie die jetzige wesentliche Störungen darin nicht verursacht. Das Babylonische, unermeßlich Tiefe, Chaotische und Gewaltige von Berlin ist mir erst durch die Revolution klargeworden, als sich zeigte, daß diese ungeheure Bewegung in dem noch viel ungeheureren Hin und Her von

Berlin nur kleine örtliche Störungen verursachte, wie wenn ein Elefant einen Stich mit einem Taschenmesser bekommt. Er schüttelt sich, aber schreitet weiter, als ob nichts geschehen wäre."

Für Benn konnte die Revolution als „Erlebnis" so wenig ein Thema sein, wie der Krieg eines gewesen war; auch wäre es ihm kaum eingefallen, sich expressis verbis mit ihren politischen Zielen zu identifizieren, wie es damals die Becher und Rubiner, die Pfemfert, Einstein, Grosz, Wieland Herzfelde und viele andere Berliner Künstler und Literaten getan haben. Wenn seine Stimme für etwas sprach, das über die eigene Person hinausging ins Große und Ganze, so war es jenes gewaltige, chaotische und babylonische Berlin, von dem bei Keßler die Rede war. Trotzdem konnte die Sprache seiner Lyrik als radikal antibürgerlich empfunden werden, als „revolutionär" im Sinne der politischen Stunde. So jedenfalls urteilt sein Brüsseler Freund Sternheim in einem 1918 in der Reihe DER ROTE HAHN erschienenen Bändchen *Prosa*: „Aber einer der wenigen", so drückt er sich aus, „die bei des Nachwuchses Musterung ich tauglich fand, morsche Vorstellungen aus Fesseln zu lösen, ... sei früh genug genannt ...: Gottfried Benn ... Benn ist der wahrhaft Aufständische. Aus den Atomen heraus, nicht an der Oberfläche revoltiert er; erschüttert Begriffe von innen her, daß Sprache wankt und Bürger platt auf Bauch und Nase liegen." Und der Lyriker Oskar Loerke (1884–1941), seit 1917 Lektor beim Berliner S. Fischer Verlag, schrieb in der *Neuen Rundschau*: „Freilich die Stücke in dem Zyklus ‚Morgue', die uns vor Jahren durch ihre Kühnheit erstaunlich waren, wirken heute wie Stilleben mit Leichenteilen ... Benn schleudert fast wahllos Unrat und Sternenmasse. Er stammelt, stöhnt, schreit. Manchmal möchte man seine herausfordernde Besessenheit verspotten. Doch aus der Stelle, die man mit kalter Hand berührt, fährt ein Schlag."

Beide Urteile beziehen sich auf den Gedichtband *Fleisch*, der 1917 herausgekommen war. *Fleisch* hängt thematisch und stilistisch mit *Morgue* und *Söhne* zusammen, mit dieser wenig umfangreichen Sammlung wird, was man summarisch die Bennsche Jugendlyrik nennen kann, zum Abschluß gebracht. Das Titelgedicht präsentiert sich als eine Mischform aus Oratorium und Szene, die von redenden Kadavern bestritten wird: das Genus humanum noch einmal in der Leichenkeller-Perspektive, Auftritte von toten Männern, ein Jüngling, eine Kinderstimme, ein Selbstmörder – und wiederkehrend chorisches Geschrei. Was hier in teils monologischer, teils dialogischer Form zur Sprache gebracht wird, ist alles andere als „politisch", und dennoch empfindet man es als einen Ausdruck von passionierter Zeitgenossenschaft. Es verhält sich korrespondierend zur allgemeinen Lage, indem es die Wildheit der Zeitläufte, das Grauen über Europas Leichenwüsteneien, das chaotische Gären im Gefüge der Gesellschaft, den Drang nach Umsturz und Zerstörung: dies alles auf mittelbare Weise „reflektiert".

Benns sprachlicher Radikalismus hat hier alles Vorangegangene noch einmal hinter sich gelassen, ein furioser Lästerungsdrang beherrscht die Partitur – „nun werft zwölf tote Hunde hier herum, / dann riecht es wie nach uns ..." – und Sternheim hatte gewiß nicht unrecht, wenn er hier einen ganz unerhört neuen Tonfall vernommen haben wollte. Man darf immerhin daran erinnern, daß auch in dieser Unerhörtheit noch Überliefertes gewissermaßen wiederkehrt: ältere und uralte Ausdrucksmuster, der Fleischeshaß der Manichäer, die christlich-barocke Fleischesverzweiflung und Zerknirschungswut. „Ich, der ich Asch und Kot, mag ich mich unterfangen, / Den Sünd und Fluch beschwert, zu knien, Herr, vor dich?" Das ist siebzehntes Jahrhundert, Andreas Gryphius. Und dies ist, um viele Grade rabiater natürlich und doch nicht unverwandt, frühes zwanzigstes Jahrhundert:

> Kläfft nicht, ihr Laffen! Pack! Pöbel!
> Männer, behaart und brünstig, Frauentiere,
> feige und heimtückisch,
> aus eurem Kotleben fortgeschlagen,
> umgreint vom Menschenvieh.

Sprecher dieser Zeilen ist der Selbstmörder, der einzige in der ganzen Leichen-Sippschaft, dem menschliche Würde im klassischen Sinne des Wortes zugeschrieben wird. Er ist der Rebell schlechthin, der sich aus den Greueln menschlicher Fleischlichkeit mit eigener Hand befreit und somit die Idee der Freiheit so radikal wie möglich verwirklicht hat:

> Ich bin aufgestiegen wie ein junger Adler.
> So stand ich: nackt, vom kalten Sternenlicht
> umbrandet Stirn und Blut.

Benn hat sich viele Jahre später einmal – in einem Brief an eine Freundin – vom 22.2.1936 – auf nachdenklich-kritische Weise über die eigene Lyrik der spätexpressionistischen Jahre geäußert. Die Deutsche Verlagsanstalt hatte beschlossen, zu seinem bevorstehenden fünfzigsten Geburtstag eine Auswahl aus seinen Gedichten zu veröffentlichen, und er war gebeten worden, an der Zusammenstellung des Bandes mitzuwirken. „Bin mir selber mehr als zweifelhaft", so schreibt er, „wenn ich so die kläglichen Resultate der 25jährigen Dichterei betrachte. Muß ja jetzt wegen des Gedichtbandes alles mögliche alte Zeug wieder ansehn, finde zu so vielem gar keinen Weg mehr. Stehe vor Rätseln. Das war drin in mir? Mußte raus, Wort werden, galt als Schöpfung. Was für ein Inferno! Dies ist immer wieder mein Hauptempfinden dabei. Was für ein Gemisch von Heidentum, christlicher Innerlichkeit, Glauben u Haß, Zersprengen u. Sammeln, eben *Inferno*."

Es ist der Dichter der mittdreißiger Jahre, der so spricht, Autor von Gedichten über jahreszeitlich und landschaftlich inspirierte Motive, der in einer beruhigten, eher konservativ gestimmten Formensprache den Frieden mit der (deutschklassischen) Tradition geschlossen hat, ohne auch nur mit einer Silbe das eigene Jahrhundert zu verleugnen. (Heute gehören sie zu den Kronjuwelen der Anthologien, diese Gedichte.) Der fünfzigjährige Benn blickt mit Verwunderung und nicht ohne einen Anflug von Befremden auf die Produkte seiner infernalischen Periode. Doch er denkt nicht daran, sie zu verwerfen. Er steht zu ihnen, weil sie kompromißlos, weil sie radikal sind. „Aber es hat ja nur, nur Sinn“, sagt er, „wenn es rücksichtslos echt u. vorhanden war oder ist. Es gilt nur das *Absolute*. Nur das zählt.“ Und ein paar Zeilen später: „Was für ewige Gereiztheiten in meinem Kopf, Spüren nach Kunst, Ausdruck, Spannung, Überspannung bis zum Lächerlichen. Lieber lächerlich, als bürgerlich ...“

Benn hatte, als er dies schrieb, die Paradoxie seiner künstlerisch-bürgerlichen Doppelexistenz genau erkannt: einerseits die unerbittliche Antibürgerlichkeit seiner Kunstgesinnung, andererseits: „... immer in Gefahr, aus der Insel der bürgerlichen Existenz, auf die man sich rettete, ausgestoßen zu werden.“ Fazit 1936, mit einer gräßlichen Beimischung von Galgenhumor: „Ein Rätsel, das Ganze. Und dabei eigentlich noch großzügig von Staat u. Volk, daß sie nicht zur direkten Vernichtung schreiten.“

Eine Rückblende – noch einmal – in das Jahr 1917 zeigt uns, daß die Lage damals wesentlich anders war. Nicht eigentlich lebensgefährlich, aber problematisch genug und weniger rätselhaft, was den Verlauf der Fronten betrifft. Es gab noch die Kaiserliche Zensur, die vor allem den Bühnenautoren – wie Sternheim und Wedekind – das Leben sauer machte. Das bürgerliche Normensystem, politisch, ästhetisch, moralisch, war offiziell noch vollauf in Kraft. Für den avantgardistischen Autor war das Bürgertum, dem er selbst entstammte, so etwas wie der Klassenfeind. Eine Veröffentlichung wie *Fleisch* war, was Loerke eine Herausforderung nennt, es war für die überwiegende Mehrheit des lesenden Publikums eine Pandorabüchse voller Unerträglichkeiten. „Unerträglich“ gilt dabei nicht allein für die maniakalischen Verbalexzesse des Titelgedichts, es gilt auch für die beiden schon genannten Kokain-Gedichte und für das in dem Brief an Lohner erwähnte Schlußgedicht *Synthese*, in welchem das lyrische Ich sich aus den Fleischesgreueln zurückzieht, sich als pures, nur noch sich selbst begreifendes Bewußtsein von der „Welt“ überhaupt distanziert:

Ich bin gehirnlich heimgekehrt
aus Höhlen, Himmeln, Dreck und Vieh.

Auch was sich noch der Frau gewährt,
ist dunkle süße Onanie.

Ich wälze Welt. Ich röchle Raub.
Und nächtens nackte ich im Glück:
es ringt kein Tod, es stinkt kein Staub
mich, Ich-Begriff, zur Welt zurück.

Es gilt wohl mehr oder weniger für das gesamte Corpus dieser unter den Stichworten *Nachtcafé*, *Der Arzt* und *Der Psychiater* zyklisch gruppierten Texte, es gilt nicht zuletzt für die berühmt-berüchtigte Anfangszeile des zweiten *Arzt*-Gedichtes:

Die Krone der Schöpfung, das Schwein, der Mensch –.

Unerträglich? Aber es handelt sich ja bei diesem Wüstling um einen Dichter, dem es um ganz zentrale, seit Menschengedenken immer wieder gestellte Kardinalfragen des Menschseins zu tun war, und ein geschulter Leser hätte das erkennen müssen. (Leser wie Pfemfert und Loerke *haben* es erkannt.) Zum Beispiel dieses großartige, schon 1915 in den *Weißen Blättern* zum ersten Male gedruckte *Ikarus*-Gedicht, das uns so lebhaft an Rilkes vierte *Duineser Elegie* erinnert, auch eine gewisse thematische Gemeinsamkeit mit Schillers idealistischer Natur- und Geist-Dialektik nicht leugnen kann:

Das Tier lebt Tag um Tag
und hat an seinem Euter kein Erinnern,
der Hang schweigt seine Blume in das Licht
und wird zerstört.

Nur ich, mit Wächter zwischen Blut und Pranke,
ein hirnzerfressenes Aas, mit Flüchen
im Nichts zergellend, bespien mit Worten,
veräfft vom Licht –

Eine eingehende kritische Würdigung von Benns drittem Lyrikband, die auch das Abseitigste und Schwierigste zu berücksichtigen hätte, müssen wir uns im Rahmen dieser Darstellung versagen; doch gibt es da noch ein besonderes Interesse an dem Zyklus *Nachtcafé*, das wir nicht stillschweigend übergehen wollen. Das Nachtcafé war für den jungen Benn der Ort, wo das, was wir das todverfallene, sexhypertrophe Skandalon menschlicher Fleischlichkeit genannt haben, als gesellschaftlich-kommunikative Veranstaltung in Erscheinung tritt. Es war die moderne City als pathologisches Syndrom, es war das „Bürgerliche" in schäbig-schamloser Heruntergekommenheit, der Amüsierbetrieb als Gegenstück zum anatomischen Institut. Als solches hat ihn das Nachtcafé von 1912 bis 1917 immer wieder beschäftigt, so anhaltend, daß es gewissermaßen zum Markenartikel seiner Werkstatt werden konnte: *Dr. Benns Nachtcafé* heißt eine berühmte Zeichnung von George Grosz aus dem Jahre 1918, die das horrende Milieu auf kongeniale Weise ins Graphische übersetzt hat. Benns früheste Version ist in *Morgue* enthalten und fünf Jahre später auch in den fünfteiligen Zyklus des Bandes *Fleisch* aufgenommen worden:

> 824: Der Frauen Liebe und Leben.
> Das Cello trinkt rasch mal. Die Flöte
> rülpst tief drei Takte lang: das schöne Abendbrot.
> Die Trommel liest den Kriminalroman zu Ende.
>
> Grüne Zähne, Pickel im Gesicht
> winkt einer Lidrandentzündung.
>
> Fett im Haar
> spricht zu offenem Mund mit Rachenmandel
> Glaube Liebe Hoffnung um den Hals.
>
> Junger Kropf ist Sattelnase gut.
> Er bezahlt für sie drei Biere.
>
> Bartflechte kauft Nelken,
> Doppelkinn zu erweichen.
>
> B-moll: die 35. Sonate.
> Zwei Augen brüllen auf:

Spritzt nicht das Blut von Chopin in den Saal,
damit das Pack drauf rumlatscht!
Schluß! He, Gigi! –

Die Tür fließt hin: Ein Weib:
Wüste ausgedörrt. Kanaanitisch braun.
Keusch. Höhlenreich. Ein Duft kommt mit. Kaum Duft.
Es ist nur eine süße Vorwölbung der Luft
gegen mein Gehirn.

Eine Fettleibigkeit trippelt hinterher.

Man kann das als „Satire“ lesen: auf die grotesk deformierten Erscheinungsformen der niederen Minne im „Bauch von Berlin“, und man muß sich gar nicht einmal genieren, bei einer klassischen Definition wie „In der Satire wird die Wirklichkeit als Mangel dem Ideal als der höchsten Realität gegenübergestellt“ (Schiller) Hilfe zu suchen, um das Kontrastverhältnis, das diesem Text eingezeichnet ist, zu verdeutlichen. Welches nämlich ist das „Ideal“, dem Kropf und Sattelnase, Pickelgesicht und Lidrandentzündung, der rülpsende Flötist und das biertrinkende Cello „gegenübergestellt“ werden? Es wird zweimal genannt, einmal als Robert Schumanns Opus 42 *(Der Frauen Liebe und Leben)* und einmal als Chopins Opus 35, die *B-moll-Sonate* mit dem hochberühmten Trauermarsch. Also jeweils ein Stück großer Kunst, Kunst als „höchste Realität“, die der „Wirklichkeit als Mangel“ als die allein sinn- und wertstiftende Instanz, als das wahre Summum bonum gegenübergestellt ist. Dazu eine Briefstelle aus dem Jahre 1922, die man, wenn auch vielleicht faszinierend, so doch moralisch überaus bedenklich nennen muß: „Es mag auch sein, daß ich menschliches Leid nicht mag, da es nicht Leid der Kunst ist, sondern nur Leid des Herzens. Sehe ich menschlichen Gram, denke ich: nebbich; sehe ich Kunst, Erstarrtes aus Distanz u. Melancholie, aus Trauer u. Verworfenheit …, denke ich: wunderschön“ (an Gertrud Zenzes). Mit der Ästhetik der Weimarer Klassik hat das nichts mehr zu tun.

Drei weitere *Nachtcafé*-Gedichte erschienen Anfang 1914 in der

Aktion; zwei von ihnen werden im *Fleisch*-Zyklus noch einmal wiederkehren. Hier erscheint nun, im ersten der beiden Texte, das Stichwort, das uns interessiert, zum ersten Male, um danach in Benns Lyrik und Prosa, als Selbstzitat und Inbegriff immer einmal wieder aufzutauchen: das *Weserlied*.

Das Wort wird an einer Stelle eingesetzt, wo es durch sein sprachliches Umfeld „zur Kenntlichkeit entstellt" erscheint: als ein das „Gemüt" ansprechender Sangesdusel von unerträglicher Sentimentalität. Das Umfeld suggeriert die Vorstellung von hundsordinärer Hurerei, die mit „gemüts"-bezogenem Wort-„Kakao" übergossen ist:

> Es lohnt kaum den Kakao. Dann schiebt man ein
> und stürzt: ich bin an Gottes Saum hervor;
> liebst du mich auch? Ich war so sehr allein.

So die erste Periode von *Nachtcafé IV*. Am Schluß des Gedichts, in der dritten Periode, scheint der Text zu explodieren: in einer wildbizarren, die Selbstverflüssigung des menschlichen Organismus prophezeienden Hyperbel:

> ... Fleischlaub und Hurenherbste,
> ein welker Streif. Fett furcht sich. Gruben röhren:
> das Fleisch ist flüssig; gieß es, wie du willst,
> um dich;
> ein Spalt voll Schreie unser Mund.

Zwischen jener ersten und dieser dritten Periode aber haben wir das Vergnügen mit einer eher fatalen Ausgeburt des Kunstprinzips:

> Das Weserlied erregt die Sau gemütlich.
> Die Lippen weinen mit. Den Strom herunter
> das süße Tal! Da sitzt sie mit der Laute.

Laute, Tal, Strom sind Anspielungen, sind Partikel aus dem Wortschatz des Weserlieddichters, der mehr als einmal sein heimatliches Gewässer besungen hat und der in spätwilhelminischer Zeit immer noch so volkstümlich gewesen sein muß, daß er beziehungsweise sein Produkt für die rebellischen Köpfe der expressionistischen Generation zum Inbegriff „bürgerlichen“ Sprachverhaltens, „bürgerlicher“ Mentalität überhaupt werden konnte. Bürgerlich, das war der schiere Kitsch, der faule Zauber mit dem deutschen Gemüt, es war das intellektuell Unernste, ja Unmündige, es war die Welt von gestern, das Elend der „guten alten Zeit“, für Benn nicht so sehr, wie für George Grosz, im sozialkritisch-politischen als vielmehr im sprachkritisch-ästhetischen Sinn. Noch 1934, im *Lebensweg eines Intellektualisten*, findet sich ein Satz wie: „Denken ist zynisch, es findet hauptsächlich in Berlin statt, an seiner Stelle wird das Weserlied empfohlen“: eine amüsante, aber in dem gegebenen Zusammenhang zweideutig schillernde Bemerkung, da sie ja recht eigentlich auch gegen diejenigen gerichtet ist, mit denen sich der Autor eben erst solidarisch erklärt hat: die braunen Machtergreifer.

Während des expressionistischen Jahrzehnts und in der „Weimarer Zeit“ war der Ausdruck in einem unmißverständlich linkspolitischen Sinne gebraucht worden: nicht nur gegen den Geschmack des Bürgers, sondern gegen seine Lebenswelt, sein „System“ überhaupt. *Weserlied* als Inbegriff mit Topos-Charakter muß so etwas wie ein Signal gewesen sein, um sich unter Gleichgesinnten auszuweisen. So haben nach Bennschem Muster auch Einstein und Sternheim das Wort verwendet, Einstein zum Beispiel in einem Aufsatz über *Die Pleite des deutschen Films*, der 1922 im *Querschnitt* veröffentlicht wurde. „Und wenn nichts mehr zieht“, so heißt es dort, „finanziert man den historischen Ausstattungsfilm, also Zirkusrevue ohne Technik und protzige Meiningerei; dazwischen einige stürmisch pulsierende Gummibusen, eine Sieglindeposition ‚als ob‘ und im Orchester das Weserlied in Ganztonleiter.“ Ähnlich abschätzig äußert sich Sternheim kurz nach dem Kriege über gewisse literarische Zeitgenossen mit pseudorevolutionärer Attitüde: „Überall klang aus dem Donner ihrer künstlich gemachten Gewitter irgendwie friedlich das Weserlied.“

Als Verfasser der solchermaßen zu sprichwörtlichen Unehren

verketzerten Reimerei zeichnet ein Mann, der zu seiner Zeit in hohem Ansehen stand und in den Nachschlagewerken noch heute zu finden ist: Franz Freiherr von Dingelstedt, geboren 1814 in einem Dorf bei Kassel, gestorben 1881 in Wien. Er war ursprünglich Gymnasiallehrer gewesen, war aber wegen der Veröffentlichung eines satirischen Romans mit jungdeutscher Tendenz fristlos entlassen worden und einige Jahre lang als Korrespondent für die hochrenommierte *Allgemeine Zeitung* in Paris, London und Wien tätig gewesen. Später, nach politischem Sinneswandel, machte er als Hofrat in Stuttgart, Intendant des Hoftheaters in München (wo er in den Adelsstand erhoben wurde), als Generalintendant in Weimar und Direktor des Wiener Burgtheaters eine steil nach oben führende Karriere; seine Verdienste um das damals moderne deutsche Drama (Hebbel!) und um die Shakespeare-Pflege auf der deutschen Bühne sind unbestritten. Er verdient es kaum, wegen seines *Weserliedes* an den Pranger gestellt zu werden. Es war der Sprachgeist der Jahrhundertmitte, den man für sein Produkt verantwortlich machen muß, es war der zu epigonaler Seichtheit heruntergekommene Poesiebegriff, der Autoren wie Geibel und Heyse zu Laureaten aufsteigen ließ, nicht zuletzt war es ein allzu dankbares, *Gartenlaube*-orientiertes bürgerliches Publikum. Wie also lautet sein Text? Dies ist er:

Hier hab ich so manches liebe Mal
Mit meiner Laute gesessen,
Hinunterblickend ins weite Tal
Mein selbst und der Welt vergessen.
Um mich klang es so froh und hehr,
Und über mir tagt es so helle,
Und unten brauste das ferne Wehr
Und der Weser blitzende Welle.

Wie liebender Sang aus geliebtem Mund,
So flüstert es rings durch die Bäume.
Und aus des Tales offnem Grund
Begrüßen mich nickende Träume,

Und um mich klang es so froh und hehr,
Und über mir tagt es so helle,
Und unten brauste das ferne Wehr
Und der Weser blitzende Welle.

Da sitz' ich aufs neue und spähe umher
Und lausche hinauf und hernieder,
Die holden Weisen rauschen nicht mehr
Die Träume kehren nicht wieder.
Die süßen Bilder, wie weit, wie weit!
Wie schwer der Himmel, wie trübe!
Fahr wohl, fahr wohl, du selige Zeit!
Fahrt wohl, ihr Träume der Liebe.

Anbruch der Weimarer Zeit

Benn um 1920. Er ist also wieder in Berlin, hat die Familie und sich selber in zwei verschiedenen Wohnungen untergebracht, das Kriegsende liegt hinter ihm, und was die Revolution angeht, so hat er sie unter den eigenen Fenstern mehr oder weniger „erlebt", aber nicht geradezu als die Morgenröte einer neuen Zeit betrachtet: „Hohenzollern oder Republik, das ist Jacke wie Hose", heißt es 1927 in dem Aufsatz *Kunst und Staat*. Wie wird es nun mit ihm weitergehen? Merkwürdig ist, daß die beiden selbstverfaßten Lebensabrisse, die wir zu Rate gezogen haben, der *Epilog* zu den *Gesammelten Schriften* nicht anders als die Selbstdarstellung in *Lebensweg eines Intellektualisten* das eigene Curriculum vitae jeweils nur bis einschließlich Brüssel mitzuteilen für richtig halten, dann aber, kaum ist Brüssel genannt und gewürdigt, in eine essayistisch divagierende, die Lage der Welt und des Ich, vornehmlich aber die eigene Kunstübung behandelnde Vortragsweise überwechseln. Wie ist das zu verstehen? Der Werdegang des Menschen Gottfried Benn, so wird uns bedeutet, den im einzelnen zu datieren der Mühe wert sein mag, soll mit der Vollendung des dreißigsten Lebensjahres abgeschlossen sein. Was danach kommt, ist Gegenwart in verschiedenen Varianten, Leben als „statische" Angelegenheit. Als Benn 1928, sechs Jahre nach den *Gesammelten Schriften*, einen weiteren Sammelband, der diesmal ausschließlich Prosa enthielt, hinausgehen ließ, da war auch der *Epilog* von 1922 wieder dabei, doch hatte er ihn um ein paar Seiten, außerordentlich brillante, nachmals berühmt gewordene Seiten zum Thema „lyrisches Ich", verlängert. Das Stück erschien jetzt unter dem Titel *Epilog und lyrisches Ich*.

„Einige Jahre später. Neue Arbeiten, neue Versuche des lyrischen Ich. Digestive Prozesse, heuristische Kongestionen …“: so beginnt das zusätzliche Stück Text von 1928. Nicht die Spur von einer Verbalform, nur herrisch auftretende, vollgewichtige Substantive und basta. Keinerlei temporäre Bezüge oder Perspektiven. Auch wo der Autor von sich selber spricht, wird rigoros vergegenwärtigt. Es gilt eine „Lage“, einen Zustand zu beschreiben, und als Subjekt präsentiert sich ein unpersönliches „man“, da ja die Ichform – qua „lyrisches Ich“ – für die laut Nietzsche „höchste Aufgabe und eigentlich metaphorische Tätigkeit“ des späten Abendländers reserviert ist: „Man lebt vor sich hin sein Leben. Das Leben der Banalitäten und Ermüdbarkeiten, in einem Land reich an kühlen und schattenvollen Stunden, chronologisch in einer Denkepoche, die ihr flaches mythenentleertes Milieu induktiv peripheriert, in einem Beruf kapitalistisch-opportunistischen Kalibers, man lebt zwischen Antennen, Chloriden, Dieselmotoren, man lebt in Berlin.“

An die eigene Jugend denkt man eher kühl und im Stil eines medizinisch geschulten Sachverständigen für Jugendfragen zurück: „Die Jahre der Jugend sind vorbei, der illusionären Hyperbolik, erloschen das Fieber der individuellen Dithyrambie. Im Wachen, im Schlafen, in den horizontalen wie vertikalen Lagen … Was sind Beziehungen – ach, alles ist möglich; Kummer und Tränen – ja, sowas gibt's. Aufbau des Ich – für welche Ordnung; über mir Ziele – in wessen Raum? Man lebt vor sich hin, schon im Alter des Entgleitens mit dem prämorbiden Auge für die Züge des Vergehns.“ Man ist erst knapp über vierzig, aber in der nun folgenden poetologischen Rhapsodie auf die „große Stunde“ des lyrischen Ichs, auf die „fremdartige Macht der Stunde, aus der Gebilde drängen unter der formfordernden Gewalt des Nichts“, nimmt man gewissermaßen die eigene Spätzeit schon vorweg: „Worte, Worte – Substantive! Sie brauchen nur die Schwingen zu öffnen, und Jahrtausende entfallen ihrem Flug. Nehmen Sie Anemonenwald, also zwischen Stämmen feines, kleines Kraut, ja über sie hinaus Narzissenwiesen, aller Kelche Rauch und Qualm …“ Es handelt sich hier um das Kernstück von Benns Ars poetica, eine

Lehre von der Dichtung, die selber ein dichterisches Ereignis ist. Hier ist sie, und von jetzt ab wird sie gültig sein in perennierender Gegenwart, unverrückbar jedes Wort, abrufbar für Selbstzitate ad libitum, und fünfundzwanzig Jahre später, in *Probleme der Lyrik*, wird sie, herrlich und erquickend wie am ersten Tag, wieder Platz nehmen in dem ihr zugewiesenen Zusammenhang, als wäre sie dem Hirn des Meisters eben erst entsprungen. –

Benn um 1920. Die Anthologie *Menschheitsdämmerung*, die erfolgreichste und berühmteste Anthologie der expressionistischen Lyrik, war bei Rowohlt in Berlin mit der Jahreszahl 1920 schon Ende 1919 herausgekommen, und Benn war mit einer Auswahl von acht Gedichten in ihr vertreten: zwei Texte aus *Morgue*: *Kleine Aster* und *Mann und Frau gehn durch die Krebsbaracke*, zwei aus *Fleisch*, nämlich *Synthese* und das Kokain-Gedicht *O Nacht* –, ferner *Der junge Hebbel* (aus *Söhne*), das wild-lodernde *D-Zug*-Gedicht von 1912 – „Braun wie Kognak. Braun wie Laub. Rotbraun. Malaiengelb. / D-Zug Berlin–Trelleborg und die Ostseebäder“ –, die *Karyatide* von 1916 und die schon nachdrücklich zitierten *Gesänge* von 1913, eines der schönsten deutschen Gedichte der Epoche. Unter den dreiundzwanzig Autoren, die der Herausgeber aufgenommen hat, gehört Benn neben Trakl, Heym, Stadler und – vielleicht – Werfel gewiß zu den vier oder fünf bedeutendsten, aber das konnte damals mit Sicherheit noch kaum jemand wissen. Auch Pinthus nicht, obwohl man ihm einräumen muß, daß seine Benn-Auswahl vortrefflich ist. Bezeichnend ist seine Vorliebe für Werfel, den er mit siebenundzwanzig Gedichten als den Primus omnium der Sammlung ganz nach vorne stellt. Es war das *Wir sind-* und *Einander*-Gefühl der Werfelschen Lyrik, das auch ihn beseelte. Es war das pathetische Gemeinschaftserlebnis der expressionistischen Generation. Weshalb er denn auch sein Buch mit dem Untertitel *Symphonie jüngster Dichtung* hinausgehen ließ. „Dies Buch“, so schreibt er in seinem Vorwort, „nennt sich nicht nur ‚eine Sammlung‘. Es *ist* Sammlung!: Sammlung der Erschütterungen und Leidenschaften, Sammlung von Sehnsucht, Glück und Qual einer Epoche – unserer Epoche. Es ist gesammelte Projektion menschlicher Bewegung aus der Zeit in die Zeit ..." Und ferner: „Man scheide nicht das Aufeinanderfolgende auseinander, sondern man höre zusammen, zugleich, simultan. Man höre den Zusammenklang dichtender Stimmen: man höre symphonisch. Es ertönt die Musik unserer Zeit, das dröhnende Unisono der Herzen und Gehirne."

Daß der Autor von *Mann und Frau gehn durch die Krebsbaracke* ein Manifest wie dieses aus freien Stücken unterschrieben hätte, muß man bezweifeln. Für einen so schroffen Einzelgänger wie ihn hätte es ja etwas Unsinnigeres gar nicht geben können als ein „dröhnendes Unisono der Herzen und Gehirne". Aber freilich: auch für ihn gab es das Gemeinsame, das mächtiger ist als die Verschiedenheit der Charaktere und Positionen: Zeitgenossenschaft und den jugendlichen Lebenselan unter überpersönlichen Auspizien, und auch er konnte eine diskrete Art von Feierlichkeit entwickeln, wenn er das Verbindende betonen wollte: „Meine Generation!"

Menschheitsdämmerung war genau das richtige Buch im richtigen Augenblick, sein Titel hätte treffender gar nicht sein können: ein glänzender Einfall. Die erste Auflage war rasch vergriffen, noch 1920 mußten zwei weitere Auflagen gedruckt werden. Als zwei Jahre später noch einmal sechstausend Exemplare (15.–20. Tausend) gedruckt werden konnten, hatte Pinthus sein Vorwort durch einen „April 1922" datierten Zusatz – *Nachklang* – verlängert, um so etwas wie einen kritischen Nachruf auf den Expressionismus zu formulieren, in dem sich eine enttäuschte politische Hoffnung unmißverständlich zu erkennen gibt. „Manchem Leser", so schreibt er, „wird dieses Buch, dessen Dichtung als Fanfare und Fanal gewollt war und für kurze Zeit auch so wirken konnte, bereits als Herbarium erscheinen. Es ist wahr: manches ist für immer tot ..., manches zündet nicht mehr ..., manches ist Übergang und Wirrsal ... einiges jedoch ist so vollendet und schön, wie es nur einmal gedichtet werden kann ..., manches Gute ist schon in die Lesebücher übergegangen. Alles aber ist Zeugnis für die Glut einer inneren und äußeren Bewegung, die fast gänzlich wieder erloschen ist. Die Glut dieser Generation hatte sich aus Opposition gegen das Gewesene, Verwesende entzündet und konnte für Augenblicke in die Zukunft leuchten, aber nicht die Menschheit zur großen Tat oder zum großen Gefühl entflammen."

Er hat sich gefragt, ob er sein Werk aus gegebenem Anlaß revidieren, überarbeiten, auf den neuesten Stand der Entwicklung bringen soll, und er hat sich nun entschlossen, es nicht mehr zu verändern: „So ist ... dies Buch, mehr als ich beim Zusammenfügen ahnen konnte, ein abschließendes Werk geworden – und deshalb soll es bleiben wie es damals war: ein Zeugnis von tiefstem Leid und tiefstem Glück einer Generation, die fanatisch glaubte und glauben machen wollte, daß aus den Trümmern durch den Willen aller sofort das Paradies erblühen müsse. Die Peinigungen der Nachkriegszeit haben diesen Willen zerblasen ..."

Die Frage, wann es denn tatsächlich zu Ende gegangen ist mit „dem Expressionismus", läßt sich so eindeutig und rigoros, wie es hier geschieht, schwerlich beantworten. Die Literaturwissenschaft spricht von einer spät-expressionistischen Phase, die bis gegen die Mitte der zwanziger Jahre am Leben gewesen sein soll. Was Benn angeht, von dem man gesagt hat, daß er „bis zur letzten Stunde im wahrhaften Sinn Expressionist geblieben" sei (Kasimir Edschmid), so hat auch er nicht daran gedacht, eine faktische Lebensdauer der expressionistischen Literatur über die Mitte der zwanziger Jahre hinaus gelten zu lassen. So äußert er sich in dem schon zitierten Brief vom 22.2.1936 (der an die Schauspielerin Elinor Büller gerichtet war) wie folgt: „Wenn ich an die Jahre 1918–23 denke, die letzten ‚*Expressionistischen* Jahre', – mein Gott, was habe ich mich gepreßt u. massakriert u. erniedrigt u. gepeitscht, um Kunst zu machen, um zum letzten erfühlbaren *Ausdruck* zu kommen. Die Sonntage mit Hunger u. Kaffeetrinken bis zum Taumeln, die Nächte vielfach verbummelt, um noch müder, depressiver, mürber zu sein."

Wie war die Lage? Man konnte ja im Ernst nicht Frieden nennen, was auf die Unterzeichnung des Waffenstillstands zwischen Deutschland und den Alliierten am 11. November 1918 gefolgt war. Es war das Chaos auf Jahre hinaus, es war die Krise in Permanenz, voll von „Lärm und Wut" (sound and fury), um es mit

Shakespeares Macbeth zu sagen. Einerseits der unmenschliche Druck von außen: die „archaische und blinde Tributpolitik der den Frieden diktierenden Staaten“ (so Thomas Mann noch im Herbst 1930), die jede Chance einer wirtschaftlichen Erholung schon im Keim ersticken mußte. Andererseits das himmelschreiende Elend und die politische Instabilität im Innern. Hungersnöte, Seuchen, extrem hohe Kindersterblichkeit. Das politische Leben – trotz der bildschönen Verfassung, die man sich gegeben hatte – war krank, war morsch bis auf die Knochen, die Regierung in ständiger Bedrängnis, ständig mit dem Rücken an der Wand. Freikorps, Fememörder, dilettantische Putschisten – wie Kapp und Lüttwitz im März 1920 – von rechts, und bewaffnete Arbeiteraufstände – so im März 1919 in Berlin, ein Jahr später im Ruhrgebiet und 1921 in Sachsen – von links. Eine Reihe von führenden Politikern der Republik, wie Eisner (1919), Erzberger (1921) und Rathenau (1922) wurden auf offener Straße ermordet; mehrere Versuche, die Räterepublik zu etablieren, wurden nach kurzer Lebensdauer durch Regierungstruppen und „weiße“ Freikorps wieder aus der Welt geschafft und zu den Akten gelegt. So 1919 in Bremen und Bayern, zum letztenmal im Frühjahr 1920 im Vogtland, mit dem einunddreißigjährigen Kommunisten Max Hölz (1889–1933) als „Präsident“. Dazu die trabende, ab Sommer 1922 galoppierende Inflation, die erst am 15. November 1923, als der Dollarkurs eine Höhe von 4,2 Billionen Mark erreicht hatte, durch eine Währungsreform gestoppt wurde. Im Januar desselben Jahres waren Frankreich und Belgien mit Artillerie, Panzern und sechzigtausend Mann ins Ruhrgebiet einmarschiert, um das Reich für sogenannte absichtliche Verstöße gegen den Versailler Vertrag zu bestrafen und Faustpfänder in ihre Gewalt zu bringen. –

Wer damals in Berlin war, hatte Gelegenheit, eine Entwicklung zu studieren, die man, je nach Perspektive, als einen allgemeinen Verfall der Sitten oder aber als einen radikal emanzipatorischen, tabu-zertrümmernden Entbürgerlichungsprozeß erklären konnte. Die sexuelle Libertinage hatte bald spätrömische Formen angenommen, Stichwort: Trimalchio – aus dem *Satiricon* des Petronius –, mit dem Benns Gedicht *Puff* (1921) beginnt:

> Trimalchio dem entsprungnen Blut,
> dem freien Embonpoint ein Fett,
> der hehre Menschenschädel ruht
> verstreut im Bett.

Man zeigte Filme mit Titeln wie *Moral und Sinnlichkeit*, *Hyänen der Lust* oder *Venus im Pelz**. Es war die Stunde der „Raffkes", der Schieber, der Nutten auf dem Kurfürstendamm und der „Koks"-Dealer am Bahnhof Zoo. Das Chaos trieb Blüten: in Nacht- und Nackt-Clubs, in Transvestitenlokalen und getarnten Spielbanken, es war, was Benn die „Orgie 1920" genannt hat, Papiergeldtaumel mit einem Aspekt von Tanz auf dem Vulkan, und getanzt wurde nach der neuen schwarzen Musik aus New Orleans, Ragtime oder Jazz genannt, die eben im Begriff war, die europäischen Metropolen zu erobern.

Und dies Berlin – mit allen seinen „Verfallserscheinungen" – ist dann eben doch die Stadt gewesen, in der ein so erstaunliches, bis heute faszinierendes Produkt wie die „Kultur von Weimar" entstehen sollte. Berlin als ein Gegenstand nostalgischer Erinnerungen für mehrere Generationen von Intellektuellen, nicht nur im Bereich des deutschen Sprachraumes. Wir zitieren ein paar Sätze aus einem Text, der Ende der sechziger Jahre in der *New York Times* veröffentlicht worden ist: „Es gab in den zwanziger Jahren keinen Ort, der mit Berlin zu vergleichen gewesen wäre. Als die Hauptstadt der modernen Bewegung in Literatur und Kunst, bahnbrechend in Sachen Film und Theater, in den Sozialwissenschaften und in der Psychoanalyse, war es die Stadt der ‚Dreigroschenoper' und des ‚Kabinetts des Dr. Caligari', es war die Wiege der Jugendbewegung und einer unerhörten sexuellen Freiheit. Es war das Mekka einer ganzen Generation von Isherwoods, und es ist in die Geschichte eingegangen als das Zentrum eines neuen perikleischen Zeitalters." Aus einer Besprechung – vom 24. 11. 1968 –

* nach dem gleichnamigen Roman von Leopold Ritter von Sacher-Masoch.

des Buches *Weimar Culture* von Peter Gay. Der Rezensent ist Walter Laqueur (geb. 1921), deutscher Emigrant und amerikanischer Professor für Zeitgeschichte und „Geschichte der historischen Ideen". Die Nennung des englischen Schriftstellers Christopher Isherwood (1904–1986) impliziert eine Anspielung auf dessen Aufenthalt in Berlin in den Jahren 1928 bis 1933 und sein Erinnerungsbuch *Goodbye to Berlin* (1939), das seinerseits zur stofflichen Quelle geworden ist für den renommierten amerikanischen Spielfilm *Cabaret* (1972) mit Liza Minnelli in der Hauptrolle.

Was übrigens die „Orgie 1920" angeht, so findet sie sich im Text eines Gedichts, das Benn unter dem Titel *Prolog* (später in *Prolog 1920* umgeändert) an den Anfang der *Gesammelten Schriften* von 1922 gesetzt hat, so daß es dem bewußten *Epilog* symmetrisch gegenübersteht. Thema dieses umfangreichen Vorspruchs – das läßt schon die Jahreszahl erkennen – ist der geschichtliche Augenblick als kulturkritisches Problem. Was diesen Autor interessiert, ist freilich weder die politische Misere des Landes noch die sittengeschichtliche Krise der Gesellschaft, es ist die Bewußtseinslage des Kulturkreises in der jetzt und hier gegebenen Befindlichkeit, eine Lage, die ganz wesentlich durch das Versinken der überlieferten mythisch-religiösen Horizonte zu definieren ist. Die Menschheit hat ihre metaphysische Behausung verloren und sieht sich mit einem melancholisch-unwiderruflichen „Nevermore" konfrontiert. So heißt es in der zweiten Periode des Gedichts:

> Die Kreuze wildern auf der Schädelstätte,
> Götzen und Häscher, blutflüssig dürstende
> Pilatusschnauzen, Tempeljalousien
> zerreißen unaufhörlich, mitternächtlich
> krähn Hühnerhöfe, Zucht- und Brutkomplexe,
> Verrat an Gott- und Menschen-Familiärem,
> niemand weint bitterlich, man lacht, man lacht,
> he, he, die Schädelstätte Abendland,
> beschädigte Crescenzen, Wermutsterne,
> die Orgie 1920.

Schädelstätte ist bekanntlich die deutsche Übersetzung von Golgatha. Die Tempeljalousien sind der im Tempel zerreißende Vorhang aus der Passionsgeschichte Jesu Christi, die Hühnerhöfe verweisen auf den dreimal krähenden Hahn des Petrus, der seinen Herrn verleugnet hat, und das „weint(e) bitterlich“ ist ein wörtliches Zitat aus dem Neuen Testament. Wir begreifen: der Pastorensohn wählt das Mysterium „Golgatha“ als Gleichnis für den „Untergang des Abendlandes“, die „Schädelstätte Abendland“. Wohl wissend, daß für ihn der „Tod Gottes“, den seinerzeit Nietzsche verkündet hat, irreversibel, die Ausbürgerung des späten Ich aus der christlichen Überlieferung endgültig ist, bleibt er doch sprachlich in ihr beheimatet und ihrer Bilder- und Vorstellungswelt auf Lebenszeit verbunden. Noch damit, daß er ihre einst heilige Wahrheit dem sardonischen Gelächter eines entgötterten Jahrhunderts preisgeben kann, bringt er ihr eine Art von Huldigung dar. Der elegische Grundtenor dieser am Rande des Blasphemischen artikulierten Bankrotterklärung ist unüberhörbar.

Was folgt, ist – in der dritten Periode von *Prolog 1920* – eine Absage an die wissenschaftlichen, insbesondere die naturwissenschaftlichen Weltdeutungsmuster des neunzehnten Jahrhunderts. Von Benns kritischer Auseinandersetzung mit dem Darwinismus in jenen ersten Nachkriegsjahren, wie sie vor allem in dem Essay *Das moderne Ich* (1920) zur Sprache kommt, haben wir oben, im siebenten Kapitel unserer Darstellung, schon gehört. Was dort im Dialog mit anderen und in höflich argumentierender Verhandlungssprache vorgebracht wurde, der Zweifel an dem bis dato gültigen Begriff der „Entwicklung“, die Skepsis gegen das einst allmächtige Kausalprinzip, die neue Orientierung an Gedanken wie Mutation, Diskontinuität und „Sprung“ (in das „qualitativ Neue“): hier wird es von der rhapsodisch-pessimistischen Grundströmung des *Prolog*-Gedichts erfaßt und in die zornig wetternde Diktion des Untergangspropheten übersetzt, der mit ein paar wüsten, bärbeißig-höhnischen, fremdwortüberladenen Versen – wenn es noch „Verse“ sind – den ganzen wissenschaftlichen Überbau des neunzehnten Jahrhunderts in Trümmer legt:

Totale Auflösung, monströseste Konglomerate,
neurotische Apokalypsen, transhumane Foken,
Jaktation, hybridestes Finale –:
Individual-Ich: abgetakelt,
Psychologie: zum Kotzen,
Entwicklungsprinzip: der Hund bleibt am Ofen,
Kausalgenese: wer will das wissen ...

Nachzutragen in diesem Zusammenhang ist ein Wort zum Thema „Abendland": ein Begriff, der vor 1920 bei Benn nicht vorkommt. Mit dem „Abendland", das in den Jahren nach dem Zweiten Weltkrieg von konservativen und konfessionell gebundenen Intellektuellen, zum Beispiel Wilhelm Hausenstein, kultiviert wurde, hat das Bennsche Abendland wenig gemeinsam. Was Benn meint, ist der okzidentale Kulturkreis im Sinne von Oswald Spenglers *Morphologie der Weltgeschichte*, deren erster Band unter dem effektvollen Titel *Der Untergang des Abendlandes* 1918 erschienen war. „Kulturen", so hatte Spengler seine Entdeckung annonciert, „sind Organismen. Weltgeschichte ist ihre Gesamtbiographie. Die ungeheure Geschichte der chinesischen oder antiken Kultur ist morphologisch das genaue Gegenstück zur Kleingeschichte des einzelnen Menschen, eines Tieres, eines Baumes oder einer Blume." Es muß das ausgesprochen „Biologische" dieser Betrachtungsweise, es muß vor allem die morphologische Leitidee, die Spengler direkt von Goethe übernommen haben wollte, gewesen sein, was Benn an dieser Geschichtsphilosophie so sehr beeindruckt hat. Aber auch die Nähe zu Nietzsche, dem ja Spengler kaum weniger verdankt als er selbst, muß ihm sympathisch gewesen sein. Jedenfalls hat er ihn seit 1920 immer wieder zitiert und ist bis in seine späten Jahre von der Bedeutsamkeit der Spenglerschen Konzeption überzeugt gewesen. So im siebenten Abschnitt von *Doppelleben*, wo er Nietzsche und Spengler unmittelbar nebeneinander stellt, nicht geradezu als ebenbürtig, aber doch als komplementär. Zunächst das vielzitierte Bekenntnis im Namen einer ganzen Generation zu dem „weitreichenden Giganten der nachgoetheschen Epoche", das dann in der

Gedenkrede vom August 1950 wörtlich wiederholt werden wird: „Eigentlich hat alles, was meine Generation diskutierte, innerlich sich auseinanderdachte, man kann auch sagen: erlitt, man kann auch sagen: breittrat – alles das hatte sich bereits bei Nietzsche ausgesprochen und erschöpft, definitive Formulierung gefunden, alles Weitere war Exegese . . ." Und ein paar Zeilen später: „Zusatz: Nach Nietzsche Spengler. Nicht wegen seiner Untergangsvermutung, sondern wegen seiner Aufstellung des Begriffs der Morphologie für die Kulturkreise, das war nicht nur ein interessanter, sondern ein weiterführender ordnender Gedanke in der konfusen geschichtlichen Welt."

Noch wenige Monate vor seinem Tode, in der schon einmal erwähnten Rundfunkdiskussion mit Reinhold Schneider – *Soll die Dichtung das Leben bessern?* – hat Benn dem Autor der Kulturkreislehre seine Reverenz erwiesen, indem er ihn mit Goethe und Nietzsche in einem Atem nannte: „Das Zeitalter Goethes hat ausgeleuchtet, von Nietzsche zu Asche verbrannt, von Spengler in die Winde verstreut – glimmend und schwelend ist die Luft, aber nicht von Johannis- oder Kartoffelfeuern, vielmehr von den brandigen Scheiten der Kulturkreislehre, der eine Kreis versinkt, ein anderer steigt auf, und wir sind die Puppen und Chargenspieler in diesen solaren Stücken."

Benn um 1920. Er gehörte ohne Zweifel zu den, von heute aus gesehen, maßgeblichen Initiatoren auf dem literarischen Flügel der „Weimarer Kultur", auch wenn er nicht annähernd so populär und im Ausland bei weitem nicht so bekannt geworden ist wie der Dichter der *Dreigroschenoper*, der zwölf Jahre jünger war als er, und der als Bühnenautor im Herbst 1922 mit *Trommeln in der Nacht* debütierte, erst an den Münchner Kammerspielen, dann in Berlin. Benn und Brecht? Ihrer beider Maßgeblichkeit beruhte auf diametral kontrastierenden Prinzipien. In dem einen Falle war vorausgesetzt die Idee vom Menschen als Animal sociale, die Wahrheit war „konkret" und nicht anders als durch Kommunikation unter mehreren zu ermitteln, als Ergebnis von „Diskussion", von Lehren und

Lernen. Leben war „Arbeit" mit anderen und für andere, und als Epitaph für das eigene Grab wünschte man sich den Satz: „Er hat Vorschläge gemacht, wir haben sie angenommen." Im andern Falle sollte gelten: das Gedicht, „das an niemanden gerichtet ist", und daß es dem späten Ich „unmöglich (sei), noch in einer Gemeinschaft zu existieren, unmöglich, sich auf sie zu beziehen in Leben oder Beruf".

Benn hatte keine „Mitarbeiter", aber hatte er nicht Freunde? „Es waren", so schreibt Walter Lennig in seiner Monographie, „zeitlebens Frauen, die Benn Auftrieb schenkten; Männer, auch die besten Freunde, vermochten dies kaum. Das weibliche Element war ihm völlig unentbehrlich, es stand dem Mythischen näher, in Liebe und in Grausamkeit durchbrach es immer wieder die Zivilisationsschicht." Das trifft etwas Richtiges, nur wüßte man gern, wer denn diese besten Freunde, wenn es sie gegeben hat, gewesen sind. Der Mann, der abends in der „Reichskanzlei" an immer demselben Platz seine zwei, drei Biere zu sich nahm, war ja, was er selber oft und oft betont hat, alles andere als eine „gesellige" Natur, eine Spur von Reserviertheit auch dort, wo er sich menschlich verbunden fühlte, gehörte zum Stil seiner Selbstdarstellung, es gehörte, muß man wohl sagen, zum Thema (insofern das Thema „Doppelleben" hieß). Das gilt sogar für die Beziehung zu „Herrn Oelze", dem Empfänger von vielen Hunderten von Bennschen Briefen, dem er wie keinem anderen männlichen Partner sein Inneres erschlossen hat. Gegen Ende von *Doppelleben* kommt Benn unter der Überschrift *Noch einiges Private* auf den Bremer Kaufmann zu sprechen, und zwar mit folgenden Worten: „Ich lebte also so dahin in Wohnungen mäßigen bis mittleren Grades ohne viel Verbindungen, aber 1932 trat dann jener Herr Oelze aus Bremen in mein Leben, den ich selten sah, in dessen Haus ich nie war, mit dem ich, mit dem wir beide gegeneinander hinsichtlich des Privaten immer ‚die Regeln wahrten', der mich aber brieflich hoch- und wachhielt und in jenen Jahren Balsam in meine Schrunden träufelte." Dieser Satz ist bekanntlich 1949 im Druck erschienen, und wir sollten wohl an dieser Stelle schon hinzufügen, daß es zwei Jahre später doch noch zu einem Besuch in Oelzes Residenz im Bremer Vorort Oberneuland gekommen ist. Benn war dort, nur wenige Tage nach dem Marburger Vortrag über die *Probleme der Lyrik*, vom 1. bis zum 3. September 1951 zu Gast, zum Abschied schrieb er dem Ehepaar Oelze „in aufrichtiger Dankbarkeit“ ein einfaches, beinahe konventionelles kleines Gedicht in ein Exemplar der eben erschienenen Gedichtsammlung *Fragmente*:

Das Haus in Bremen,
das ich nun wirklich sah,
bisher ein Schemen,
mir nur im Geiste nah –

Das wird nun dauern
in steter Wiederkehr:
die weißen Mauern,
die Bäume, alt u. schwer. –

Unter den Bekanntschaften der frühen zwanziger Jahre waren einige wenige, die Benn mit Widmungsgedichten ausgezeichnet und auf diese Weise seiner ganz besonderen Wertschätzung und Sympathie versichert hat, darunter Einstein, Klabund und George Grosz. Die vier an Klabund adressierten Strophen, die er 1922 in ein Exemplar der *Gesammelten Schriften* hineingeschrieben hat, sind uns im fünften Kapitel unserer Darstellung schon untergekommen; sie haben den stillen, elegisch blühenden, von allen Kraßheiten der „infernalischen“ Periode gereinigten Ton, der auch die letzten, spätesten lyrischen Texte in den *Gesammelten Schriften* charakterisiert. Das Grosz gewidmete zweistrophige Gedicht *Café*, das 1921 in der Zeitschrift *Der Anbruch* erschienen war, ist noch in der früheren, randalierenden, Schrecken und Fluch verbreitenden Manier geschrieben; es endet mit den Zeilen:

Wurm, Gomorrha, cyanüres Schwälen
über das verfluchte Abendland.

Also noch einmal der *Räuber-Schiller*-Ton mit einem Schuß Spengler versetzt.

Grosz hatte sich schon früh, wahrscheinlich schon vor dem Krieg, für Benns literarische Produktion interessiert. Er hatte sein Schaffen in expressionistischen Zeitschriften verfolgt, als *Ithaka* 1917 in den *Weißen Blättern* erschien, schickte er das Heft „mit großartigem Drama von Gottfried Benn, dem Verfasser der ‚Söhne'" umgehend an seinen Freund Schmalhauser, und es ist anzunehmen, daß er den Dichter bald nach dem zeichnerischen Aufgreifen des „Nacht-Café"-Motivs persönlich kennengelernt hat. Wann genau es dazu gekommen ist, können wir nicht sagen. Doch wissen wir aus einem 1979 veröffentlichten Band *Briefe 1913 bis 1959* von Grosz, daß der Künstler dem Dichter bis an dessen Ende treu und freundschaftlich ergeben war, daß er ihn auch während der dreiunddreißiger Krise, als er selbst als Emigrant in Amerika, Benn als literarischer Interpret der „neuen Regierung" in Berlin geblieben war, nicht fallenließ, sondern andern gegenüber sogar in Schutz genommen hat. Er hat noch nach dem Zweiten Weltkrieg die damals neuen Arbeiten von Benn mit unverminderter Bewunderung gelesen und bei anderen für ihn geworben. In einem an Benn gerichteten Brief vom 17. November 1949 bekennt er, „daß Du für mich einer der größten lebenden Dichter bist". Er ist also, das geht aus dieser Äußerung hervor, einer der ganz wenigen Freunde gewesen, die Benn geduzt hat. Genauer gesagt: er war einer von zweien. Der andere war Einstein.

Das Einstein gewidmete Gedicht ist unter dem Titel *Meer- und Wandersagen* Ende 1925 im Kontext des (vierten) Lyrik-Bandes *Schutt* zum ersten Male veröffentlicht worden. Es gehört zu den bekanntesten Gedichten der zwanziger Jahre und nicht mehr in den Zusammenhang des Jugendwerkes hinein, weshalb es denn an dieser Stelle nur genannt, nicht kommentiert werden soll. Einstein hatte, als er nach dem Kriege wieder mit Benn zusammentraf, in Brüssel an der politischen und moralischen Liquidierung des Besatzungsregimes an führender Stelle mitgewirkt. Der Aufruf des „Zentral-Soldatenrats" vom 11. November 1918 war von ihm unterzeichnet. Unter den Zielen und Forderungen, die er formulieren half, findet man den Satz: „Zu untersuchen sind ferner die mit dem Prozeß Miß Cavell zusammenhängenden Vorgänge. Die Gerichtsakten sind anzufordern.“ Aus einer belgischen Dokumentation *Cinquante mois d'occupation allemande*, die 1919 gedruckt erschien, zitieren wir in deutscher Übersetzung einen kurzen Passus über eine „Versammlung“, die am 10. November 1918 in der Residenz des Chefs der Politischen Abteilung, Baron von der Lancken, stattgefunden hat: „... Wenige Augenblicke später öffnet sich die Tür und ein Individuum in Zivil tritt ein, Monokel im Auge, den halben Schädel bandagiert. Dieser seltsame Ehrenmann heißt Einstein; er war Kunstkritiker in Paris sowie bis gestern ein subalterner Angestellter in der deutsch-wallonischen Verwaltung von Namur, unter dem Befehl von Gouverneur Haniel; er spricht französisch wie ein Pariser.“ Der Eindruck muß wunderlich genug, aber auch wieder imponierend gewesen sein – „Französisch wie ein Pariser!“ –, und die Art und Weise, wie dann dieser Zivilist mit Monokel die hohen Herrschaften von gestern anzupfeifen wußte und wie ein umgekehrter Hauptmann von Köpenick ins Bockshorn jagte, soll geradezu bravourös gewesen sein.

Es war Einsteins erstes Abenteuer mit der politischen Praxis – nicht auch schon das letzte –, und es war nach der Rückkehr im Reich keineswegs beendet. Während der monatelangen blutigen Auseinandersetzungen zwischen Spartakus und der Regierung im Berlin des Jahres neunzehn hat er offensichtlich an die Chance einer bolschewistischen Lösung auch für Deutschland geglaubt. Hier zwei Stellen aus dem von ihm verfaßten Aufsatz *Der kommende Friede*, erschienen am 10.4.1919 in der Berliner Tageszeitung *Die Republik*: „Die Regierung Scheidemann besitzt keine Vollmacht aus den Händen des Proletariats.“ Und: „Sinnvolle Außenpolitik wird erst durch die Diktatur des Proletariats möglich und kann nur von dieser ausgeführt werden. Sie weist den Zusammenschluß mit Rußland, und nur dieser kann uns existenzfähig machen. Industrie- und Agrarstaat werden sich ergänzen.“

Als das Gespräch mit Benn wieder aufgenommen wurde, war

auch Einstein in seine Einsiedelei zurückgekehrt, und die Idee des radikalen Handelns war für ihn wieder aus dem politischen in den künstlerischen Sinnbereich hinübergewechselt. In Briefen äußert er sich kritisch über sich selbst und die ganze expressionistische Generation: „Goll, Unruh, Edschmid: das ist pathetischer Misthaufen. Sternheim mutet bereits wie Blumenthal oder Storm an." Eine einzige Ausnahme läßt er gelten: „Nur Benn ging ran!" Mit anderen, an den Dichter selbst gerichteten Worten: „Du bist das Dichteste, was ich erlebt habe." Freilich: man sieht sich, wie in Brüssel, so auch in Berlin nur selten. Aus einem Brief vom Juni 1923 an Tony Simon-Wolfskehl, eine Freundin, erfahren wir: „Alle halbe Jahre oder Jahr – wenn ich mal Benn sehe, streift man schüchtern seine alten Arbeiten. Er kuriert Tripper und ich mache Kunst – was ungefähr noch dümmer ist. Nachdem wir festgestellt haben, daß es mal wieder sehr sympathisch gewesen ist, gehen wir nach Hause." Und weiter, in einer anderen Epistel aus demselben Jahr: „Zu komisch, daß Benn und ich vom Literaturbetrieb keinen blassen Schimmer haben; er nannte mir eine große Zeitschrift, ich hatte keine Ahnung von ihrer Existenz. Solche Dinge verbinden ungemein ... Ich habe noch nie zwei solche Käuze gesehen; ohne jedes Ausnutzen von Ruf oder Beziehung. Eigentlich habe ich große Achtung vor uns beiden und jeder vor dem andern; während wir das meiste Drumrum gar nicht schätzen ... und Erfolg für Pech halten."

Benn seinerseits hat zu verschiedenen Zeiten seines Lebens genau Entsprechendes geäußert. So in einem depressiv gestimmten Brief an Gertrud Zenzes aus dem Jahre 1926: „*Sonst* nichts Neues. Sehe und höre niemanden, außer manchmal Einstein." Und noch viele Jahre später, lange nach Einsteins Tod (1940), an den Tübinger Privatgelehrten und Pascal-Übersetzer Ewald Wasmuth (mit dem Einstein befreundet gewesen war): „... ich lebe so einsam und zurückgezogen wie ich es immer tat und habe mit den alten Literaturgenossen von einst gar keine Beziehungen mehr. An Einstein denke ich oft und lese in seinen Büchern, der hatte was los, der war weit an der Spitze." (27 III 51.)

Transitstimmung: Die Gesammelten Schriften

Benn und das literarische Leben um 1920. Wir werfen einen Blick auf die Liste seiner Veröffentlichungen in der Zeit von 1918 bis 1922 und stellen fest, daß nach dem Erscheinen der Sammlung *Fleisch* in Pfemferts Verlag die lyrische Produktion ein paar Jahre lang verhältnismäßig mager gewesen und erst 1921 wieder aufgelebt ist. Der Prosaist Benn hingegen war mit einer Reihe von Titeln in verschiedenen Schriftenreihen präsent: mit *Diesterweg* (1918) und *Etappe* (1919) in Der rote Hahn, mit einem Pameelen-Band, der das „erkenntnistheoretische" Drama *Der Vermessungsdirigent* und *Karandasch*, ein „rapides Drama", vereinigte, in den Aktionsbüchern der Aeternisten (1919). Eine Prosa, die sich stilistisch noch im Kielwasser des Rönne-Zyklus bewegt, *Der Garten von Arles*, erschien in der von dem jungen Wolf Przygode (1895–1926) ursprünglich in München, neuerdings in Potsdam bei Kiepenheuer herausgegebenen Zeitschrift *Die Dichtung*. Im selben Jahr 1920 brachte eine in Berlin ansässige Schriftenreihe namens Tribüne der Kunst und Zeit als zwölften Titel einen weiteren Prosatext heraus: jenen schon mehrfach zitierten ersten großen kulturkritischen Essay *Das moderne Ich*. Gegründet und ediert wurde diese Reihe, die von 1919 bis 1923 am Leben war und eine „kleine Enzyklopädie aller Energien der kulturellen Gegenwart" sein sollte, von Kasimir Edschmid (1890–1966), verlegt wurde sie von Erich Reiss. Damit haben wir den Namen eines Mannes genannt, der, wenn irgend einer, zu den „besten Freunden" Benns gezählt werden muß. Diesen Reiss hat er nicht nur gemocht, nicht nur interessant, begabt, unterhaltend gefunden, er hat ihn, wie er es ihm noch wenige Tage vor seinem, des Freundes Tod auf eine hinreißend direkte Art erklärt hat, er hat ihn geliebt.

Erich Reiss (1887–1951) muß in der Tat eine besonders liebenswürdige Person gewesen sein. Einen „Herkules an Freundschaft" hat ihn Edschmid in seinen Erinnerungen genannt, und als Verleger, so fügt er hinzu, sei er „ein Liebender" gewesen. Er stammte aus einer betuchten jüdischen Familie, hatte früh ein beträchtliches Vermögen geerbt und schon 1908, als Einundzwanzigjähriger, seinen Verlag gegründet, in dem er eine außerordentlich vielseitige Tätigkeit entfaltete. Er verlegte zahlreiche Expressionisten, darunter Fritz von Unruh, Edschmid, Bruno Frank, Iwan Goll, Klabund, Emmy Hennings, die Frau von Hugo Ball, und den *Dada-Almanach*; er druckte D'Annunzio und Gide, Maeterlinck und Barbusse, die Memoiren des Staatsgründers Thomas Masaryk und bändeweise die gesammelten Artikel des *Zukunft*-Herausgebers Maximilian Harden, den er bewunderte. Er hatte bibliophile Neigungen, unter dem Namen Prospero-Drucke brachte er Klassiker der Weltliteratur heraus, die er von jungen zeitgenössischen Künstlern illustrieren ließ. Zeitweise waren es nicht weniger als zehn Zeitschriften auf einmal, die er publizierte, darunter auch den für Benn-Gedichte empfänglichen *Anbruch*, der 1918 in Wien gegründet worden war, und den er 1921 übernahm. Er blieb auch nach 1933 in Berlin, und als ihm 1935, im Jahr der Nürnberger Gesetze, vom Goebbels-Ministerium verboten wurde, Bücher von nicht-jüdischen Autoren zu bringen, glaubte er das als die ihm zugefallene neue Aufgabe akzeptieren zu müssen und verlegte von nun an mit Feuereifer nur noch jüdische Bücher. 1938 wurde er ins Konzentrationslager gebracht, doch blieb das Äußerste ihm erspart. Zwei international angesehene Damen der Literatur, die Dänin Karin Michaelis und die Schwedin Selma Lagerlöf, setzten sich so energisch für ihn ein, daß man ihn freigab und nach Schweden ausreisen ließ. Die letzten Jahre seines Lebens verbrachte er, mit der deutschen Photographin Lotte Jacobi verheiratet, als Emigrant in New York.

Die Bekanntschaft mit Benn scheint im Jahre 1920 zustande gekommen zu sein, und es ist den erhaltenen Briefen an Reiss (die alle nach dem Zweiten Weltkrieg geschrieben wurden) noch heute anzumerken, daß es von Anfang an eine über das Sachliche hinausgehende, von lebhafter Sympathie erfüllte Beziehung gewesen sein muß. „Und nun Schluß, mein lieber Reiss", so heißt es in einem langen und inhaltsschweren Brief vom 5. März 1949. „Die schönsten Tage waren doch jene, als ich in der Bellealliancestr 12 hauste, abends mein Bier trank und Sie gelegentlich zur Unterhaltung hatte. Long, long ago." Man traf sich also öfters in der „Reichskanzlei", einmal im August 1931, ist man sogar zusammen auf Reisen gegangen, doch davon später. Daß Benn damals zu Reiss „ging", erklärt sich aber nicht zuletzt auch aus den allgemeinen Veränderungen innerhalb der literarischen Welt nach 1918. Die expressionistische Vorausabteilung von 1912 und ihre Zeitschriften waren nicht mehr allein, die Bewegung war in die Jahre gekommen, wenn nicht schon ein wenig gemeinplätzig geworden, eine Unmenge von neuen Periodika mit aufrührerisch klingenden Namen war nach dem Kriege gegründet worden, um an dem allgemeinen „O-Mensch-Geschrei" zu partizipieren und die Hervorbringungen der „spätexpressionistisch" schreibenden Autoren unter sich aufzuteilen. Die Leidtragenden waren die großen berühmten Organe der Frühzeit. So die *Weißen Blätter*, die René Schickele vier Jahre lang in der Schweiz redigiert hatte, bis sie 1919 in die Hände des Berliner Kunsthändlers und Verlegers Paul Cassirer übergingen; das letzte Heft kam im Dezember 1920 heraus. Franz Pfemfert konnte sich halten, aber der literarische Glanz seiner *Aktion* war dahin. Sein von Anfang an lebhaftes Interesse für das Politische hatte mehr und mehr überhandgenommen und ihn gegen Kriegsende auf die Seite der radikalen Linken geführt. Eine neue, im Oktober 1916 mit den „Erinnerungen" des russischen Sozialrevolutionärs Alexander Herzen (1812–1870) eröffnete Schriftenreihe nannte er POLITISCHE AKTIONS-BIBLIOTHEK; dort findet man ab 1918 kaum noch etwas anderes als Titel von Marx, Lenin, Liebknecht und Trotzki. Die letzten Bände der Reihe, um 1930, wurden mit der Serienbezeichnung KOMMUNISTISCHE AKTIONS-BIBLIOTHEK veröffentlicht.

Was Benn angeht, so hat er nach *Fleisch* nur noch ein einziges

Mal ein Gedicht in der *Aktion* veröffentlicht, und zwar am 4. März 1922. Es nennt sich *Prolog zu einem deutschen Dichterwettstreit* und beschäftigt sich in einem Ton, dessen Unflätigkeit kaum zu überbieten ist, mit einer Zeiterscheinung: dem allzu konformistischen und promiskuitiven Verhalten der literarischen Ephemeriden in diesem Berlin der Schieber und Gauner: „Verlauste Schieber, Rixdorf, Lichtenrade", so fängt es an. Thema ist die schmutzige Allianz von Börse und Literatur:

Die Börsenbullen und die Bänkeljulen,
die haben Deutschland wieder aufgebaut.
Der Jobber und die liederreichen Thulen,
zwei Ferkel, aus demselben Stall gesaut –

Ein Gelegenheitsgedicht, unappetitlich, exaltiert und brutal; Benn hat es in keine seiner späteren Sammlungen wieder aufgenommen. Als es in der *Aktion* zu lesen war, hatte er sich schon mit einer ganzen Reihe von lyrischen Produkten, darunter das furiose und schaudererregend großartige Gedicht *Curettage*, im *Anbruch* vorgestellt, und die von Erich Reiss verlegten *Gesammelten Schriften* waren ausgedruckt, aber – wir werden sehen, warum – im Buchhandel nicht zu haben. Reiss hat nach diesem Zweihundertseitenband keinen einzigen Benn-Titel mehr herausgebracht. Trotzdem ist er für Benn die zentrale Verlegerfigur der zwanziger Jahre gewesen und ein Freund fürs Leben geworden, und das muß man nicht zuletzt auch damit begründen, daß er in diesem Buch die Summe seines Jugendwerkes und augenblicksweise wohl auch allen Ernstes eine Art Testament und Abschiedsbotschaft an die literarische Welt gesehen hat. Nach 1933 hat er ohne jedes Bedenken an dieser Freundschaft festgehalten, will auch deswegen in den Jahren 1936/37 „diffamiert" worden sein, nachdem die Schonfrist, die er sich für sein zeitweiliges Eintreten für das NS-Regime und dann durch sein Untertauchen bei der Wehrmacht verschafft hatte, verstrichen war. (An die inzwischen in Paris lebende Thea Sternheim am 12. 8. 1949).

Reiss seinerseits, „Herkules der Freundschaft" der er war, hat die Bennsche Sympathie für ihn mit mindestens der gleichen Wärme erwidert, und er, nicht Benn ist es gewesen, der nach dem Zweiten Weltkrieg die erste Überlebensnachricht an den andern geschickt hat, am 27. 5. 1946: von New York nach Berlin. Auch Benns Sündenfall von 1933 hat diese Beziehung nicht zerstören können. Reiss, so hat es uns Kasimir Edschmid erklärt, „ließ sich von dem, was er, als kluger Jude, bei Benn als temporären Wahnsinn erkannte, in seiner Freundesgesinnung nicht stören".

Die Geschichte der Drucklegung der *Gesammelten Schriften* kann ein kleines Abenteuer genannt werden. Benn hatte schon im Sommer 1921 unter dem Stichwort *Lebenslauf* eine erste Fassung des Textes zu Papier gebracht, der später als *Epilog* am Ende des Bandes seinen Platz finden sollte. Datum: „Berlin, 19. VIII. 1921." Dort liest man: „Bei Erich Reiss erscheinen in diesem Herbst meine gesammelten Werke, ein Band, 200 Seiten, sehr wenig, man müßte sich schämen, wenn man noch am Leben wäre."* Das Buch wurde dann aber erst im Februar 1922 bei der Firma Otto von Holten gedruckt, verschiedene Umstände, nicht zuletzt wohl die rapide Geldentwertung, hatten die Herstellung verzögert. Im Mai endlich lag es fertig vor, am 22. Mai wurde es von Erich Reiss im *Börsenblatt für den deutschen Buchhandel* annonciert:

> „Die Gesammelten Schriften von Gottfried Benn.
> Lex. 8° 220 S. Auf holzfreiem Papier
> Geheftet M 75,– Halbl. 100,–
>
> Gottfried Benn

ist in zahllosen Kritiken und Hinweisen von seinen Kameraden, den jungen Dichtern, von Edschmid, Flake, Lasker-Schüler, Klabund und vielen anderen längst als einer der ersten des heutigen Schrifttums anerkannt. Die ‚Gesammelten Schriften' werden auch einem weiteren Kreise seine einsame Gestalt und Größe vermitteln. Ein Dutzend seiner klassischen Gedichte wird das Antlitz

---

* Zitiert nach Paul Raabe, *Der frühe Benn,* in: Gottfried Benn, *Den Traum alleine tragen,* a.a.O., S. 34.

dieser Zeit in eine bessere oder schlechtere Zukunft hinüberretten."

Das war denn also die kleine Bennsche Summe, die da vorgelegt werden sollte, die Ernte eines ganzen Jahrzehnts. Zunächst sechsundvierzig Seiten Gedichte, dann vier von den fünf Rönne-„Novellen" plus drei weitere quasi novellistische Texte aus neuerer Zeit: *Querschnitt* (ursprünglich *Phimose*), *Der Garten von Arles* und *Das letzte Ich*. Es folgten die Szenen *Ithaka, Der Vermessungsdirigent, Karandasch* und *Etappe*. Zum Schluß dann der Essay *Das moderne Ich* und der *Epilog* mit der misanthropisch kalten Schlußpartie: „Kein nennenswertes Dokument; ich wäre erstaunt, wenn sie – sc. die zweihundert Seiten – jemand läse; mir selber stehen sie schon sehr fern, ich werfe sie hinter mich wie Deukalion die Steine; vielleicht daß aus den Fratzen Menschen werden, aber wie sie auch werden mögen: ich liebe sie nicht."

Das Buch war „erschienen" und war doch immer noch nicht zu haben, denn kaum war es angekündigt, kam wieder etwas dazwischen, und diesmal war es eine vom Verlag Kurt Wolff in München erwirkte einstweilige Verfügung, die den unbefugten Nachdruck der bei Wolff erschienenen *Gehirne*-Novellen untersagte. Alle etwa schon ausgelieferten Exemplare mußten zurückgezogen werden.

Was dann schließlich im Januar 1923 endgültig auf den Markt gelangte, war ein Unikum von einem Buch, ein Buch nämlich, in dem das Inhaltsverzeichnis mit dem Inhalt nicht übereinstimmte, denn im Inhaltsverzeichnis sind die Rönne-Novellen nach wie vor aufgeführt, die Ersatztexte nicht. In einer Erklärung an die Leser, die auf einem losen Blatt eingelegt worden war, erfährt man Näheres:

> „Der Verlag Kurt Wolff in München wollte die Verbreitung der ‚Gesammelten Schriften' Gottfried Benns verhindern und hatte auch schon einen dahingehenden Gerichtsbeschluß erwirkt, weil die Werke ohne seine Erlaubnis einige Novellen im Umfang von 38 Seiten enthielten, die ihm der Autor vor Jahren für

seine damalige 80 Pfennig-Sammlung ‚Der jüngste Tag' überlassen hatte.
Infolgedessen mußten diese Novellen aus den Schriften entfernt werden. An ihre Stelle kamen die Gedichte Chanson (S. 46), Schutt (47–51) und die Novelle Diesterweg (70–85). S. 52–69 sind ausgefallen.

Dezember 1922 Gottfried Benn
Erich Reiß Verlag."

Der Band präsentierte sich mit dreiundsechzig lyrischen Texten, von denen die allermeisten schon einmal oder mehrfach gedruckt worden waren. So war alles, was Kurt Pinthus in der *Menschheitsdämmerung* versammelt hatte, wieder da: der Zyklus *Morgue* wurde vollzählig aufgenommen, auch der *Alaska*-Zyklus aus der *Aktion* – später *Söhne* – und die *Psychiater*-Serie aus *Fleisch*; die beiden letzteren durch Umstellungen, Weglassungen und Zusätze mehr oder weniger abgewandelt. Unter den Einzelstücken, die aus Zeitschriften übernommen wurden, sind solche Star-Texte wie: *D-Zug*, *Untergrundbahn* – mit der berühmten Zeile „Ein armer Hirnhund. Schwer mit Gott behangen" –, *Englisches Café* und *Karyatide*. Zum ersten Male vorgestellt werden ein paar wüste Sachen wie *Tripper*, *Pastorensohn* und *Chanson*, die eindeutig in die Lästerecke gehören –, sehr im Gegensatz zu dem dreiteiligen Zyklus *Schutt*, der 1922 schon in der eher bürgerlichen Zeitschrift *Der neue Merkur* vorabgedruckt war und hier nun den lyrischen Teil abschließt. Das ist edles Spätlesegewächs: Abgesang und Übergang. Erstes Beispiel eines neuen Formwillens, der dann um 1925 mit Gedichten wie *Die Dänin*, *Meer- und Wandersagen*, *Theogonien* und *Schleierkraut* die Szene beherrschen wird: mit langen, singenden, elegisch getragenen Acht-Zeilen-Strophen, dreihebig und paarweise gereimt, die so unmißverständlich an Kirchenlieder des siebzehnten Jahrhunderts erinnern, an Paul Gerhardt vor allem, und gelegentlich mit wörtlicher Anspielung an seine Sprache. Aber auch Nietzsche klingt nach in diesen Gedichten, sein Spätnachmittagsgefühl, seine Claude-Lorrain-Perspektive, das „Heiterkeit, güldene, komm!/

du des Todes/heimlichster süßester Vorgenuß!" aus den *Dionysos-Dithyramben.*

Es ist das Nevermore – ein Wort, das er von Edgar Allan Poe übernommen und sich für immer zu eigen gemacht hat –, das Nevermore-Gefühl des Spätzeitmenschen, der hier zu „singen", ausdrücklich zu singen anhebt, eines Spätlings, der nicht mehr kulturkreisorientiert, sondern erdgeschichtlich denkt, der hinter den „antiken" Horizont je und je zurückgeht, die hellenische Herrlichkeit nur eben noch einmal aufglänzen und sie alsbald wieder versinken läßt, um sich ins Vor-Vor-Vorgeschichtliche zurückzufühlen, im „Schöpfungsschoß dämmernder Meere" zu verlieren. Noch einmal die Kypris anadyomene heraufholen, die Schaumgeborene von Zypern, und dann – er „schreibt griechisch", wir sagten es schon einmal – und dann hinab und zurück in die Tiefe, ins Ur:

Schamloses Schaumgeboren,
Akropolen und Gral,
Tempel, dämmernde Foren
*kata*dyomenal.

Im zweiten Gedicht, das *Rot* überschrieben ist (und später in *Palau* umbenannt wurde), sehen wir das Todesmotiv aus *Urgesicht* – „Das Leben wollte sich erhalten, aber das Leben wollte auch untergehn" – mit dem Regressionsmotiv aus *Gesänge* sich verbinden und verschmelzen:

„Rot ist der Abend auf der Insel von Palau
und die Schatten sinken –"
singe, auch aus den Kelchen der Frau
läßt es sich trinken,
Totenvögel schrein
und die Totenuhren
pochen, bald wird es sein
Nacht und Lemuren.

Heiße Riffe. Aus Eukalypten geht
Tropik und Palmung,
was sich noch hält und steht,
will auch Zermalmung
bis in das Gliederlos,
bis in die Leere,
tief in den Schöpfungsschoß
dämmernder Meere.

Im dritten und letzten Gedicht – Titel: *Schwer* (später *Schädelstätten*) wird das Vergessen gefeiert, die Musik des Vergessens im Sinne jener Nietzsche-Stelle, die ihn einmal so sehr fasziniert hat. Die „Schädelstätte" Abendland und die „Begriffsmanie" des neunzehnten Jahrhunderts kommen noch einmal zur Sprache, aber auch der niemals ganz verwundene Schmerz dessen, der aus der Glaubensgeborgenheit des Vaterhauses auf Nimmerwiederkehr vertrieben worden ist. Es schließt mit einem griechischen, einem Nietzsche-Motiv: Dionysos als Rausch und Untergang. Daß Danaë, die Tochter des Akrisios, Königs von Argos, und Mutter des Perseus, von unserem Sänger mit einem blumengeschmückten Stier zusammengetan wird, das werden wir als eine dichterische Lizenz in Kauf nehmen müssen. Der originale Mythos weiß es anders: Zeus habe sich in Gestalt eines goldenen Regens der Geliebten genaht:

...
Fratze der Glaube,
Fratze das Glück,
leer kommt die Taube
Noahs zurück.

Schädelstätten,
Begriffsmanie,
kein Zeitwort zu retten
noch Historie –
allem Vergessen,

allem Verschmähn,
dem Unermessen
Panathenän –

In Heiligtumen
tyrrhenischer See
Stier unter Blumen
an Danaë,
in Leuenzügen
Mänadenklang
und Götter fügen
den Untergang.

„Fünfunddreißig Jahre und total erledigt"!* Dies Unikum von einem Buch markierte numerisch so genau wie möglich den Scheitelpunkt der Lebensbahn seines Autors, das „nel mezzo del cammin di nostra vita", mit dem einst Dante seine *Göttliche Komödie* beginnen ließ. Indem es das Bisherige resümiert, nimmt es schon Künftiges vorweg. Also Transitstimmung auch in den Prosabeiträgen des Bandes, von denen hier die beiden interessantesten aus den allerletzten Jahren noch kurz erörtert werden sollen: *Der Garten von Arles* und *Das moderne Ich*. Es sind Texte, die eng miteinander verwandt sind, sowohl stilistisch als auch thematisch aneinander erinnern. Der Form nach sind es Mischgebilde: so wenig der *Garten von Arles*, der zu den sogenannten „Novellen" gerechnet wird, als Erzählung gelesen werden kann, so wenig ist *Das moderne Ich* im Sinne eines streng gefaßten Gattungsbegriffs als Essay zu betrachten. In beiden Fällen spielt ein erzählerisches Moment eine gewisse Rolle, wird ein junger, akademisch gebildeter Mensch vorgestellt, ein Protagonist sozusagen, der als Sprecher, Denker, Träumer und Visionär den Text produziert: Im

* Wir zitieren hier abweichend von GW IV nach einem im Deutschen Literaturarchiv in Marbach befindlichen, von Benn datierten und signierten (Berlin 19. VIII. 1921.) Typoskript.

Garten ist es ein Privatdozent der Philosophie, im *Modernen Ich* ein Mediziner.

Zudem sind beide historisch genau datiert: als Nachkriegserscheinungen auf Kathedern deutscher Universitäten, und ihre Studenten sind ehemalige Frontsoldaten. Hier ein Zitat aus dem *Garten von Arles*: „Drang zum Sinn oder Drang zum Ding, wiederholte er, uralte Wirbel, jetzt auf welcher Flut? Auf dieser, sah er auf und erblickte seine Zuhörer vor sich, die morgen vor ihm sitzen würden, in alten Uniformstücken die meisten, dürftig, hungrig, unelegant, Söhne von Bauern, Söhne von kleinen Beamten, Söhne dieses mühseligen Volks, das der große abendländische Rausch des neunzehnten Jahrhunderts verführt hatte zu jenem Traum von Macht, zu jenem Traum eines Glückes, das Mill, der Engländer, verkündet hatte. ‚Dasein soweit als möglich frei von Leid und so reich als möglich an Genüssen, nach Quantität und Qualität zugleich –' verführte und nun geschlagene Söhne, Treber essend, in totem Land."

Im zweiten Falle werden wir als Leser gleich mit dem ersten Satz in die Rolle des Auditoriums versetzt, das einem resolut auftretenden jungen Dozenten für Anfängerkurse gegenübersitzt: „Meine Herren Kollegen, die Sie jetzt Medizin studieren wollen, Kommilitonen, die Sie sich anschicken, die naturwissenschaftlichen Fächer zu beforschen..."

Auch hier der verlorene Krieg als Hintergrund: „Einige von Ihnen tragen ein Glasauge, einige den Arm verbunden, fast alle waren im Krieg. Nach Schlammjahren, nach Ypernjahren, nach Kinoabenden hinter der Front einmal in sechs Monaten, nach Nächten, wo Ihnen die Ratten den Fettfleck aus der Jacke fraßen und aus den Mundwinkeln den Krümel Brot, stehen Sie da und beben, was der Geist für Sie ersparte. Es ist mit Ihnen so, daß Sie am Abgrund stehn, wie Psyche in jenem Märchen, von Eltern und Freunden auf Befehl eines Orakels wie zum Tode im Leichenschmuck auf einen hohen Berg geführt und am Abgrund verlassen, ob der Gott sie entführe – der Gott wird kommen, wenn Sie wissen werden, wen Sie rufen sollen."

Schon in diesen zwei Passagen kommt, worauf es in beiden Texten abgesehen ist, andeutungsweise zur Sprache. Ein Zeitalter geht zu Ende, ein neues dämmert herauf, und die Frage ist: wer deutet uns das Neue, das da kommen soll? In der Sprache des Psyche-Mythos, den Benn hier nach dem vierten Buch der *Metamorphosen* des Apuleius *(Der goldene Esel)* zitiert: „Der Gott wird kommen, wenn Sie wissen werden, wen Sie rufen sollen." Und in der eher kryptischen Kurzfassung des Denkers aus *Der Garten von Arles:* „... uralte Wirbel, jetzt auf welcher Flut?" Er hat, unmittelbar zuvor, immerhin eine Antithese formuliert, die als Ausgangsposition für kommende Gedankengänge brauchbar sein könnte: „Drang zum Sinn oder Drang zum Ding, wiederholte er."

Vergleicht man diesen Privatdozenten mit der Rönnefigur, so zeigt sich, wie weit der hier gegenwärtige Wortführer von der manisch-halluzinatorischen Ichbesessenheit des berühmten Brüsseler Frühlings – „Rönne in Hochblüte" – sich entfernt hat. „... mitten um ihn", so heißt es jetzt, „war der Strom der Stunde, das Unabsehbare der Zeit, von der jeder wußte, daß sie zu Ende war, und keiner, wohin sie sich wandte, mitten um ihn das Chaos seiner eigenen Disziplin, die Erfolglosigkeit ihrer Geschichte, die Sinnlosigkeit dieses Schlachtfelds um den Sinn." Was hier reflektiert werden soll, ist nicht mehr die subjektive Selbstgewahrung eines einzelnen, sondern die „geistige Situation der Zeit", wie sie dem Autor sich darstellt: als das Bewußtsein, die „Schlacht um den Sinn" eindeutig verloren zu haben, die Begriffsfetische des neunzehnten Jahrhunderts, den ganzen Kategorienplunder einer herrschsüchtig systematisierenden Gehirntätigkeit hinter sich gelassen zu haben und nun mit Notwendigkeit auf das schlechthin andere verwiesen zu sein, das „Unerinnerliche", den Gott, der erscheint, wenn man nur weiß, wen man rufen soll. Wörtlich: „Durchbruch aus der Zone des Gedankens in die des Seins, letzte Dränge des Zeitlich-Gültigen in das Unendlich-Zeitlose, fiebernde Jaktationen des Individuums in das Unbedingte – jawohl, zwei Sonnen waren auf dem Bild, gewirbelt zwischen die Zypressen, und ein Kornfeld, auf das der Himmel schrie –: eine flache Stirn, eine fliehende Stirn, eine Verbrecherstirn: der Idiot von Arles."

Hier wird mit divinatorischer Hellsicht ein Ereignis bezeichnet, das man in expressionistischer Sicht in der Tat als die Urzeugung der modernen Malerei verstehen muß: die produktive Katastrophe, die gewaltig genug war, ein ganzes Jahrhundert aufzuwiegen, und schrecklich genug, das Leben des Auserwählten einzufordern in einer, wie Paul Klee gesagt hat, „vorbildlichen Tragödie". Noch vierunddreißig Jahre später hat Werner Haftmann, seinerzeit der brillanteste Kunstkritiker seiner Generation, mit Worten, die merkwürdig stark an Benns Deutung erinnern, den „Idioten von Arles" zu interpretieren versucht: „So zieht Vincent im Februar (1888) nach Südfrankreich, nach Arles. Hier nun, im brüllenden Sommer des Midi, ereignet es sich, und wohl zum erstenmal, daß sich ein Mensch ganz in die Welt hineinverfügt, daß das Sein eines Menschen und das Sein der Dinge um ihn in einem gewaltsamen Anraffen und einem leidenschaftlichen Sich-Hinbreiten des Menschlichen unter ihrem Anruf zu einer Einheit zusammenglüht, in deren Hitzegrad das Bild wie ein Email herausschmilzt, strahlend, kostbar, voll vom Saft der Dinge und zugleich ein Gleichnis der Leidenschaft und Liebe, die sich an diesem vollen Sein der Welt entzündete. Dieses inbrünstige Heranwerfen an die Schöpfung steigert das persönliche Bewußtsein zu einer halluzinatorischen Überwachheit. Der Künstler ist der Trancespieler, der mit empfindlichen Organen durch die Dinge zu ihrem Kern tastet, um sein Herz um diesen Kern legen zu können."*

„Durchbruch aus der Zone des Gedankens in die des Seins": das ist die an dieser Stelle, unter der „brüllenden Sonne des Midi", und im Zeichen van Goghs, genau angemessene Formel – wofür? In immer neuen diskursiven Zusammenhängen, unter immer wieder anderen begrifflichen Voraussetzungen wird es sich melden, dies Wofür, Wohin und Wozu: in der „Musik des Vergessens", in der berühmten Pathosformel von der „formfordernden Gewalt des

* Werner Haftmann, *Malerei des 20. Jahrhunderts,* München 1954, S. 30.

Nichts“, in der Ankündigung einer „neuen Ritualität“, der „Ausrufung der Kunst zum anthropologischen Prinzip“. Nicht eine, sondern zwei Sonnen will er gesehen haben auf einem der spätesten und fulminantesten Bilder des „Idioten von Arles“. Wie sollen wir das verstehen, und welches Bild ist gemeint? Es kann sich nur um das 1889/90 datierte Werk handeln, das bei Meier-Gräfe (1922) *Landstraße in der Provence*, bei einem späteren Interpreten *Der Weg mit der Zypresse und dem Stern* (H. W. Grohn, 1958) genannt wird. Ein mächtiges, schwarz aufloderndes, in eins verschmolzenes Zypressenpaar, das von zwei runden, wirbelnden, weiß und farbig leuchtenden Himmelskörpern gleichsam flankiert wird, ist zu sehen; rechts im Hintergrund ein niedriges Haus, ein Gasthof, „sein altes Dach lastet schwer auf den Mauern, die Wellenlinie seines Giebels folgt den Schwüngen der Landschaft. Der Weg, auf dem ein kleiner Karren fährt und Wanderer marschieren, strömt uns, mit breitem Pinsel heftig hingestrichen, wie ein angeschwollener Fluß entgegen“ (H. W. Grohn). Auf den ersten Blick glaubt man in der Tat „zwei Sonnen“ zu sehen, aber der Eindruck kann einer genaueren Betrachtung des Bildes nicht standhalten. Der Maler selbst hat es in einem Brief vom Mai 1890 an Paul Gauguin als ein Nachtstück beschrieben: „Ein nächtlicher Himmel mit einem glanzlosen Mond, die wachsende Sichel tauchend aus dichtem Schatten, der auf die Erde gesenkt ist. Ein hellblinkender Stern, wenn Sie wollen, ein lieblicher Glanz von Rosa und Grün in dem Ultramarin-Himmel, über den Wolken treiben ...“ Also nicht „zwei Sonnen“, sondern der Mond und ein Stern.

Was bedeuten also diese zwei Sonnen, die Benn gesehen haben will, im Kontext dieser Prosa? Sie sind eine Absage an die Systematik der Zahlenwelt, auf die nicht nur jedes wissenschaftliche Denken, sondern auch alle praktische Weltorientierung unweigerlich angewiesen ist und für immer angewiesen sein wird. Sie sind ein Votum für die Souveränität der Einbildungskraft, die als Methode sui generis, unabhängig von Wissenschaft und Philosophie die Wahrheit anzugehen, ernst genommen werden muß, ein Votum für die Vollmacht der Kunst. Damit sind sie auch schon der

Beweis für die Möglichkeit einer Erfahrung, die wir am Beispiel der Edmée-Figur in der Rönne-Novelle *Der Geburtstag* – rückgreifend auf das bewußte Nietzsche-Erlebnis auf dem Waldweg von Sils Maria nach Surlej – die schizoide Verklärung genannt haben: „Aus Eins wird Zwei/Und Zarathustra ging an mir vorbei."

Bleibt zu sagen, daß man dem *Garten von Arles* nicht ganz gerecht werden würde, wenn man aus ihm nichts weiter herauslesen wollte als jene kritische Absetzbewegung von der Gedankenwelt des positivistisch-induktiven Jahrhunderts und den „Durchbruch zum Sein" im Namen des späten van Gogh. Tatsächlich ist es ein kulturhistorischer Horizont von äonenweiten Dimensionen, der hier beschworen wird, er reicht bis weit ins Vor-Europäische zurück: „...Nilschlamm, das ist Eierstockschlamm von Ur-Europa", und Knossos, „um riesige Binnenhöfe Kriegspaläste labyrinthisch getürmt", rund viereinhalb Jahrtausende vor unserer Lebenszeit, ist dann erst das Nächste. Der themenbildende Akzent aber liegt auf dem frühionischen Ephesus des „dunklen" Heraklit, Ende des sechsten Jahrhunderts vor Christus: „Hier war es gewesen, daß das Ich begann, in dessen letzten Flammen jetzt die Blumen um ihn trieben." Es ist die Weltstunde, in der auf allen kulturfähigen Kraftfeldern des Erdkreises die sogenannten „magischen Hochkulturen" ein Ende fanden und als das neue „Paradigma" der ichsagende und logosorientierte Mensch seinen Auftritt hatte, Karl Jaspers nannte es die „Achsenzeit" der Weltgeschichte. Benn läßt den großen alten Epheser in persona vorkommen, er zeigt ihn in der Stunde, da er seinen berühmtesten Sinnspruch aufs Pergament setzt, und es ist merkwürdig, daß er schon hier, indem er wörtlich zitiert, das eben erst etablierte Ich schon in einem zweifelhaften Licht, gewissermaßen in einer „ambivalenten" Situation erscheinen läßt: „...vielleicht hier zwischen Rosen und schweigendem Wein schrieb er, daß es dieselben Flüsse nicht mehr sind, auch wenn wir in dieselben Flüsse steigen: „ἐσμὲν καὶ οὐκ ἐσμὲν." Zu deutsch: wir sind und wir sind nicht. Ergo: nicht die Flüsse sind das Problem, sondern wir.

Merkwürdig auch, daß Heraklit in diesem Zusammenhang

nicht eigentlich als der Philosoph des Logos (Wort, Sinn, Gesetz) vorkommt, sondern eher als ein sanft-gewaltiger, väterlicher Flußgott, das Prinzip „Alles fließt", ein Element. Wenn es je einen Denker gegeben hat, der in der Konfrontation von „Gedanke" und „Sein" die Sache des Gedankens, will sagen: „die Einheit des Bewußtseins, welche vor allen Datis der Anschauung vorhergeht und worauf in Beziehung alle Vorstellungen von Gegenständen möglich sind" (Zitat aus der *Kritik der reinen Vernunft*), diese Sache also mit übermächtiger Autorität vertreten hat, so war es nicht Heraklit. „Kant, dachte er, behagliche Affäre, Gelehrtenstübchen, Schattenriß des achtzehnten Jahrhunderts, gestirnter Himmel über dem Jabot – versackender Kontinent." So wird denn Kant in den grüblerischen Jaktationen dieses Privatdozenten (der übrigens im Begriff ist, den alten Kontinent zu verlassen, und morgen schon „auf dem Wege nach Batavia" sein wird) zum eigentlich maßgeblichen Gegenspieler dessen, was er selber will. Kant als „Kreuzspinne, Unzüchtiger des Geltungswerts, Sklavenmarkt, martiniquisch, schematisierbarer Verdinglichungen, Drahtsträhniger, Vernetzer aller Fisch- und Fluchtwerte in die Schädelreusen..." Wer ist, wer war Kant? Den „Alleszermalmer" hatte einst Heinrich von Kleist ihn genannt und war an ihm verzweifelt. Für Benns alter ego im *Garten von Arles* ist er der Allesvernetzer, der Imperialist der Begrifflichkeit, der ihm das Gehirn in Eisen legen will, das Wort „Kantkrone" fällt ihm dazu ein, von wo es ja bis zur Dornenkrone nicht weit ist. Im Zusammenhang: „Eisenklammer rief er aus, Eisenklammer, nördlich angesiedelt, Kantkrone, wer schlägt den Reif aus deiner Stirn – zwei Sonnen waren auf dem Bild gewirbelt zwischen die Zypressen und ein Kornfeld, auf das der Himmel schrie –"

Das ist der Aufruf zum „Kreuzzug gegen die Kreuzspinne", das ist die Sprengung der Schädelreuse, die Mobilmachung aller Fisch- und Fluchtwerte, die Entfesselung der „Südlichkeiten", und die heißen hier: Arles, Marseille, Vincents Sonnenblumen und – „kurz das ist *reines Gelb*."

Dazu ein paar Worte von Vincent persönlich, entnommen aus

den Briefen an Theo, den Bruder: „In diesen Tagen wurde beim Malen ein gewisses Gefühl für Farbe in mir wach, das anders und stärker ist als alles, was ich bis jetzt empfunden habe“ (August 1883); und weiter: „Farbe drückt aber durch sich selbst etwas aus, das man nicht entbehren kann, man muß Gebrauch davon machen, und – was schön ist, wirklich schön, ist auch wahr“ (1885). Schließlich: „Nur die Farbe muß hier die Sache machen...“ (Herbst 1888). Wahrhaftig, Benn hat seinen „Idioten von Arles“ verstanden: Reines Gelb, das ist „die Sache selbst“, das ist sozusagen die Epiphanie seiner selbst. Ist es nicht vielleicht schon jenes Ereignis, das da kommen wird, „wenn Sie wissen werden, wen Sie rufen sollen?“

Die Antwort unseres Privatdozenten, das reine Gelb betreffend, ist äußerst radikal, und das muß damit zusammenhängen, daß er nicht mehr ganz nüchtern ist, er hat scheints etwas – „genommen“: „Das löst wie Zuckerei. Da kann Gott nicht weit sein. Was heutzutage Gott ist: Tablette oder die Originalstaude mit Pottasche für den Coquero (Koks).

Mein Betelgott, mein bittres Brennchen am Gaumen, mein kleiner Durststiller, welch ein Garten!“

Gibt es nicht eine Conclusio zum Schluß, irgendein bündiges Quod-erat-demonstrandum an die Adresse des geneigten Lesers? Nichts dergleichen. Es ist ein offener Schluß, einer, der uns ein „panta rhei“-Gefühl, ein Gefühl von Getragensein und Sich-Verströmen suggeriert, etwas wie „Schmelzend durch den Mittag kieselte bächern das Haupt“ (aus dem *Geburtstag*). Nur daß man hier ganz ohne Syntax auskommen muß: ein Traumprotokoll aus Substantiven mit halbgeöffneten Schwingen, assoziativ und asyndetisch, und was hier auf unbestimmt vielsagende Weise in Szene gesetzt wird, das ist die Vermählung von Arles und Ephesus, und das letzte Wort haben die Flüsse des Heraklit, nicht wörtlich die „Flüsse“, sondern das dreisilbige, in Benns Ohren unvergleichlich viel klangvollere und damit treffendere griechische Original: „Das ist Arles; Arles aus der Dorer Jauchzen, Quader der Erde, Aue des Zeus – Wandel der

Worte, Streuung der Werte – Schatten und Asche – ποταμοί – ποταμοί."

Diese Leichtigkeit und Mittagshelle, diese Euphorie vor dunklem Horizont, dies letztendliche Freiwerden der „Fisch- und Fluchtwerte", woran erinnert es uns? Wieder sind es die *Dionysos-Dithyramben*, die wir nennen müssen, es sind die beiden letzten Verse von *Die Sonne sinkt*:

> Silbern, leicht, ein Fisch
> Schwimmt nun mein Nachen hinaus ...

Geschrieben in demselben Jahre 1888, als Vincent van Gogh sich nach Arles begab, um auf sich zu nehmen, was man seine „vorbildliche Tragödie" genannt hat. –

Der *Garten von Arles* und *Das moderne Ich* sind, wir haben es schon angedeutet, parallel geführt, aber Doubletten sind es keineswegs. Beide Texte sind offensichtlich darum bemüht, Bruchstücke zu einer „Biographie des Ich" zu liefern, die als Ganzes, so der junge Mediziner vor seinen Studenten, bisher „nicht geschrieben" sei. Der Philosoph aus dem *Garten* leistet seinen Beitrag, wo er den Kairos von Ephesus im ausgehenden sechsten Jahrhundert überzeugend definiert: „Hier war es gewesen, daß das Ich begann." Wo er jedoch auf die Gegenwart zu sprechen kommt, läßt er es mit einer allgemeinen und ziemlich matt klingenden Bankrotterklärung sein Bewenden haben und verzichtet auf eine präzise Beschreibung der Lage: „...mitten um ihn das Chaos seiner eigenen Disziplin, die Erfolglosigkeit ihrer Geschichte, die Sinnlosigkeit dieses Schlachtfelds um den Sinn." Mehr hat er an dieser Stelle nicht zu bieten, und über die faktische Entwicklung – qua Problemgeschichte –, die seine Disziplin ins „Chaos" geführt haben soll, erfahren wir nichts. Seine üppig wuchernde, mit den abenteuerlichsten Metaphern operierende Polemik gegen Kant hat ihn abgelenkt und nur allzubald aus der Sphäre des „Gedankens" überhaupt hinauskatapultiert.

So muß denn, was der Humanist uns schuldig bleibt, der Naturwissenschaftler auf seine Kappe nehmen. Sein Stichwortgeber, es wundert uns nicht, ist Nietzsche; ihn exegetisch zu erschließen und mit eigenen, aus persönlichen Erfahrungen gespeisten Worten an seine Zuhörer zu vermitteln, ist alles, was er sich vorgesetzt hat. Zum Beispiel das Thema „Verwissenschaftlichung des Bewußtseins“, das zum ersten Male in der zweiten der *Unzeitgemäßen Betrachtungen (Vom Nutzen und Nachteil der Historie für das Leben*, 1873) zur Sprache kommt und später in den *Nachgelassenen Fragmenten der achtziger Jahre* (ehemals *Der Wille zur Macht* betitelt) immer wieder auftauchen wird. „Der moderne Mensch“, so liest man's beim frühen Nietzsche, ein Jahr nach der Vollendung der *Geburt der Tragödie*, „schleppt zuletzt eine ungeheure Menge von unverdaulichen Wissenssteinen mit sich herum, die dann bei Gelegenheit auch ordentlich im Leibe rumpeln, wie es im Märchen heißt. Durch dieses Rumpeln verrät sich die eigenste Eigenschaft dieses modernen Menschen: der merkwürdige Gegensatz eines Innen, dem kein Äußeres, eines Äußeren, dem kein Inneres entspricht, ein Gegensatz, den die alten Völker nicht kennen. Das Wissen, das im Übermaße ohne Hunger, ja wider das Bedürfnis aufgenommen wird, wirkt jetzt nicht mehr als umgestaltendes, nach außen treibendes Motiv.“ Das im Übermaß und ohne eigentliches Bedürfnis verschlungene Wissen „bleibt in einer gewissen chaotischen Innenwelt verborgen, die jener moderne Mensch mit seltsamem Stolz als die ihm eigentümliche ‚Innerlichkeit‘ bezeichnet...“

Fünfzig Jahre später, und das Chaos hat sich vervielfacht, das Durcheinander der Perspektiven ist zur Qual, die Sinnfrage zur X-beliebigkeit geworden. Etiketten wie Untergang des Abendlandes, alexandrinischer Synkretismus und so weiter bieten sich an. Der Vortragende äußert sich wie folgt: „Nun steht es da, dies Ich, Träger alles erlebten Inhaltes, allem erlebbaren Inhalt präformiert. Anfang und Ende, Echo und Rauchfang seiner selbst, Bewußtsein bis in alle Falten, Apriori experimentell evakuiert ... überreif, faulig, giraffig, unbeschneidbar, ohne Glauben und ohne Lehre, ohne Wissenschaft und ohne Mythe, nur Bewußtsein ewig sinnlos, ewig qualbestürmt.“

Ewig sinnlos? Aber wie, bei allen guten Geistern der abendländischen Philosophie, mit welchen Argumenten kann man das zwingend begründen? Es bedeutet, daß der Horizont untergegangen ist, vor dem wir jahrtausendelang existiert haben, und dieser Untergang ist bewirkt worden durch jene schon mehrfach erwähnte Todesbotschaft, die uns im einhundertfünfundzwanzigsten Aphorismus der *Fröhlichen Wissenschaft* gemeldet worden ist. „Jedes Lebendige", so heißt es schon beim jungen Nietzsche, „kann nur innerhalb eines Horizonts gesund, stark und fruchtbar werden; ist es unvermögend, einen Horizont um sich zu ziehn und zu selbstisch wiederum, innerhalb eines fremden den eigenen Blick einzuschließen, so siecht es matt oder überhastig zu zeitigem Untergang dahin." Der „Untergang des Abendlandes" ist eine geschichtsphilosophische Hypothese, die in biologisch-morphologischen Abläufen denkt; der Tod Gottes aber ist eine metaphysische Katastrophe, und Benn ist Pastorensohn genug, um noch vierzig Jahre nach jener Meldung ihre ganze Tragweite zu ermessen. „Wohin ist Gott?" so hatte damals Nietzsches „toller Mensch" ausgerufen: „ich will es euch sagen! *Wir haben ihn getötet* – ihr und ich! Wir alle sind seine Mörder! Aber wie haben wir dies gemacht? Wie vermochten wir das Meer auszutrinken? Wer gab uns den Schwamm, um den ganzen Horizont wegzuwischen?" Und später: „Was taten wir, als wir diese Erde von ihrer Sonne losketteten? Wohin bewegt sie sich nun? Wohin bewegen wir uns? Fort von allen Sonnen? Stürzen wir nicht fortwährend? Und rückwärts, seitwärts, vorwärts, nach allen Seiten? Gibt es noch ein Oben und ein Unten? Irren wir nicht wie durch ein unendliches Nichts?"

Freilich: der vortragende Medizindozent aus Benns Essay über das *Moderne Ich* hat den ungeheuerlichen Orientierungsschwindel von damals inzwischen verarbeitet; der dramatisch bewegte, predigerhaft-pathetische Tonfall mit den vielen Frage- und Ausrufungszeichen, mit dem der Aphorismus 125 den Anbruch des nihilistischen Zeitalters verkündet hatte, ist passé. Unser Mann drückt sich „wissenschaftlich" aus, kurz angebunden und stark terminologisch gefärbt; er interessiert sich beispielsweise für die soziologischen Folgen der Entwicklung, für die Heraufkunft eines neuartigen menschlichen Typus, den er sehr von oben herab als das „soziale Ich" definiert – in der Vorrede zum *Zarathustra* wurde er „der letzte Mensch" genannt –, oder für die Konsequenzen im Bereich der eigenen Disziplin: „Meine Herren", sagt er, „die Umstellung zum sozialen Ich im neunzehnten Jahrhundert war unausweichlich: Gott vertrieben, wo immer er stand; noch um 1800 herum die Beschreibung einer Ameisenart als Beschreibung von Gottes Allmacht und Wunderwirken im Einzelfall der hier vorliegenden Rüssel und Facettenaugen, als Fachwissenschaft im Rahmen der Theologie, und nach drei Jahrzehnten die beziehungslose kausalanalytische Deskription..." Und dann, nach dieser beiläufigen Anspielung auf den teleologischen Gottesbeweis im Sinne einer aufklärerisch gestimmten Theologie (Rüssel und Facettenaugen!), nun eben doch wieder die Frage, die den Umkreis eines nichts-als-wissenschaftlichen Denkens schon wieder durchbricht: „...wohin mit der Gebetsmaterie, den Aufstiegsenergien", wohin damit vor dem Nicht-Horizont eines götterlosen Vakuums? „...diese ungeheure paraboloide Spannung des menschlichen Gefühls", die einmal als die „schlechthinnige Abhängigkeit" erlebt worden war? Was soll aus ihr werden, wie und wo kann man sie investieren? Damit aber sind wir wieder an den Anfang dieses Versuchs einer Lagebestimmung zurückgekehrt: „Der Gott wird kommen, wenn Sie wissen werden, wen Sie rufen sollen."

Der Gott – es kann uns kaum noch überraschen – heißt Dionysos, und sein Name steht für das Prinzip Kunst, das letzte noch glaubwürdige Telos für das ewig qualbestürmte Bewußtsein. Wäre es dabei geblieben, so hätten wir hier ein essayistisches Gegenstück zum dritten Gedicht des Zyklus *Schutt*: „In Leuenzügen/Mänadenklang –." Aber Benn geht noch einen Schritt weiter und bringt noch eine zweite sinnbildliche, ja mit Sinnbildlichkeit überladene Figur aus der griechischen Mythologie ins Spiel: Narziß oder Narkissos, den Sohn des Flußgottes Kephissos und der Najade Leiriope, einen ausnehmend schönen Jüngling, der die Liebe der Nymphe Echo verschmäht und deswegen von Aphrodite mit unstillbarer Selbstliebe bestraft wird. Dieser Narziß tritt hier ein als das mythische Sigillum für den nur noch sich selber begegnenden Rönne-Charakter, er steht für das Prinzip der monologischen Kunst, zeugungsunwillig und „schreiend nach Zeugung“, „hungernd in den Fäusten, dir Stücke aus dem Leib der Welt zu reißen“, formwillig, formwütig und erst in dieser Formung „sich tief in sie vergessend, aus aller Not und Scham der Einsamkeit“. Benn zitiert seinen Narziß nach dem dritten Buch der *Metamorphosen* des Ovid, wo sein Leben erzählt wird, sein Tod und seine auch *nach* dem Tode noch ungestillte Begierde nach dem Anblick seiner selbst:

> Nieder senkt er sein mattes Haupt in die grünenden Gräser,
> Tod schloß die ihres Herren Gestalt bestaunenden Augen.
> Auch, als ihn auf dann genommen die unterirdischen Sitze,
> schaut er sich selbst im Wasser des Styx … (III, 502–505)

In Bennsche Prosa übersetzt, liest sich das folgendermaßen: „…dann: über die Lider des Baumes Hauch, dann: Gurren, dann: zwischen Asphodelen schaust du dich selbst in stygischer Flut.“ Dazu als Erläuterung ein paar Sätze aus der Interpretation dieses Essays von Else Buddeberg aus ihrem blitzgescheiten Benn-Buch von 1961: „Der *erlöste Narziß* im künstlerischen Zeugungsakt – Formgebung nicht als Weg zum Selbst, sondern als Vergessen des Verlangens nach dem Selbst – Aufhebung des Ich im Akt, der über jede Selbstbezogenheit hinausgeht. Dieses Ich, das sich in der Erzeugung der künstlerischen Form als leidendes Selbst aufhebt, sieht sich *danach* von orphischen Zeichen berührt, umschauert: ein entselbstetes Selbst in stygischer Flut. Narziß, erlöst im Zeichen der coincidentia oppositorum: Zeugung im Schatten des Todes.“

Dieser allererste in der langen, vor allem in den späten zwanziger und frühen dreißiger Jahren exzellierenden Reihe von Essays ist, so will es scheinen, noch nicht das, was man ein Meisterwerk nennen müßte. Er ist mit Motiven von unterschiedlichem Niveau überfüllt, fast möchte man sagen: vollgestopft, er ist schlecht disponiert und kompositorisch nicht überzeugend. Er bringt gelegentlich „Ansichten“ zur Sprache, die man als thematisch irrelevant empfindet und liebend gern an die Zuständigkeit der „Mitherren“ in Diesterwegs Kasino-Runde abtreten würde, zum Beispiel eine offenbar patriotisch motivierte Stellungnahme gegen die Behauptung, „daß Deutschlands Zusammenbruch aus irgendeiner sogenannten inneren Notwendigkeit heraus erfolgt sei“. Im Anschluß daran wird auch das später so ergiebige Thema Geschichte schon angesprochen – „Fades Dakapo! Ach, die Idee in der Geschichte!“ –, aber dann bleibt es ungenützt liegen, wird nicht entwickelt. Endlich das mythologische Gedränge zum Schluß: zwei sinnbildlich aufgeladene Idole anstatt eines einzigen. Narziß und Dionysos stehen sich gegenseitig im Licht...

Und dennoch: als „Antrittsvorlesung“ eines großen Essayisten, der sich hier mit einem Beitrag zur Bewußtseinslage der Epoche gleichsam habilitiert, um dann fünfunddreißig Jahre lang sein Thema immer wieder zu variieren, ist dieser Aufsatz eindrucksvoll genug. Der Grundriß von Benns Gedankenwelt, das Ensemble seiner Motive, die faszinierende Attraktivität seiner Problemstellungen, nicht zuletzt die intellektuelle Verve und Energie, mit der er seine Themen in Angriff nahm: dies alles lag am Tage, und für einen intelligenten Leser muß es schon damals ganz unverkennbar gewesen sein.

Das Hier der Liebe und das Dort des Todes

Zum Schluß haben wir nun aber, um es mit einer von Benn vielfach gebrauchten, auf den ersten Blick vielleicht befremdenden Wendung zu sagen, „noch einiges Private" zu berichten. Es ist dies ein Wort ohne Aura, eine un-, ja antipoetisch gemeinte Allerweltsvokabel, sie betrifft das bloß noch statistisch gedachte „bürgerliche" Individuum, das „hinter" dem kunstmachenden Subjekt zu denken wäre, und das die Öffentlichkeit „eigentlich" nichts angeht. So beispielsweise in *Doppelleben*, wo man uns zu guter Letzt, nachdem alles Wesentliche gesagt ist, *Noch einiges Private* mitzuteilen geruht: es ist das gemeinplätzig Soziale, auch Familiäre, Menschen, Angelegenheiten, persönliche Interessen, die als „Material" für das kunstmachende Subjekt im Augenblick nicht in Betracht kommen, da sie der Sphäre des „Ichs im lebensbiographischen Sinne" angehören und außerhalb ihrer ohne Belang sind. Es ist dort – 1949 – unter anderem die Rede auch vom Eintritt einer „dritten Frau" in sein Leben – „nach viel Unglück und Tod und Trauer in dieser Richtung"! Nach viel Unglück und Tod und Trauer in dieser Richtung: das ist ja eine Ausdrucksweise, die einem Bürodiener mit Ärmelschonern in den Mund gelegt sein könnte, aber man wird doch wohl annehmen müssen, daß Benn genau gewußt hat, wie entsetzlich banal er sich hier ausgedrückt und warum er das getan hat. Offenbar ging es ihm darum, den Gegensatz zwischen dem „privaten" Parlandoton und dem unmittelbar Vorausgegangenen, einem Stück anspruchsvoll gearbeiteter Essayistik über die großen Themen seiner Spätzeit, so scharf wie möglich zu markieren.

Aber auch diese Medaille hat ihre Kehrseite. Wir kennen Äußerungen von Benn, die das „Ich im lebensbiographischen Sinn" und alles, was es erlebt und erlitten hat, als etwas Unbegriffenes, ganz und gar Unbegreifliches und „Unausdenkbares" (wie in jenem Allerheiligen-Treffen mit dem Bruder Siegfried 1915 in Brügge) erscheinen lassen. „Eigentlich ist mein privates Leben völlig undurchsichtig", heißt es in einem Brief aus Dänemark an Oelze, „eine Kontinuität aus Lücken und Verlusten, keiner könnte von mir etwas erzählen, einen Zusammenhang erblicken und schildern. Eine seltsame Parallelität zu meinem sogenannten Oeuvre, das ja auch aus Auf- und Niederbrüchen besteht u. keine Linie hat, die man ablesen kann." (11 IX. 50) In solchen Augenblicken kann ihm das äußere Leben, um an einen berühmten Satz von Novalis zu erinnern, als ein „in den Geheimniszustand erhobenes Innere" erscheinen. Die elegische, auf Rausch und Untergang gerichtete Grundstimmung des Oeuvres, seine von „Auf- und Niederbrüchen" gezeichnete Diskontinuität wird auf den Lebenslauf projiziert; dadurch aber wird ihm jedes Bewußtsein von Zusammenhang ausgetrieben, es wird un-„erzählbar". „Es gibt", so darf Herr Oelze diesem Brief entnehmen, „keine Kontinuität menschlicher Art in meinem Dasein – außer den blauen Briefen von Herrn Oe seit 18 Jahren."

Es ist ein Brief über „Verluste", ein Brief über das Thema „Der Tod und die Frauen", und es ist unheimlicherweise nicht der einzige Brief dieser Art, die mit ganzen Verlustlisten aufwartet, um zu demonstrieren, wie der Tod, sei es durch Krankheit, Selbstmord, Mord und politische Gewalt, unter „seinen" Frauen gewütet hat. Bezeichnend ist ein Satz, mit dem diesmal, in dem Brief vom September 1950, das Thema angegangen wird: „Dann die Frauen! Sie traten ein in mein Leben, in eine bestimmte Periode meines Lebens, und dann schieden sie wieder aus." Dieser Satz, wenn anders er mehr ausdrücken will als eine tautologische Platitüde, kann nur sagen wollen: wie undurchsichtig das alles ist, wie ganz unausdenkbar!

Im Jahre 1922, als Gottfried Benn „35 Jahre und total erledigt" war und mit den Worten: „Unmöglich, noch in einer Gemeinschaft zu existieren, unmöglich, sich auf sie zu beziehen in Leben oder

Beruf", seine extrem asoziale Gemütsverfassung publik machte, in diesem für ihn so bedeutsamen Jahr 1922 war es Edith Benn, geborene Osterloh, die „ausscheiden" mußte. „Meine erste Frau", so heißt es in der Verlustliste aus dem zitierten Oelze-Brief, „starb 1922 an einer Gallenblasenoperation in Jena, ausgeführt von dem berühmten Prof. Magnus, erstklassiger Chirurg." Nun hatten wir ja schon seit einigen Jahren von Edith Benn nichts Direktes mehr gehört, waren aber in Benns Briefen ab und zu auf diese halblauten Beiseite-Bemerkungen im Hinblick auf die Passauer Straße gestoßen, die nichts Gutes ahnen ließen. Einmal will er „die ganze Passauerstraße zum Deibel jagen" (Dezember 1921), dann wieder, ein paar Monate später, läßt er seine junge Freundin wissen, daß „gewisse häusliche Schmerzlichkeiten" ihn „übertrieben beschäftigen", woraus man wohl nicht zu Unrecht geschlossen hat, er habe zeitweise daran gedacht, sich von Frau und Tochter zu trennen.

Daß der Entschluß, diese Ehe einzugehen, auf beiden Seiten nicht glücklich gewesen und verfrüht, unter Zeitdruck, realisiert worden war, kann nach allem, was wir wissen, kaum bezweifelt werden. Es scheinen aber auch „äußere", vor allem finanzielle Probleme dazu beigetragen zu haben, Benns Verhältnis zur „Passauer Straße" zu belasten. Adele Osterloh, Ediths Mutter, macht die „schwierigen Zeitverhältnisse" dafür verantwortlich, wenn es mit der Praxis in der Belle-Alliance-Straße schon nach ein paar Jahren so bedenklich bergab gegangen war, daß „Gottfried" seiner Frau eines Tages erklären mußte, er sei nicht mehr in der Lage, die Lebenshaltungskosten für die Familie allein zu bestreiten, sie müsse versuchen, eine Beschäftigung zu finden, um auch selber etwas zu verdienen. Edith Benn scheint an eine Stellung in einem „Pianofortemagazin", bei der ihre pianistischen Fertigkeiten ihr zugute gekommen wären, gedacht zu haben. Doch litt sie seit längerer Zeit schon an Gallensteinen und häufigen schmerzhaften Koliken, und unter diesen Umständen wäre der Antritt einer solchen Stellung ein Ding der Unmöglichkeit gewesen. Frau Edith sprach von Operation, Benn war ganz entschieden dagegen, und als sie insistierte, empfahl er mit Nachdruck eine Klinik in Berlin. Die

Patientin entschloß sich für Jena, wo dann ihre geliebte Mutter ihr in der Zeit der Rekonvaleszenz Gesellschaft leisten würde, es war, wenn unser Instinkt uns nicht täuscht, nicht nur der berühmte Professor Magnus, der sie für Jena optieren ließ, es war auch das mehr oder weniger bewußte Verlangen, „nach Hause" zu kommen.

Als dann Adele Osterloh am 18. November nach Jena fährt, um die Frischoperierte zu besuchen, wird sie von der Schwester Ada am Bahnhof erwartet. Es sei, so wird ihr bedeutet, nicht „nach Wunsch" gegangen, und sie werde gebeten, ihren Besuch auf den nächsten Tag zu verschieben. „Der nächste Tag war ein Sonntag. Früh war wider Erwarten Gottfried aus Berlin gekommen, und so verschob ich meinen Besuch bis gegen Mittag. Als ich in das Zimmer trat, wußte ich sofort, daß ich zu einer Sterbenden kam. Die charakteristische Atmung der Sterbenden, ein unförmig aufgetriebener Leib – und dabei ein beglückter, heiterer Zug in dem lieben Gesicht: ‚Heute ist ein schöner Tag', sagte sie. ‚Zwei liebe Besuche, Gottfried und Mimm!' ... Es war herzzerreißend. Am 19. November abends sechs Uhr starb sie. Es war der traurigste Tag meines Lebens."

Am 19. November 1947 erinnert auch Benn sich in einem Brief an die Tochter an diesen Tag: „Liebste Nele, es ist heute der Todestag von Mami und es ist heute 25 Jahre her, daß sie starb, daran denke ich sehr. Ich kam am Morgen in Jena an, da mich Tante Ada am Abend vorher angerufen hatte, um mir zu sagen, daß es sehr schlecht stünde und ich fuhr die Nacht hin. Ich sprach Mami den ganzen Tag noch und saß an ihrem Bett, sie litt nicht, hatte keine Schmerzen und wußte nicht, daß sie starb, aber wir wußten, daß es geschehen würde. Du spieltest in Tante Adas Wohnung mit Evi, Mami lag ja in einer Klinik. Sie war diesen letzten Tag so überaus freundlich und, ich möchte sagen höflich und ritterlich mit mir, fragte, ob ich zu essen bekäme und gut untergebracht wäre und dachte nicht im geringsten an sich selbst –, so war sie immer gewesen. Abends um 10 Uhr starb sie in meinen Armen, Mimm und Tante Ada waren dabei. Ich fuhr dann in der Nacht nach Berlin zurück, da ich es in Jena nicht ausgehalten hätte und kam dann mit Onkel Stephan am 21. zurück und am 22. war die Beerdigung. Abends nahm ich Dich mit ins Hotel zu mir u. Du trugst einen Umhang und eine kleine Kapuze, als wir beide von Tante Adas Wohnung im Dunkel und Regen in das Hotel wanderten. Es war ein sehr schlimmer Tag u. oft sehe ich noch alles vor mir. Später suchte ich auf dem Kirchhof eine andere Grabstelle, die schöner lag, freier, nicht so zwischen all den anderen Gräbern, und wir betteten den Sarg um. Ich weiß nicht, ob Du das alles weißt und darum schreibe ich Dir heute davon."

„Mimm" war die Dresdner Großmama, versteht sich, und in Onkel Stephan erkennen wir Benns nächstjüngeren Bruder (1889–1974), der als Berliner Theologiestudent einst mit Klabund freundschaftlich verkehrt hatte und inzwischen, als einer der Nachfolger des eigenen Vaters, zum Pfarrer von Sellin avanciert war. Möglich, daß er an jenem 22. November für Edith Benn die Grabrede gehalten hat. In Nele Soerensens Erinnerungsbuch hat er als der „geliebte Onkel und Pfarrer Stephan Benn" einen Ehrenplatz, denn er ist es gewesen, der nach dem Tode der Mutter die Siebenjährige in sein Haus aufnahm und ihr für „viele Monate" Gastfreundschaft gewährte. „Die Monate im Pfarrhaus dort", schreibt Nele, „gehören zu den schönsten meines Lebens." Sie blieb nur bis zum April 1923, also nicht einmal ein halbes Jahr. Inzwischen hatte sich eine andere und, wie sich herausstellen sollte, endgültige Lösung für das Nele-Problem ergeben. Welches Problem?

Als Vater, Ernährer, Bewacher und Erzieher zweier Halbwaisen sah sich der so plötzlich zum Witwer gewordene Höhlenbewohner in der Belle-Alliance-Straße vor eine schlechterdings unmögliche Situation gestellt. Darum diese Maßnahmen: Nele zunächst nach Sellin, und Andreas, ihr inzwischen zehnjähriger Stiefbruder (den Benn adoptiert hatte) wurde in sein Schulinternat in Niesky (nordwestlich von Görlitz, damals Niederschlesien, heute zum Bezirk Dresden gehörig) zurückgeschickt. Er hat, so wird uns berichtet, an seinem Stiefvater sehr gehangen, dieser Andreas, und Benn hat ihn, als er einige Jahre später an einer offenen Tuberkulose unheilbar erkrankte, in eine Lungenheilstätte aufnehmen lassen und – gemäß den preußischen Grundsätzen, die der Holländer Nico Rost an ihm entdeckt haben wollte – für den Todgeweihten getan, was noch zu tun war, und als es 1930 mit ihm zu Ende gegangen war und er achtzehnjährig als „der Sohn von Gottfried Benn" beerdigt wurde, stand er an seinem Grabe.

Und Nele? Es muß sie wie ein Blitz aus heiterem Himmel getroffen haben, als sie im April 1923 mit beängstigender Plötzlichkeit – „schnellstens" heißt es in ihrem Buch – aus Sellin entführt, nach Berlin transportiert und in der vertrauten Wohnung in der Passauer Straße einer außerordentlich statiösen Frauensperson, die von der Wohnung inzwischen Besitz ergriffen hatte, übergeben wurde. „Sie jagte mir", so Nele in einer privaten Aufzeichnung, „einen Heidenschrecken ein, sie stand doch in der Wohnung, wo ich das letzte Mal meine Mutter gesehen hatte, und bereitete eine große Gesellschaft vor."

Es war „die Dänin", die ihr gegenüberstand, Titelfigur eines der prominentesten Benn-Gedichte der zwanziger Jahre, es war Frau Ellen Overgaard aus Kopenhagen, damals neununddreißig Jahre alt, kinderlos und in zweiter Ehe mit einem höchst erfolgreichen dänischen Industriellen, zeitweilig Chef der bedeutendsten Schiffswerft des Landes, verheiratet. Sie muß eine Frau von überwältigender Vitalität gewesen sein, und sie war musikalisch begabt und „ausübend" aktiv, als geschulter Sopran – „eine sehr große Stimme", urteilt Nele in einem unveröffentlichten Brief, „aber etwas scharf" –, mit Konzertprogrammen viel unterwegs, hatte ein Appartement in Paris und neuerdings also auch ein Pied-à-terre in Berlin, die frühere Wohnung von Edith Benn in der Passauer Straße. Keine Berühmtheit, aber diskutabel und einmal, mindestens eine Saison lang, immerhin gut genug für die Sieglinde aus der *Walküre* in Bayreuth. Sie wirkt auf Fotos in der Tat wie eine Wagnerheroine älteren Kalibers, vollbusig, korpulent und das, was man einmal eine „majestätische Erscheinung" genannt hat.

Benn hatte sie unmittelbar nach der Beerdigung seiner Frau im D-Zug von Jena nach Berlin am 23. November 1922 kennengelernt, und beide, die Dänin und er, müssen sich auf Anhieb so sehr füreinander erwärmt haben, daß man beschloß, in Verbindung zu bleiben. Eine neue Frau war „in sein Leben getreten“, und damit war denn auch für das zierliche Persönchen, das seine Mutter verloren hatte, eine Entscheidung gefallen, die lebensbestimmende Folgen von großer Tragweite gehabt hat. Positive, glückliche, ja segensreiche Folgen, nehmt alles nur in allem, aber das konnte damals, im April 1923, als man dem Kind eröffnete, was ihm bevorstand, noch niemand wissen. Frau Overgaard hatte sich erboten, die kleine Nele an Kindesstatt für immer in ihr Haus aufzunehmen und für ihren Unterhalt und ihre weitere Erziehung zu sorgen, und Benn hatte erleichtert akzeptiert. Es muß für die Kleine ein schwerer Schock gewesen sein, so Knall und Fall in ein wildfremdes Land verschickt zu werden, während der Vater „froh winkend“ zurückblieb, „als wir uns auf dem Bahnsteig in Berlin von ihm verabschiedeten“. Noch in ihrem Erinnerungsbuch von 1960 denkt sie mit nur mühsam bezwungener Bitterkeit an diese traumatische Erfahrung zurück:

„Siebenunddreißig Jahre sind verflossen. Ich bin seit 1923 in Dänemark. Ich bin Dänin geworden. Warum schickte mein Vater seine einzige Tochter nach Dänemark? Weil er mit Frau Overgaard befreundet war. Warum ließ er seine Tochter dort bleiben, in einem anderen Milieu, in einem fremden Land? Diese Frage habe ich mir als Kind Hunderte von Malen gestellt. Warum? Warum? Vielleicht doch, weil es leichter war, Nele los zu sein. Andreas in Niesky. Nele in Kopenhagen. Bitte, Arbeitsruhe hier in Berlin.“

Recht hat sie, wenn sie einen Satz wie diesen zu Papier bringt, ihn sogar drucken läßt. Und im Unrecht gewesen wäre sie auch dann noch nicht, wenn sie hart und deutlich erklärt hätte, daß sie um ihr Kindesrecht betrogen worden sei. Aber weiß sie in dem Augenblick, da sie diese Worte niederschreibt, was „Arbeitsruhe“ bedeutet? Weiß sie, daß hinter einem Wort wie „Arbeitsruhe“ eine sach- und zweckentfremdete Zone zu denken ist, ein Reich der Metamorphosen, wo das „Private“ als solches „undurchsichtig“, als motivbildendes „Material" aber merkwürdig durchsichtig ist, transparent und „transzendent", und daß es eben eine Zone ist, wo „das Individuelle versank und eine Urschicht stieg herauf, berauscht, an Bildern reich und panisch"? Wenn Benn in seinen späteren Schriften gelegentlich behauptet hat, die Liebe sei „das Elysium der Unproduktiven, derer, die nicht denken und Ausdruck schaffen können" (in dem zitierten Brief an Edgar Lohner), oder – im *Roman des Phänotyp* – die Liebe täusche Inhalte vor und schaffe Surrogate für eine Individualität, die nicht mehr vorhanden sei, so zeigt eine ganze Reihe von Gedichten aus der Zeit seiner Beziehung zu Ellen Overgaard, daß er damals, in den Jahren 1922–1927, über die Liebe ganz anders gedacht hat, daß die Liebe zu einer Frau für ihn zum produktiven Anlaß werden konnte und lyrische Gebilde hervorgebracht hat, die zum Bedeutendsten gehören, was er geschrieben hat. Nicht nur die berühmte *Dänin* wäre hier zu nennen, auch Gedichte wie *Einzelheiten, Wie lange noch* und nicht zuletzt *Aus Fernen, aus Reichen*, geschrieben im Mai 1927, zeugen von der Tiefe und Reife dieser Ergriffenheit. Wohl in keiner Phase seines lyrischen Schaffens ist er dem Goetheschen Grundsatz „Poetischer Gehalt ist Gehalt des eigenen Lebens" und dem von Goethe kanonisierten, in Deutschland seither so besonders volkstümlichen Typus des „Erlebnisgedichts" so nahe gekommen wie in diesen Jahren. Wir denken vornehmlich an das orphisch dunkle Gedicht *Aus Fernen, aus Reichen*, in dem der Dichter als der Myste der Vereinigung von Eros und Thanatos seine Stimme erhebt, das Hier der Liebe und das Dort des Todes ineinanderschmelzen läßt und sich die Geliebte in das jenseitige Dunkel versetzt denkt, von wo aus sie ihm winkt und ihre Hand entgegenstreckt. Max Rychner, seinerzeit, in den vierziger und fünfziger Jahren, unzweifelhaft der erste Kritiker der deutschen Schweiz, hat dies Gebilde für das schönste Benn-Gedicht überhaupt erklärt und es mit einigen wenigen Worten unübertrefflich schön gedeutet: „Wie Orpheus hat er seine Liebe noch im Totenreich gesucht und dann die Tiefe der Erfahrung über ihre Dauer gestellt." (1957 in seinem Nachwort zu den *Ausgewählten Briefen* von Gottfried Benn.) Hier sind die fünf Strophen dieses ergreifenden Gedichts:

Was dann nach jener Stunde
sein wird, wenn dies geschah,
weiß niemand, keine Kunde
kam je von da,
von den erstickten Schlünden
von dem gebrochnen Licht,
wird es sich neu entzünden,
ich meine nicht.

Doch sehe ich ein Zeichen:
über das Schattenland
aus Fernen, aus Reichen
eine große, schöne Hand,
die wird mich nicht berühren,
das läßt der Raum nicht zu:
doch werde ich sie spüren,
und das bist du.

Und du wirst niedergleiten
am Strand, am Meer,
aus Fernen, aus Weiten:
„– erlöst auch er;"
ich kannte deine Blicke
und in des tiefsten Schoß
sammelst du unsere Glücke,
den Traum, das Los.

Ein Tag ist zu Ende,
die Reifen fortgebracht,
dann spielen noch zwei Hände
das Lied der Nacht,
vom Zimmer, wo die Tasten
den dunklen Laut verwehn,

sieht man das Meer und die Masten
hoch nach Norden gehn.

Wenn die Nacht wird weichen,
wenn der Tag begann,
trägst du Zeichen,
die niemand deuten kann,
geheime Male
von fernen Stunden krank
und leerst die Schale,
aus der ich vor dir trank.

Ob es wirklich das schönste von allen ist? Wir wollen dem Leser nicht vorgreifen. Aber eins glauben wir mit Sicherheit sagen zu können: Hier ist die glaubhafte Gegenfigur zum Narzißgesicht in der stygischen Flut, hier ist seine Widerlegung.

Postskriptum: mein Dank an die stillschweigend oder aber auch mit eigenen textlichen Beiträgen Mitwirkenden an dem vorliegenden Versuch, Gottfried Benns Lebensgeschichte zu schreiben. Er gilt zuerst Frau Dr. Ilse Benn für ihre Unterstützung meiner Bemühungen durch jahrelange freundschaftliche Teilnahme und dadurch, daß sie mir etliche Schriftstücke aus dem Nachlaß des Dichters zugänglich machte; ferner Frau Nele Poul Soerensen und Herrn Dr. Ernst-Viktor Benn für die Überlassung mehrerer unveröffentlichter Manuskripte von eigener Hand oder aus dem Besitz der Familie. Ich danke dem Deutschen Literaturarchiv in Marbach am Neckar für die Erlaubnis, die noch ungedruckten Tagebücher von Frau Thea Sternheim einzusehen, und ich danke – last but not least – Frau Marguerite Schlüter, Leiterin des Limes Verlages und profunde Benn-Kennerin, für ihr lebhaftes Interesse an der Entstehung dieses Buches und für ihre ganz unschätzbare Lektoren-Hilfe in der letzten Phase seiner Herstellung.

Mein Dank an Paul Raabe, den Direktor der Herzog-August-Bibliothek in Wolfenbüttel, steht auf einem andern Blatt. Er gilt seiner einzigartigen, im Laufe von mehr als fünfundzwanzig Jahren erbrachten und in einer Vielzahl von Veröffentlichungen präsentierten Leistung einer wissenschaftlich-archivarischen Erfassung und Inventarisierung des literarischen Expressionismus. Sie hat für jeden einschlägig interessierten Leser und Forscher gänzlich neue Arbeitsbedingungen geschaffen, diese Leistung, und ohne sie wäre auch die vorliegende Darstellung kaum denkbar gewesen.

Hans Egon Holthusen

Autor und Verlag danken den nachfolgend genannten Verlagen beziehungsweise Rechteinhabern für die freundlich erteilten Zitatgenehmigungen:
Agora Verlag, Berlin (Heinrich Eduard Jacob)
Verlag Die Arche, Zürich
(Jakob van Hoddis, Weltende. Gesammelte Dichtungen)
Joh.-R. Becher-Archiv, Berlin und Weimar (Becher)
Claassen Verlag, Düsseldorf (Walter Mehring)
Deutscher Taschenbuchverlag, München (Thilo Koch)
Dr. Hans Eckert, Basel (Thea Sternheim)
S. Fischer Verlag, Frankfurt (Thomas Mann, Franz Werfel)
Peter Hammer Verlag, Wuppertal (Armin T. Wegner)
Insel Verlag, Frankfurt (Harry Graf Keßler)
Kösel-Verlag, München
(Else Lasker-Schüler, Gesammelte Werke in 3 Bänden)
Limes Verlag, Wiesbaden und München (Nele Poul Soerensen)
Medusa Verlagsges., Wien (Carl Einstein)
Frau Dorothee Meyer (A. R. Meyer)
Verlag der Nation, Berlin (Rudolf Leonhard)
Ullstein Verlag, Berlin (Eta Harich-Schneider)

Alle Zitate aus dem Werk Gottfried Benns sind hier in der Textfassung der Ausgabe der *Gesammelten Werke* in vier Bänden, herausgegeben von Dieter Wellershoff, Wiesbaden und München 1958–1961, wiedergegeben. In den bibliographischen Hinweisen ist die Ausgabe mit dem Sigel GW bezeichnet.